主编简介

　　贺瑞虎　男，江西莲花人，中共党员，豫章师范学院党委书记，教授。曾任江西师范大学政法学院副院长；上饶市信州区副区长，常务副区长；上饶市委组织部副部长；婺源县县委副书记、县长；南昌市东湖区委副书记、区长；南昌师范高等专科学校党委副书记、校长，党委书记。近年来，获省级教学成果一等奖、省级社会科学成果三等奖多项，主持省部级以上课题6项，在全国中文核心期刊发表高水平学术论文多篇。研究方向：思想政治教育、政治学、高等教育。

　　李文龙　男，江西南昌人，中共党员，豫章师范学院党委副书记、校长，教授。曾任某部队院校院党委委员、基础部主任、训练部副部长；江西省纪委省预防腐败局办公室副主任；江西省纪委办公厅（省预防腐败局）副主任；南昌市纪律检查委员会副书记；市政府党组成员、市监察局局长；南昌师范高等专科学校党委副书记、校长。在各类学术期刊杂志上发表学术论文38篇，公开出版专著、教材（主编、主审、参编）17部，主持各级课题3项。

高校校园文化建设成果文库

百年师范

——老学府 新故事

贺瑞虎　李文龙◎主编

光明日报出版社

图书在版编目（CIP）数据

百年师范：老学府　新故事 / 贺瑞虎，李文龙主编.
－－北京：光明日报出版社，2018.4（2023.1 重印）

ISBN 978 - 7 - 5194 - 4163 - 0

Ⅰ.①百… Ⅱ.①贺…②李… Ⅲ.①豫章师范学院
—校史 Ⅳ.①G659.285.61

中国版本图书馆 CIP 数据核字（2018）第 081599 号

百年师范——老学府　新故事

BAINIAN SHIFAN ——LAOXUEFU XINGUSHI

主　　编：贺瑞虎　李文龙

责任编辑：曹美娜　朱　然　　　　责任校对：赵鸣鸣
封面设计：中联学林　　　　　　　责任印制：曹　净

出版发行：光明日报出版社

地　　址：北京市西城区永安路 106 号，100050

电　　话：010 - 67078251（咨询），63131930（邮购）

传　　真：010 - 67078227，67078255

网　　址：http：//book.gmw.cn

E - mail：gmrbcbs@ gmw.cn

法律顾问：北京市兰台律师事务所龚柳方律师

印　　刷：三河市华东印刷有限公司

装　　订：三河市华东印刷有限公司

本书如有破损、缺页、装订错误，请与本社联系调换

开　　本：170mm×240mm

字　　数：323 千字　　　　　　　　印　　张：18.5

版　　次：2018 年 4 月第 1 版　　　印　　次：2023 年 1 月第 2 次印刷

书　　号：ISBN 978 - 7 - 5194 - 4163 - 0

定　　价：68.00 元

编 委 会

主　　编：贺瑞虎　李文龙

执行主编：吴　龙

编　　辑：罗青平　林志雄　胡久江

　　　　　张宝根　朱文辉　施文辉

　　　　　吴海峰　孟　戡　段建斌

新校园讲好老故事　老师范争当新示范

——豫章师范学院校园文化建设的实践

（代序）

时光的流逝和城市的扩张，湮没了多少乡愁。大学是城市记忆焦点，承载了人们的精神追求和社会发展的文化印记，而如今的大学校园，大多异地重建，现代化的高楼大厦逐渐掩去了历史沧桑和文化斑驳，豫章师范学院也不例外。

在红角洲片区众多学府中，豫章师范学院是"新生儿"——迁址到此，只有五年时间；目前校园占地面积仅有 620 余亩，在校生不足 1 万人。但是，学校虽"新"，在江西高校中，却是最"古老"的，至今已有109 年历史；学校虽小，却有着深厚的文化底蕴，始终伫立历史潮头，名人辈出，群星璀璨。

"新"学校，"老"师范，校园怎么建，才能体现历史与文化的厚重感？大学怎么办，才能重现当年的辉煌、体现时代的担当？才能贯彻好习近平总书记"坚持立德树人，把培育和践行社会主义核心价值观融入教书育人全过程"的重要思想？

豫章师范学院的做法是：讲好老故事，争当新示范。

取好一个校名

一个好名字，标注文化的厚度和高度。

学校的前身"成分"复杂、校名众多。1908 年创立的江西女子师范学堂是学校的源头，继之，1914 年成立的江西省立第一师范学校、1928 年成立的江西省立乡村师范学校成为学校前身南昌师范学校的主干，之后又有江西省立实验幼稚师范学校、江西省立劳作师范学校、江西省立社教师范学校、南昌幼儿师范学校、南昌第二师范学校等汇入，办学历史起伏跌宕，学校分分合合，曾数易其址。去年，学校在专升本过程中，遇到了校名怎么取的问题。学校多方征求意见，认为，一是"师范"承载了学校办学的历史，不能放弃；二是冠名必须有区域特征，反映历史文化传承。经过反复研究，最终确定"豫章师范学院"作为升本后的名称。"豫章"，是江西建制后的第一个名称，已有2000多年的历史，王勃《滕王阁序》中启篇就是"豫章故郡"，同时又是南昌的别称，是南昌重要的文化符号，既有历史的深度，又有地域的广度，更有文化的厚度。学校以"豫章师范学院"作为新校名，彰显了传承历史、服务地方、弘教兴学的品质。

为了叫响"豫章"品牌，学校在大门口内左侧竖立了一块长约4.8米、高约2.2米的"豫章文化石"。上面镌刻了由学校教师撰写的《豫章学记》，其言"今吾校开基百有余年，处豫章灵杰之地，当兴其厚积之学，造福乡邦，庶几无愧先贤"，表达了开拓新征程的决心和自信。

建好一个广场

进入豫章师范学院大门，是一个开阔大气的"赞贤广场"，广场以中共赣州地方组织创始人、中共早期著名工人运动领袖陈赞贤的名字命名。1921年，陈赞贤考入南昌省立第一师范学校，在学校逐渐成长为坚定的革命者。"赞贤"，既凝刻了红色教育的印记，又蕴含了礼赞贤人的价值理念。

围绕着赞贤广场，设计了一条"学校百年时间轴"。时间轴由路中间地面石刻和草坪周围斜立面铭文组成，两两成对，共有十组。按照学校发展脉络，地面石刻以关键词的形式概括不同阶段学校的鲜明特征，与之对应的斜立面铭文简述了各个阶段学校的历史，可视为"关键词"进行注脚。

如第一组，1908年至1927年，关键词是"肇基"。所对应的铭文是："1908年江西女子师范学堂创立，是为江西省女子师范教育开端，我校发源于此；1914年江西省立第一师范学校成立，形成现代师范教育特征,'两校开基'由此而来。"

如第八组,2004年至2017年,关键词是"济海"。所对应的铭文是:"2004年学校升格为南昌师范高等专科学校;2005年南昌二师并入;2012年迁入现址办学,办学条件大为改善。学校重视内涵建设,确立了以培养小学教育、学前教育、特殊教育师资为主要方向,形成鲜明办学特色。"

第十组,地面石刻、斜立面铭文特意设计为空白。学院党委书记贺瑞虎说:"空白,是期待我们共同努力,为学校的未来写下最新最美的文字。"

设计巧妙、制作精美、语言简练的"百年时间轴"浓缩了学校筚路蓝缕、以启山林的奋斗足迹和发展历程。沿广场一周,移步换景,学校历史历历在目,耳濡目染,教者自豪自信,学者自觉自强。加上寓意深刻的"赞贤"之名,更增添了豫章师范学院的文化直观感和品位。"随风潜入夜,润物细无声。"置身其中,大学生很自然地得到熏陶,在校园文化大餐中汲取到精神营养、接受到思想政治教育。

打造一个公园

豫章师范学院校园不大,但树木、草坪随坡就势、绿意盎然,加之镜湖亭台、曲径通幽,俨然是个别致的公园。在校园中央,专门辟出一个"特区"作为"私人领地",这就是以中国现代杰出国画大师傅抱石名字命名的"抱石园"。

郭沫若说:"我国绘画,南北有二石。北石即齐白石,南石即傅抱石。"人民大会堂以毛泽东词《沁园春·雪》为内容所作的巨幅绘画《江山如此多娇》,就是傅抱石和关山月共同完成的作品。

傅抱石1921年以第一名免试升入省立第一师范,毕业后又留校任教,他为豫章师范学院写下了一段励志传奇,留下了一笔精神财富。学校利用校内一个天然湖泊,以绿树、亭台、小径围绕着一汪清水,嵌入抱石元素,打造了一个精致的抱石主题公园。公园内有傅抱石的雕像,有傅抱石印章石刻,有以傅抱石原名命名的"瑞麟亭",有傅抱石儿子傅二石题写的"抱石园",有著名书法家校友赵定群手书的对联"倚岭揽江风清物瑞 林荫葩馥待凤期麟",有掩映在桃树、李树中意味深长的小径"桃李蹊"。在校园内,还专门建立了内容丰富的傅抱石纪念馆。

除了傅抱石之外,鲁迅笔下"真的猛士"刘和珍、中国学前教育先驱陈鹤琴先生都是豫章师范学院的校友代表和优秀前辈。学校树立了刘和珍塑像,将鲁迅名篇《记念刘和珍君》的重要章节刻在石碑上,以成片的樱花林簇拥,陪伴着刘和珍塑像,并将塑像面对的广场定名为"和珍广场";建立了以陈鹤琴"学中做、做中学"教育思想为主题的陈鹤琴纪念馆,以陈鹤琴的教育思想为学前教育专业建设树立坐标,昭示了信心。

打造培养新一代高素质应用型大学生的第二课堂,是豫章师范学院校园文化建设的另一亮点。校园内改建或新设了八处格局不同、功能多样、大小互补、错落有致的露天文化场所。有可容纳数百人表演的豫章大戏台,有中西合璧的英语角,有绿荫环抱的青春剧场,有以老校园大门仿饰为背景的菁英舞台,有依山临水的促膝阶等,无不彰显师范特色,既是优雅别致的校园景观,又是专业实训的重要场所和锻炼学生师范技能、拓展综合素质的实战平台。清晨抑或傍晚,漫步校园,处处能看见学生舞蹈和操练的身影,时时会传来朗朗的读书声、悠扬的琴声、欢快的笑声,构成一幅美丽的风景。

美化一个窗口

豫章师范学院还在省内高校第一个建立了校内爱国主义教育基地,开辟了一个对大学生进行红色教育、国情省情市情教育的特殊的窗口。基地内设有多个爱国主义教育基地展览室,由"红色摇篮""绿色家园""人文江西"和"活力南昌"四个板块组成,学生进入这个爱国主义教育基地,既能浸染于八一南昌起义、井冈山革命斗争、共和国摇篮等革命历史的辉煌画卷,又能了解江西省情、南昌市情,领略"物华天宝,人杰地灵"的历史与时代的篇章。

为了讲好豫章师范学院的老故事,学校组织了100人参加校园文化讲解培训,担任校园文化景点义务讲解员,向新生、向学生家长、向来宾介绍自己的校园、自己学校的历史、自己学校的特色、自己的校友,通过富有激情的语言和灿烂自信的笑容传递自己学校特有的文化价值。学校还组织外语系师生对校园文化景点进行英文翻译,面向全校选拔十位英语口语优秀的学生参加英语讲解校园文化景点培训,开展校园景点英语讲解比赛,并通过他们产生辐射效应,带动更多同学开展专业技能训练。

有了厚重的"历史书",有了会讲故事的百名讲解员,这座新校园的历史文化正焕发出旺盛的生命力;有了颇具匠心的文化创意和形象塑造,这所老师范正成为省内高校校园文化建设的新示范。

今年,这所"新校"因校园文化建设成果丰硕,以第五名的好成绩荣获2017年江西省首届高校文明校园荣誉称号。

前　言
在传承和创新中打造校园文化新境界

　　豫章师范学院是江西省2017年新组建的一所本科师范学院,其建院基础为2004年设置的南昌师范高等专科学校,同时又是一所办学历史悠久,在省内外享有盛名的百年师范学校,办学的源头是1908年成立的江西省女子师范学堂。一个多世纪以来,学校始终坚持师范教育而不辍,形成了特有的文化积淀和深厚的师范文化。独特而深厚的校园文化对一代代求学者产生了深刻的影响,也成为他们一生的宝贵记忆和精神财富。

　　立足先进文化,担当传道授业解惑之重任,早已成为学校管理者和教育者的高度共识;把握时代节奏,建设先进的、特色鲜明的校园文化,充分发挥文化建设立德树人的功能,更是当代豫章师院人高度的文化自觉。正是一代代豫章师院人与时俱进,不断在积淀中创新、在创新中发展、在发展中提炼升华,学校文化建设不仅成为一道道亮丽的风景,更是越来越成为宝贵的育人沃土。

　　豫章师院历史久远,文化积淀深厚,内涵丰富,脉络清晰,特色鲜明,在文化建设方面有着得天独厚的优势。

　　学校之所以称为豫章师范学院,不仅是因为学校坐落在古豫章郡的治所南昌,更在于其发展历史与古豫章教育发展史有着割不断的血脉联系,特别是与豫章书院、友教书院、东湖书院、经训书院有着很深的渊源,是豫章教育历史的延续和发展;同时,豫章师院的发展历史又是江西乃至全国早期师范教育发展的一个缩影,从其诞生至今,始终坚守师范教育阵地,在其发展过程中打下了深刻的时代烙印,体现了中国师范教育不同发展阶段的鲜明特征。学校在一个多世纪的发展当中,"学高为师,身正为范"的师范教育理念与"德厚才馨"的校训交相辉映,成为一代代师生在育人和求学当中自觉践行的基本准则,也成为学校一份珍贵而传承不息的精神文化遗产。

普施教育,敢为人先。学校幼儿师范教育的源头为陈鹤琴先生于1940年创办的江西省立幼稚师范学校,这是全国第一所公立幼儿师范学校。1986年,学校又在江西省率先开展特殊教育师资培养。在一个多世纪办学历程中,学校培养了陈赞贤、刘和珍、邹努、肖炳章等一大批革命先贤,涌现了"中国现代画坛的旗帜"傅抱石、"现代中国声乐教育事业奠基者"之一的喻宜萱、中央民族大学原校长哈经雄教授等一大批艺术家、教育家;培养了5万多名各级各类教师,他们中许多人成长为中、小学校长,幼儿园园长和教育教学骨干,不少人获得了"全国模范教师""全国优秀教育工作者"等荣誉称号。他们都沐浴过学校文化对他们的感染和熏陶,同时他们敢为人先的壮举和成就又为学校文化宝库增加了珍贵的积淀,成为后学者的楷模。

校园中的赞贤广场、和珍广场、抱石园、陈鹤琴纪念馆等以先贤名字命名的场所,《豫章学记》石碑、学校百年发展时间轴地标、校史馆等校史纪念景观和展馆无一不是教书育人的生动课堂,师生徜徉其中,或静思、或阅读、或论辩、或谈心,睹景思人,思人省身。

优秀的校园文化让学校师生感到自豪,也倍加珍惜,同时也给了他们一份传承和发展优秀文化的自觉。在校园文化传承中,豫章师院人不断注入新的时代精神,丰富校园文化内涵,提升校园文化品位,强化文化育人功能。尤其是近几年来,学校党政班子锐意进取,以社会主义核心价值体系为引领,弘扬现代大学精神,坚持"准确定位,科学发展,彰显办学特色",全面推进制度文化、管理文化、环境文化、行为文化的建设,不断出新意、提品质、见成效,校园文化建设达到了一个新境界。

如对豫章师范学院的文化发展和建设进行一个全面而深入的体验和审视,以下三个方面的做法或许能给人一定的启示:

一、校园环境建设与文化内涵升华紧密结合

走进豫章师院,清新向上的文化气息扑面而来,浓郁的具有师范特色和地域特色的文化氛围使人精神为之一振,教师职业自豪感和崇高感油然而生。

近几年结合新校园建设,学校将环境建设与文化内涵升华紧密结合起来,围绕"筑师魂、树师德、立师品、师范人"展开环境文化的营造,体现"德厚才馨"的学校精神和大学开放、创新精神。

学校重点打造了赞贤广场、和珍广场、抱石园三大景区。在设计和建设中,全校师生建言献策,努力发掘景区、景点的文化内涵,注重形成系列,注重点面结合,建设效果达到了形式和内容的高度统一。三大景区及各个景点都巧妙地融入豫章书院文化、近现代师范教育文化、英雄城红色文化等元素,将校史国情、传统文化、红色经典、唱歌跳舞、演讲辩论、交流研讨、读书静思等教育实践场所植入校园的文化景观。美丽的校园环境,不仅是亮丽的文化景观,更是学院百年文化传承的展览馆、师资素养教育的实训场和学生各种才华展示的演艺台,持续发挥着环境育人和文化育人的强大功能。

二、学校组织引导与学生自主实践紧密结合

一是充分发挥党团组织在文化建设当中的引领作用。时刻关注培养什么人、怎样培养人的问题,为践行社会主义核心价值观,营造风清气正、积极向上的校园文化提供坚实的思想、组织和制度保障。

学校高度重视教师在先进文化传播中的师表作用,教师自觉管教管导,坚持以正确的人生观、价值观、世界观引领学生,通过课内教学、课外讲座等各种形式对学生进行优秀文化的介绍和阐析,帮助学生树立正确的审美观,提高审美能力;在专业教学和指导实践中,不失时机将团队合作、实践创新、严谨求真的理念融合进课堂教学中。

学校十分重视引导学生开展阅读活动,提倡多读书、读好书,与书本为伴、与经典为友、与文字对话蔚然成风。

二是充分发挥学生团学组织在校园文化建设、先进文化传播中的主平台作用。各级团学组织积极引导学生社团组织的建立和活动的开展。每年3月至5月开展的"五四"青年艺术节系列活动,至今已举办20届,被共青团江西省委确定为省级"一校一品"校园文化品牌活动。

学校现有公益服务类、语言文学类、艺术类、体育类、科技类等社团组织数十个。各社团开展了丰富多彩、积极向上的实践活动,文化建设活动深入各系、各班乃至各个寝室。活动形式不断创新,品质不断提升:围绕思想引领,开展"同心杯"系列活动;围绕红色文化传承,开展"同德杯"系列活动;围绕健康情趣,开展"同向杯"系列活动;围绕专业实践技能,开展"同行杯"系列活动。通过几年打造,"同系列"逐渐形成校园文化活动品牌,在学生中吸引力强,在校内外影响力大。丰富的文化实践活动,已成为学校最为生动和亮丽的文化景象。

三是在"双创"教育中引导校园文化内涵建设新发展。学校将推进"双创"教育作为深化学校教育教学改革的突破口,以"找准人才培养定位,创新实践教学模式,推动创新创业教育"为主线,实施了"1235"工程:紧抓一个牛鼻子——实践教学改革;落实两翼齐飞策略——创新创业互促;实现三项到位——顶层设计到位、教学条件保障与服务协调到位、教师主体能力提升支撑到位;推进五类改革——优化专业发展结构、优化教师配置、优化课堂教学、优化实践实训室建设、优化教学研究行为。通过积极探索和实践形成了富有特色的创新创业教育格局。在浓郁的"双创"文化氛围中,在完善的育人机制保障下,"双创"教育开展得有声有色。学生利用校内外创新创业平台,投身实践探索的积极性高涨,他们的创新精神、创业意识和"双创"能力明显增强,取得了可喜的成绩。

三、校内培育优秀文化与校外传播先进文化紧密结合

豫章师院在教书育人的实践中,不断吸收和培育富有时代精神的先进文化,并将宝贵的文化财富再作用于学校教书育人的实践中,形成了在文化建设中立德树人、在立德树人中发展优秀文化的良好局面。

学校深刻认识到,大学不仅是传承优秀文化的最好载体和培育优秀文化的沃土,也是向社会传播先进文化最强大的辐射源。多年来在精心培育校园文化的同时,主动担当大学向社会传播和推广社会主义先进文化的重任,结合文化传播和推广,不断开拓学校服务经济社会的新领域、新途径。

一是加强与基础教育学校的合作，在合作中推广学校文化建设、科学研究新成果。学校充分利用自己的研究资源，与本地区的基础教育学校、幼儿园和特殊教育学校合作开展教学研究和科学研究，《江西省农村留守儿童心理健康状况调查研究》等一大批研究成果在当地基础教育、学前教育和特殊教育领域得到应用和推广，获得了良好的社会效益。

二是通过志愿者活动等形式，展现当代大学生积极向上的精神风貌，传播先进文化，凝聚正能量。其中联合市文明办创建"小蜜蜂"志愿服务示范街活动，选派大学毕业生赴西部基层乡镇从事为期 1 - 3 年的志愿服务活动，每年暑期开展的"三下乡"社会实践服务活动，以及在全国体育赛事、大型会展的志愿者服务活动等，都得到当地政府及社会各界的高度评价，多家省市新闻媒体给予宣传报道。

三是开拓在职教师培训新领域，丰富先进文化传播新途径。开展在职教师的继续教育工作，是师范院校服务社会的重要途径，经过多年发展，豫章师院的培训领域不断扩大，层次不断提高。学校是教育部批准的小学、幼儿园教师"国培计划"承训院校，是江西省特殊教育培训基地、省市两级中小学幼儿园教师、校长（园长）培训基地。参训的学员来自本省各县市和外省少数民族地区，累计达到数万人次。学校通过这个平台，为提高本地区基础教育学校校（园）长、骨干教师专业素质和文化素养，更新基础教育理念，提高现代化教育技能，提升基础教育学校文化建设水平做出了重要贡献。

四是多方位融入本地区文化建设和文化提升工程。学校通过专题调研、提供咨询、合作共建、对外宣传演出等途径，在服务社会中传播和推广社会主义先进文化。学校在南昌市委宣传部的支持下，建立起了英雄交响乐团，面向社会开展演出宣传活动；与省科技馆建立合作关系，共同开展面向中小学和社区的科技文化普及活动；与驻地政府相关部门合作，对道路景观进行文化创意和设计等。这一系文化建设活动都取得了显著成果。

五是创新宣传工作方式，宣传和推广学校文化建设成果。学校宣传工作实现了由碎片化宣传向系统性宣传转变，由被动接受任务宣传向主动挖掘新闻热点转变,由单纯倚重传统媒介向主动靠拢新型媒体转变,积极抢占舆论制高点,占领思想主阵地,为社会文化建设注入正能量。人民网、光明网、《江西日报》等媒体刊载或转载学校党建"333"工程做法和成效;《中国教育报》刊载《抓住实践教学牛鼻子趟出教学改革新路子》一文对学校实践教学改革进行纪实报道;《江西日报》报道我校教育教学改革成果和教师培训创新模式;中国教育电视台播报了学校"五四"表彰大会;中国文明网、江西文明网详细介绍了学校高晓姝为人师表的感人事迹。

学校团委充分运用新媒体,创建了同德成才网,努力营造"同心、同德、同向、同行"的网络育人氛围。"网"聚好青年、"网"聚正能量,已成为学校对外传播、信息交流的重要窗口。

六是以"立德树人"为根本,以教育教学为中心,全力培养"德厚才馨"、富有时代精神和创新精神的应用型人才。学生不仅是校园文化的受益者和建设者,也是向社会传播校园文化的最佳使者。毕业生进入工作岗位后,他们的求真、向上,他们的敬业、乐业,他们的创新精神和创造能力都带有深刻的学校文化印记,折射出学校文化的光彩。

目 录
CONTENTS

第一篇 01

｜薪火传承｜

"豫章之地，人文素著。澹台事显进贤门，王勃名就滕王阁；西山存梅福之迹，东湖鉴云卿之影；徐孺子有下榻之誉，雷仲伦居高贤之品；百花洲题现欧梅吟咏，青云谱玉成个山水墨。凡此，灿若星辰；此端赖郡人夙兴教化、广播文明之所造也。"（摘自吴智勇《豫章学记》）

豫章师范学院是江西省一所办学历史悠久，在省内外享有盛名的师范院校。豫章师院发展历史与古代、近代豫章教育发展史有着割不断的血脉联系，特别是与豫章书院、友教书院、东湖书院、经训书院以及江西大学堂、江西高等学堂等有着很深的渊源，是豫章教育历史的延续和发展。豫章师院的发展历史又是反映中国师范教育发展的一个缩影，不仅仅是因为从其诞生至今几乎跨越了中国师范教育的百年历史，更因为始终坚持师范教育而不辍，其发展过程打下了深刻的时代烙印，体现了中国师范教育不同发展阶段的鲜明特征。

豫章师范学院有着十分复杂的历史沿革，分分合合，与之有着渊源关系的师范学校不下 20 所。学校发展的脉搏大致如下：

1908 年江西省立女子师范学堂创建（后更名为江西省立女子师范学校、江西省立第一女子师范学校）。

1912 年在江西省高等学堂优级师范和江西模范中学初级师范的基础上成立了江西省立赣省中学师范班，1913 年改为师范部，1914 年独立成立江西省立第一师范学校。

1927 年江西省立第一师范学校与江西省立第一女子师范学校并入南昌中学，

成立师范部,1932 年恢复师范学校独立建制,成立江西省立南昌师范学校,1939 年迁校更名为江西省立武宁师范学校。

1928 年江西省立乡村师范学校创建,1933 年更名为江西省立南昌乡村师范学校。

1940 年江西省立实验幼稚师范学校创建(后改为国立江西实验幼稚师范学校)。

1944 年江西省立南昌女子师范学校创建。

1944 年江西省立劳作师范学校创建。

1945 年江西省立社教师范学校创建。

1946 年国立江西实验幼稚师范学校师范部并入江西省立南昌女子师范学校。

1947 年江西省立南昌乡村师范学校、江西省立武宁师范学校(大部)、江西省立社教师范学校、江西省立劳作师范学校合并组建江西省立南昌师范学校。

1949 年江西省立南昌女子师范学校并入江西省立南昌师范学校组建江西省南昌师范学校。

1968 年南昌师范学校撤销,成立江西共产主义劳动大学新建分校。

1973 年江西共产主义劳动大学新建分校更名为南昌市教育学校,随后恢复原校名南昌师范学校。

1985 年南昌第二师范学校创建。

1986 年南昌幼儿师范学校创建。

2000 年南昌幼儿师范学校并入南昌师范学校。

2004 年南昌师范学校升格为南昌师范高等专科学校。

2005 年南昌第二师范学校并入南昌师范高等专科学校。

2017 年南昌师范高等专科学校升格为豫章师范学院。

从发展演变来看,虽然学校的发展分合跌宕,但传承的主线非常清晰且从未断链。复杂的渊源,一方面反映了其曲折跌宕的发展历程,另一方面反映了其百泉交汇的历史风貌,本身就有着丰厚的文化积淀,这对豫章师范学院培育鲜明的办学特色、形成鲜明的办学传统有着深刻的影响。

第一章

中师奠基:筚路蓝缕,以启山林

两校开基　师范起航

对于豫章师范学院的源头,目前能够留存的历史资料很少,因此其起步阶段只能看到一些散淡的痕迹。《第一次中国教育年鉴》简略地记载了江西省师范教育的萌芽,其中提及的1908年成立的江西省立女子师范学堂和1914年成立的江西省立第一师范学校,作为独立设置的师范学校,两校基本可判断为豫章师范学院的直接源头,"两校开基"的说法也由此而来。

1908年创建的江西省女子师范学堂是江西最早的独立设置的师范学堂之一。其办学的目的是很明确的,即"养成女子小学堂教习,并讲习保育幼儿方法,期以裨补家计,有益家庭教育为宗旨";办学的指导思想为"启发知识,保存礼教,两不相妨"。不管是教

江西省立南昌女子师范学校礼堂

育宗旨和管理规范还是学科设置,以现在人的眼光来看,都还残留着浓厚的封建色彩,但是,在当时的历史条件下,女子师范学堂创建的本身就是对封建思想的突破,这是历史的一大进步。虽然这种突破带有局限性,但是我们还是可以想象出我们的前辈的胆略和为这一开拓性事业所付出的勇气。

辛亥革命之后,为了适应新的社会体制,师范教育进行了转型和变革。1912

年江西省高等学堂优级师范与江西省模范中学初级师范并入江西省立赣省中学，成立师范班，1913 年扩建为师范部。1914 年在赣省中学师范部基础上成立了江西省立第一师范学校，后又将省立女子师范学堂并入。江西省立第一师范学校是豫章师范学院历史上完全具备近代师范教育特征的开始。当时教学的主要科目有：修身、教育、国文、外国文、历史、地理、博物、理化、法制、经济、习字、图画、手工、音乐、体操等，并规定了教育实习的要求。从科目设置本身来看，除了重视文化基础教育之外，教师职业技能也被置于重要的地位，师范教育区别于普通教育的特征逐步显化，这反映了前辈对教师职业特殊性及教师培养的方法和途径有了更清晰的认识，一方面体现了综合培养、全面提高的理念，另一方面体现了对教育职业素养的重视，另外还体现了循序渐进的原则。

经过 20 世纪 20 多年的发展，学校从一个蹒跚学步的孩童，逐渐成长为一个意气风发的少年，开始有了丰满的肌腱和稳健的脚步。值得一提的是，虽然规模不大，但在江西省立女子师范学校、江西省立第一师范学校这 20 多的历史上，涌现了一批杰出的革命者

江西省立第一师范学校历任教职员名单

和知名的学术精英。两校的师生总是走在时代大潮的前列，在历次重大政治运动中都能看到他们的身影，女师有断指血书的程孝芬、被鲁迅誉为"真的猛士"的刘和珍；一师在"五卅运动"前后就成立中共支部，涌现了罗石冰、邹努、肖炳章、甘特吾、陈赞贤、冯任、欧阳洛、王经燕等一批革命先驱，有名可考的烈士有十余人。在学术界也涌现一批杰出人物，其中包括著名数学家曾炯、著名画家傅抱石、著名音乐教育家喻宜萱、程懋筠等。省立一师因培养出了许多杰出人才而声名鹊起，这些杰出人才也为后代学子树立了典范。

但遗憾的是，省立一师 1927 年被撤并至南昌中学，虽然数年后恢复（恢复后更名为省立南昌师范学校），但其影响却难以弥补。撤并期间，许多校友叹息扼腕："虽母校之不存，而精神实息息相关。犹如丧母亲之孤儿，兄弟间相依为命，尤觉一往情深。"

乡师伍农　改造乡村

在 1927 年江西省立第一师范学校并入南昌中学,江西师范教育出现萎缩之际,1928 年江西省立乡村师范学校(别名伍农乡师,1932 年改名为江西省立南昌乡村师范学校)创建。这在豫章师范学院发展史上是具有里程碑意义的一件大事,不仅仅因为它是南昌师范高等专科学校源头之一,更因为它先进的理念和卓越的成就对后世的影响。

伍农乡师是在陶行知先生提出的发展乡村教育、改造乡村社会主张影响下创办的。筹办之时,第一任校长龚寿山亲自带队前往晓庄师范学习办学经验。经过数月筹备,1928 年 8 月伍农乡师在南昌县莲塘镇小兰村一片被称之为乌龙岗的高地上正式挂牌成立。

建校之初,全校师生一面学习,一面参加劳动建校。以后凡新生入学,学校都要发给每人一套农具,着意培养学生"有农夫的身手,科学的头脑,改造社会的精神"。经过几年的建设,学校便初具规模,并由此名声大噪,被誉为"全国三大乡师"之一。学校除了必要的教学设施和生活设施以外,还建有工厂一所,农场一所(包括养蜂场、养鸡场、农田 20 多亩)。

1929 年,乡师第二任校长涂闻政在他编写的校歌歌词中明确地提出了办学的宗旨:"什么是我们的目的? 什么是我们的使命? 我们要做个可爱的教师,我们要教育那无知的人们,我们要复兴民族,我们要改造农村……"伍农乡师的办学宗旨简单说就是:发展乡村教育,改造农村生活。为了坚定师生为乡村教育献身的信念,学校特意把"乌龙岗"更名为"伍农岗",藉此表示以农为伍,坚持为乡村教育服务的方向。

学校除了开设普通师范课程,还增设了许多农业生产技术方面的课程,如:农业大意、栽培学、园艺学、养蜂学、家禽家畜和水产养殖、农业经济合作、工艺劳作等。学校倡导"教、学、做、用合一",即在做中教、做中

江西省立乡村师范学校全体教职工集体照

学,学以致用,用以治学,定位非常明确:培养德智体美劳全面发展的乡村小学教师。教师除了在课堂上传授理论知识,还带领学生在工厂、农场实地教学、实验和操作训练,让学生走出校园到附近乡村义务举办成人教育夜校及识字班。各种课外活动丰富多彩,如演讲会、讨论会、技能竞赛、民谣采集、编演戏剧、制作教具标本、美术劳作展览、为农民举办文艺晚会等等。

为了探索乡村教育之路,学校创办了校刊《伍农》(后改名《乡铎》),引导师生论战。师生积极撰写文章,发表对普及乡村小学教育意义和办法的主张。学校师生将乡村教育的设想积极投入实践,这些设想在许多地方取得了成功。

学校培养的学生大部分自觉献身乡村教育事业,默默奉献。1933 年毕业的学生黄贵祥著有《文盲字汇研究》一书,新中国成立后扫盲标准必备的 1500 个常用字就是他的研究成果,后曾调任南京晓庄师范任校长;1936 年毕业的李毓昌,在物理学方面颇有建树,参与了我国第一颗人造地球卫星的研制。还有一批学生投身革命事业,为民族生存和解放而斗争,1938 年有十多位乡师学生参加新四军,其中大部分人在抗日战场上牺牲,其他人在新中国成立后都担任了领导职务,如杭州市原市长周峰、国家体委国际司原司长周正、国防科工委 20 实验基地(原子弹氢弹试验基地)原政委邓迈等。

幼师幼师　开创先河

1940 年,教育家陈鹤琴由上海辗转来到抗战大后方——江西省临时省会泰和,在当时江西省政府主席熊式辉的支持下于泰和的文江村创办了江西省立实验幼稚师范学校(1943 年改为国立江西幼稚师范学校),并担任校长。江西省立幼稚师范学校是全国第一所公立幼儿师范学校,开创了我国幼儿师范教育的先河,虽然其作为独立学校存在只有短短的六年,但却以开创性的贡献在幼儿师范教育历史上书写了浓墨重彩的一笔,也为豫章师范学院校史留下了灿烂的一页。

省立幼师非常注重校园文化的营造,注重环境育人的功能。校园中央竖立两块大牌,"做人、做中国人、做现代中国人"和"大自然、大社会,都是活教材";简陋的校舍分别用教育家名字命名,如福禄培尔院、裴斯泰洛齐院、杜威院、孟母院等。学校编班方法也颇有特色,分别以光明级、创造级、服务级、真理级、建设级、互助级、劳动级、力行级、清廉级、大公级和格致级为各级各班定名。

陈鹤琴在江西省立幼师积极实践"活教育"思想,倡导"活教育"三大目标:目的论——做人,做中国人,做现代中国人;课程论——大自然、大社会,都是活教材;方法论——做中学,做中教,做中求进步!陈鹤琴为幼师所写的校歌就体现了"活教育"思想:"幼师!幼师!前进的幼师!做中教,做中学,随做随习。活教材,活学生,活的教师。大自然、大社会是我们的工作室。还要有手脑并用,文武合一。建设我们的新国家,教导我们的小天使。幼师,幼师,前进的幼师!"

当时,"幼师"要求教师"教活书,活教书,教书活";要求学生"读活书,活读书,读书活""教学做合一""手脑并用",实验精神和敬业、乐业、专业、创业的作风成为师生们自觉的行动。各类课程强调接近生活,接近实际,主动实践,在实践中感悟。

1943年春,江西省立实验幼稚师范学校变更为国立江西幼稚师范学校,增设"专科部",以培养幼稚师资和研究人才,另附国民教育实验区,从而形成较完整的幼稚师范教育体系,为我国培养了第一批幼儿教育的专门人才。

陈鹤琴与江西省立实验幼稚师范学校师生合影

虽然江西省立实验幼稚师范学校作为一所独立学校存在的时间不长,但是所产生的影响却是深远的。就学校本身而言,培育了一个幼儿教育专业,培养了一批从事幼儿教育的师资,形成了一套幼儿教师教育的方法,更重要的是"活教育"思想作为学校教育理念一以贯之,成为学校文化的重要组成部分。

(参考资料:柯小卫《陈鹤琴传》《松林中新生的学校——中国第一所公立幼稚师范学校创建始末》)

南师春荣　全国重点

1933年江西省立乡村师范学校改名为江西省立南昌乡村师范学校,受其影响之后又创办了省立劳作师范学校(1942年)、省立南昌女子师范学校(1944年)、省立社会教育师范学校(1945年)。在乡师蓬勃发展之际,1932年省立南昌师范学校(前身为省立第一师范学校)恢复设立。

　　1937 年抗日战争爆发,战火迅速蔓及江西,省立南昌师范学校、省立南昌乡村师范学校被迫搬迁,开始了一段长达八年的流动办学的历程。省立南昌师范迁至武宁,改称省立武宁师范学校;省立南昌乡师辗转丰城、遂川、万安、永丰等地。及至抗战胜利,各校陆续迁回原址,一段颠沛流离却又可歌可泣的流动办学的历史画上了句号。

　　1946 年,国立江西幼稚师范学校师范部并入省立南昌女子师范学校;1947 年,省立南昌乡村师范学校、省立劳作师范学校、省立社会教育师范学校、省立武宁师范学

江西省立南昌师范学校毕业生合影

校(大部)合并,重新组建了省立南昌师范学校。解放初,省立南昌师范学校和省立南昌女子师范学校合并,成立江西省南昌师范学校,学校历史翻开了新的一页,至此百泉归一、源头各校在此汇流。

　　从 1908 年到 1949 年,豫章师范学校源头各校总计培养师资约四千余人,分布于全省各地甚至全国各地,可谓桃李满江西,芬芳溢天下。

　　1949 年 5 月,南昌解放,学校按照革命化、正规化的要求实施了全面改造。1952 年春,教育部《师范学校暂行规程(草案)》讨论会在南昌师范召开,提出了学习苏联、面向小学、集体备课三项要求,并确定南昌师范学校为试行《师范学校暂行规程(草案)》的重点学校。学校学习苏联的办学经验,改革了教学,建立了新的学业评价制度。学校结合专业对学生进行爱国主义教育,提出了热爱教师工作就是热爱新中国的口号,培养学生"劳动光荣,劳动创造世界"的思想。抗美援朝时期,学生积极参军参干,有 40 名学生参加了中国人民志愿军。

　　50 年代,学校取得了一系列骄人的成绩,最为突出的是 1952 年生物教师马希贤结合教学研制三百倍显微扩影仪获得成功,1954 年动物无

南昌师范学校师生欢送参军、参干同学合影

性杂交实验获得成功,两项成果达到了国内和国际先进水平,新华社评论说:"这是我国教师克服困难进行创造性教学的一个良好范例。"这一时期,南昌师范人才辈出,涌现了哈经雄(中央民族大学原校长)、黄本贵(画家,南昌画院创始人)、郝

士达(作曲家)、黄见德(华中师范大学哲学系教授、博士生导师)、毛秉权(剧作家)、欧洋(画家,广州美院教授)、余新民(画家,华南师大美术系教授)、潜锦生(江西省展中心原总工艺美术师)、孙海浪(作家)等。更多的学生在基础教育战线上发挥了骨干作用。

1958年学校被国家教育部确定为带有示范性的全国重点师范学校。

但是,从50年代末"反右运动"开始,由于左倾思潮泛滥,学校教育教学工作受到很大干扰。1966年"文化大革命"全面发动,南昌师范和全国其他学校一样,正常教学活动全部中断,教学秩序全部打乱,在所谓大批判中,半数教师遭到迫害,有的还被扣上"黑帮""反革命""反党分子"的帽子。1968年,学校教师逐批下放劳动,余留教师和学生随校迁往新建,改称江西共产主义劳动大学新建分校。学校校园被瓜分,图书资料、实验设备等被破坏、遗失殆尽。

江西共产主义劳动大学新建分校食堂

南昌师范学校(叠山路校园)校门

1973年,江西共产主义劳动大学新建分校、南昌教育学校、南昌县教育学校合并,重新组建南昌师范学校。1976年"文革"结束以后,学校的教育教学秩序恢复正常。1983年在学校师生的努力下,经过一场艰苦的"复校运动",南昌师范迁回被瓜分十多年的原南昌市叠山路校址。

1984年学校明确提出了"提高南师的教育教学水平,使其成为江西省第一流的有影响的师范学校"的目标。

　　1985 年南昌第二师范学校成立。1986 年南昌幼儿师范学校成立,这是当时江西省唯一一所以培养幼儿教育师资和特殊教育师资为主的师范学校。上述三所学校不约而同出台了一系列举措:一是加大教师队伍培养的力度,大量补充新生力量;二是鼓励教师进行科研,开展教法创新;三是服务基础教育,积极拓展专业,除普师、幼师专业外,陆续开设了特师、音乐、美术、体育等专业,使学校人才培养更加符合基础教育的师资要求。

　　80 年代,物理教师顾力兵、徐章英,共同开发"教学信息实时反馈处理系统"取得成功,他们的事迹曾在《人民日报》《中国教育报》上报道,钱学森教授曾致信盛赞他们为"智力工程创始人"。

徐章英夫妇开创智力工程
钱学森教授称他们为智力工程创始人

　　南昌市近 20 年涌现出的小学特级教师、教学名师、学科带头人大多是南昌师范这一时期的毕业生。学校毕业生中还涌现了包丽萍(江西电视台新闻节目主持人)、周洲(江西电视台、中央电视台少儿节目主持人,曾获全国电视节目主持人比赛金奖)、何琴(江西电视台少儿节目主持人、中央电视台编导)等十几位电视台电台节目主持人、播音员,和杨钰莹、周敏萱、张燕军、徐小明等一批演艺界明星。

　　1988 年南昌师范学校因办学质量优异,受到国家教委表彰,被授予"全国先进师范学校"的光荣称号。

第二章

大专鸣盛:长风破浪,直挂云帆

大专试点 硕果累累

1993 年经国家教委批准,南昌师范学校成为全国首批开展大专层次小学、幼儿园教师培养的试点学校之一。1993 年至 2003 年,学校举办大专班 11 届共 25 个班。在 2000 年以前大专班主要为小学教育专业,2000 年以后专业和专业方向细化,增设了幼儿教育专业和特殊教育专业,小学教育专业细化为四个方向:语文与社会科学方向、数学和自然科学方向、英语方向、现代教育技术方向。

大专班硕果累累。1993 级大专班 1995 年被授予"全国优秀班集体"称号,目前大部分毕业生已经走向了基层领导岗位。1996 级大专班有 60% 的毕业生通过进一步的学历提升取得了硕士、博士学位。各个用人单位对南昌师范大专班的毕业生有着一致的评价:大专班的毕业生思想稳定,素质较高,基本功特别扎实,工作上手特别快。

南昌师范大专班学生开展职业技能训练

凝铸特色　创造优势

2000 年南昌师范学校迁入青山湖校区，与南昌幼儿师范学校合并，成立新的南昌师范学校，这是南昌市师范资源整合迈出的重要一步。2004 年 4 月，在全国高校设置委员会上提出的关于在南昌师范学校基础上设置南昌师范高等专科学校的提案得到全票通过。2004 年 6 月南昌师范高等专科学校举行了隆重的挂牌仪式。2005 年南昌第二师范学校并入南昌师范高等专科学校。学校升格在学校发展的历史中是具有里程碑意义的一件大事，不仅仅意味着学校成功实现了由中专到大专办学层次的转变，更意味着学校顺应时代实现了一次跨越式的发展和质的飞跃。

升专以后，学校明确提出了"立足南昌、面向全省、辐射全国，以教育学为主体，以学前教育、小学教育和特殊教育为特色，艺术学、文学、管理学、工学等学科协调发展，服务区域经济社会发展"的办学定位；提出了"培养品德高尚、基础扎实、一专多能、具有创新创业能力的学前教育、小学教育、特殊教育等师资和适应地方经济社会发展的应用型人才"的人才培养目标，在教师队伍建设、学科与专业建设、基础条件建设、校园文化建设、教研与科研等方面，进行了积极的探索。

学校坚持规范化办学和内涵发展，在其中体现特色。一是按照高校办学的规律重新构建了制度体系，深化了专业与学科建设，加强了科研工作，强化了教师队伍建设，改善了学校的办学条件。二是狠抓内涵建设，把内涵建设放在学校发展的核心地位，通过加大对内涵建设的投入力度

南昌师范高等专科学校学生写生实践

和改革力度，提升了教学质量、学术内涵和文化内涵。三是以教学为本，改善教学条件，狠抓教学质量，突出实践教学，提高了学生的本体能力和职业技能，增强了学生的就业竞争力。四是丰富校园文化的内容与形式，注重环境育人，开展了一

系列健康有益的校园文化活动,为学生搭建课外拓展和展示的平台。

经过十几年的发展,特别 2012 年迁入新校园以后,学校在同层次学校中确立了领先地位,在学前教育、小学教育、特殊教育等专业领域形成了鲜明的特色与优势。

至 2017 年初,学校已有 6 大学科门类,专业 29 个,其中教育学 12 个,基本形成了以学前、小学和特殊教育为主,多学科协调发展的学科专业体系,专科生规模发展到近 8000 人。截至 2016 年,学校独立培养了 11 届毕业生。2014 年至 2016 年学生最终就业率

豫章师范学院图书馆

分别为 97.95%、95.98%、96.95%,三年总体就业率 96.96%。专任教师总数 453 人,其中高级专业技术职务教师占 34%,具有硕士以上学位的教师占 59.6%,"双师型"教师占 43.05%。拥有江西省"百千万人才工程"2 人、省级教学名师 2 人、省级中青年骨干教师 16 人。2010 年至 2016 年,教师获省级科研成果奖 9 项;获省部级以上教研、科研项目 250 项,其中全国教育规划课题 1 项、教育部人文社科课题 3 项、国家重点实验室开放课题 1 项,省级课题 245 项;教师发表论文 1199 篇,其中 SCI、EI、ISTP 收录论文 32 篇、中文核心期刊论文 273 篇;获得国家知识产权局实用新型专利 8 项。学校有省级教学团队 4 个,省级实验区 3 个,省级精品课程 9 门,省级精品资源共享课程 8 门;省级以上教学成果奖 4 项;《走进特殊教育》视频公开课荣获全国第八批"精品视频公开课"荣誉称号,并入选中国大学MOOC,是学校首次入选国家级教学质量工程。教学科研仪器设备总值 7886.2 万元;有馆藏纸质图书 85.33 万余册,另有电子图书 120 万册;拥有实验实训中心(室)126 间;有稳定的校外实习实训基地 153 个。校园占地 1001.58 亩,生均 84.6 平方米,校舍建筑总面积 26.14 万平方米,其中教学行政用房面积 16.63 万平方米。学校总体办学水平逐年提升,许多指标达到全国同级同类院校的先进水平。

2008 年与 2014 年,学校顺利通过了高校人才培养工作水平评估,学校的办学理念、办学特色和办学成就得到了专家的一致好评。

第三章

本科起步：再上台阶，极目天舒

豫章师范学院一直有着创新和开拓的传统,始终追求"德厚才馨"的境界。随着经济社会的快速发展,兴办本科教育,成为学校所有师生的梦想。

2016年4月教育部批准学校筹建豫章师范学院,筹建期一年。

教育部关于同意建立豫章师范学院的函

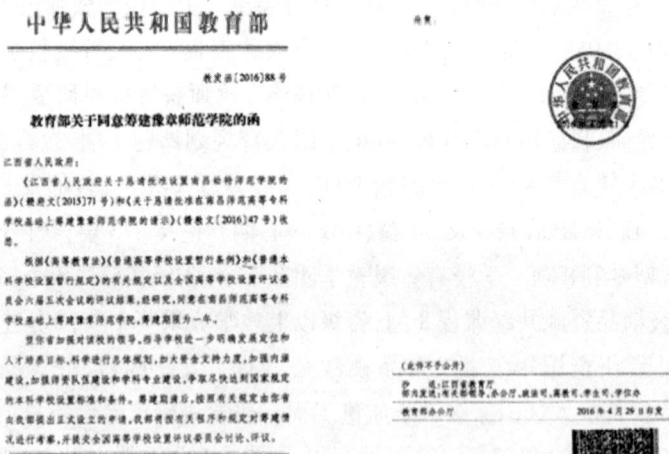

教育部关于同意筹建豫章师范学院的函

在省、市及教育厅的领导和支持下,抓住百年一遇的发展机遇,科学规划,真抓实干,经过一年筹建,学校进一步明确了办学定位特色,发展思路更加清晰;进一步加大引进培养力度,师资队伍建设取得新成效;进一步深化学科专业建设,教学科研水平得到提升;进一步强化技术技能实训,应用型人才培养质量得到提高;进一步打造校园文化精品环境,育人功能得到增强,学校各项办学条件有了很大的提升。

2017 年 5 月经全国高校设置委员会通过、教育部批准,同意在南昌师范高等专科学校基础上建立豫章师范学院;同月江西省人民政府批复,同意在南昌师范高等专科学校基础上建立豫章师范学院。

2017 年 6 月 17 日,豫章师范学院举行隆重的挂牌仪式。

豫章师范学院挂牌成立 *

殷美根揭牌　郭安讲话　陈德寿周关等出席成立大会

本报讯(记者　谢松　徐蕾)17 日上午,豫章师范学院成立大会举行。省委常委、市委书记殷美根出席成立大会并为学院揭牌。省政府副秘书长刘晓艺在会上宣读《江西省人民政府关于同意在南昌师范高等专科学校基础上建立豫章师范学院的批复》。市长郭安、省委教育工委书记黄小华讲话。省人大财经委副主任

* 本文转载于《南昌日报》2017 年 6 月 18 日报道(原文)

委员蔡社宝,市领导陈德寿、周关、江晓斌、龙和南、郭毅、魏国华、龙国英、李广振出席。

省政府批复指出,豫章师范学院系本科层次普通高校,学校应逐步过渡到以实施本科教育为主。学校实行省、市共管,以南昌市为主的管理体制,学校的经费渠道不变。学校应定位于应用型高等学校,主要培养区域经济社会发展所需的应用型、技术技能型人才。学校全日制在校生规模暂定为8000人。学校本科专业的增设问题,按教育部和我省有关规定办理。首批设置本科专业六个,即学前教育、小学教育、特殊教育、艺术教育、教育技术学和英语。南昌市政府要进一步加大对学校的投入。省政府将适时组织有关部门对学校办学定位、教学质量和人才培养进行评估检查。批复强调,省教育厅和南昌市人民政府要加强对学校的指导和支持力度,科学制定学校发展规划,加强师资队伍建设、学科专业建设和教学基础设施建设,不断提高教育教学质量和办学效益,促进学校办出特色、办出水平,为建设富裕美丽幸福江西做出更大贡献。

郭安在讲话中代表市委、市人大、市政府、市政协对学院成立表示祝贺。郭安指出,在省委、省政府的正确领导和教育部的鼎力支持下,在省委教育工委、省教育厅的关心帮助下,我市坚持教育优先发展战略,大力推进教育优质、均衡、科学发展,形成了多层次、多形式的现代教育体系。豫章师范学院的成立,不仅进一步提升了学校和城市的知名度、影响力,而且对于豫章师范学院做大做强、推动我市科教兴市战略实施、全面提升南昌综合竞争力具有重大意义。郭安表示,市委、市政府将一如既往推动豫章师范学院的建设和发展,不遗余力营造良好发展环境,创造有利发展条件。希望豫章师范学院立足新起点、迈上新征程,坚定不移地举"行知旗"、走"应用路"、打"师范牌",真正把学校建设成为优势突出、特色鲜明、人民群众满意的应用型本科院校,为打造富裕美丽幸福江西"南昌样板"做出新的更大贡献。

黄小华在讲话中指出,豫章师范学院的建立,必将进一步优化我省高等教育布局和结构,对进一步提高我省学前、小学、特殊教育师资培养质量,更好地服务全省基础教育,有着重要的意义和深远的影响。希望学校师生员工以升本更名为新起点,全面贯彻党的教育方针,发扬优良办学传统和作风,积极对接地方经济社会发展需求,不断提高教育教学质量和人才培养水平,努力办好人民满意的高等教育。

省内外高校代表、省市有关方面负责同志和学院校友代表等出席成立大会。

据了解,今年5月,教育部给省政府发函,同意在南昌师范高等专科学校基础上建立豫章师范学院,同时撤销南昌师范高等专科学校的建制。

江西省委常委、南昌市委书记殷美根,江西省委教育工委书记黄小华为豫章师范学院揭牌

南昌市委副书记、市长郭安在豫章师范学院揭牌仪式上讲话

江西省委教育工委书记黄小华在豫章师范学院挂牌仪式上讲话

江西师范大学党委书记田延光在豫章师范学院挂牌仪式上讲话

党委书记贺瑞虎主持豫章师范学院挂牌仪式

校长李文龙主持豫章师范学院战略研讨会

学校由专科升入本科行列,实现了几代人的夙愿,同时也反映了社会对于学校人才培养的高度认可。"长风破浪会有时,直挂云帆济沧海。"学校升本,既延续了这所百年老校丰富的人文血脉和光荣历史,也为学校提出了新的发展课题。为了尽快实现由专科办学向本科办学的转型,学校在挂牌当天便拉开了本科办学思想大讨论的序幕,开展具有代表性的讨论活动:一是 2017 年 6 月 17 日举办的"豫章师范学院发展战略研讨会",邀请了省内外一批专家学者为学校把脉,为学校发展提出意见和建议；二是 2017 年 7 月 3 日举办的校党委"豫章师范学院战略发展务虚会"，在综合各部门讨论成果的基础上，对学校今后发展思路进行了梳理。

升级办学理念　提升办学水平
——党委书记贺瑞虎在党委"战略发展务虚会"上的讲话*

一、要升级办学理念

一个大学如果没有理念，那是有问题的。校训是办学理念的直接切入点。"德厚才馨"的校训，能否让它更丰满一些，比如在后面再加一句"崇真重行"。"崇真"就是大学要崇尚真理；"重行"，就是要重视行动，重视实践。教育部对我们的定位是应用型高校，培养技术技能型人才。我的想法是否合理，大家可以讨论。

我的第二个切入点是，本科和专科教学上的区别在哪里？本科教学特别重视培养学生独立思考的能力，强调为终身学习打下基础，这是和专科的一个很大的区别。

我的第三个考虑是，我们学校从一百多年的历史走过来，一直以来是师范院校，在办学理念和专业建设上面，坚持强调一专多能，这是我们的优势。我们的办学理念能不能把一专多能落实到教学中去，增强其市场适应性？不但考验我们的智慧，更考验我们的定力。

要把办学理念升级好，第一个要解决的问题就是惯性思维的问题。要走出去学习，学习别人的成功经验，特别是各个升本专业，选好方向走出去是十分必要的。

二、夯实专业基础

（一）关于首批六个升本专业的建设，我点几个主要问题

一是要吸收消化学科建设研讨会上专家的意见、建议；二是要办出特色，要在人才培养方案上下功夫，不能简单地照搬照抄。

（二）加快新本科专业的申报

一是第二批九个申本专业要认真把关论证，按照申报节点完成申报程序。二是要密切和上级教育行政部门的沟通，争取更大的支持。三是对接学位评估和本

---

* 本文根据校党委书记贺瑞虎在 2017 年 7 月 3 日党委"战略发展务虚会"上的讲话录音整理、摘录而成。

科教育验收,要吸取一些初升本学校的教训,要提前谋划,要有战略的眼光,既看到当前,又看到未来。四是积极推进一流专业建设,争取有一到两个专业冲进省内重点建设专业,在全省、全国产生知名度,比如学前教育、小学教育和特殊教育这三个专业。

三、提高教学质量

(一)严格本科教学规范

本科教学到底有哪些规范,要利用假期好好梳理出来,把共性的、个性的都搞明白,然后按照规范操作,不能够各行其是。

(二)创新课堂教学方式

刚刚李校长讲思政课教学,讲得很到位,我很赞同。要灌输,但是怎么灌输,要讲故事式的,让学生能够理解得到,接受得了。推而广之,系部的同志好好研究,积极探讨启发式、讨论式、专题式等教学方法的创新。

(三)继续加大实践教学的力度

这对培养应用型、实践型、技术技能型学生是非常有好处的,这一点,系部领导的认识一定要到位。从搞研究的角度讲,理论研究目前不是我们的强项,像我们这样的应用型学校,可以多搞实证型研究,让教师在实践中摸索,接上地气。

四、提升科研水平

(一)系部必须强化老师的科研意识

我们在升本的过程中科研的要求并不高,今后评估验收对科研的要求会比较高,要摒弃一些惯性思维。

(二)要明确科研方向

科研不是嘴上说的,也不是一天两天做得出来的,要靠积累。各系部和教研室要进行梳理,每个人都要报一个研究方向和研究重点。

(三)要明确科研工作任务

科研有了任务,有了导向,老师们也就会慢慢沉下来了做科研。当然,我们要量力,要从力所能及的任务量做起,然后逐年加大,要根据不同的学历、不同的职称下不同的任务。

(四)完善科研评价与激励机制

要鼓励冒尖,用机制体制去保护和保障科研冒尖的人,让大家去羡慕他们,不但得名声,还得实惠。我们的博士群体,是科研的骨干,是重中之重,要坚定信心。

(五)加强科研团队建设

我们要重视科研团队作用,借团队形成主攻方向,形成我们的特色。科研团队要做实,宁缺毋滥。团队要给压力,有成果,重点打造,资金、人力尽力倾斜。要抓一些重点给大家看看,让大家尝到搞科研的滋味,体会到搞科研带来的收获。要培育学术带头人,让带头人带起头来。

五、加强人才队伍建设

(一)专业技术人才队伍建设

最快的办法,就是引进高学历、高职称"双高"人才,最大限度地满足学科专业建设的需要。同时,要加强现有在职教师的培养和培训,鼓励教师去访学进修,提高学历层次。

(二)管理人才建设。目前学校这方面的问题比较严重,一个是管理干部队伍年龄偏大,一个是干部缺额比较多。年轻干部的培养不光是党委的事,是大家的事,每个系部每个部门有好的年轻干部都可以推荐上来,把一些优秀的、脱颖而出的、能用的干部,纳入到组织的视线里来观察培养。

六、创新管理服务机制

(一)要牢固树立以师生为本的服务理念

学校文化建设是以学生为本,管理服务则要以师生为本。行政部门要树立以师生为本的服务理念,做好各项服务工作,千万不能乱用手中的权力,不能衙门难进、脸难看。

(二)要创新教学管理模式

教学管理模式要解决几个问题:首先,怎么发挥智能平台的作用提升本科教学水平?其次,要探索本科教学绩效差异化的问题。这项工作请教务处和人事处好好研究。

(三)探索后勤社会化之后的有效管理

要努力建设文明美丽校园,这对提高文明素质、提升校园档次都很有帮助。学校实施了文化提升工程,有了很多说头、故事,这方面我们还要继续努力。另外,新增土地问题要趁热打铁。

七、打牢党建工作基础

(一)提升思想政治工作水平

一是充分发挥思政课堂教学主渠道的作用,研究怎么入脑入心,提升思政教学水平。二是各系部要把思政工作摆在重要位置,按照全国高校思想政治工作会议精神的要求,发挥每一门课、每个教育环节的育人功能,守好一段渠。三是要扎实推进党建"333"工程,通过三联系,贴近实际,贴近学生,抓两头促中间,把立德树人真正落到实处。

（二）抓好班子自身建设

党建工作最扎实的基础就是总书记讲的抓住"关键少数"，就是要抓好班子的自身建设。这里我提出十个字的要求，就是"忠诚、干净、责任、担当、合作"，希望班子的同志以这十个字作为共勉，为全校师生做出表率。学校党委做给中层看，中层要做给老师和学生看，一级做给一级看。

（三）规范基层组织建设

各党总支和党支部要认真把握要求，切实把从严治党的责任落实好。

（四）推进"两学一做"学习教育的常态化制度化

基层党组织怎样常态化，怎样制度化？不能说在嘴巴上，必须要落实到行动当中去。

马上要放假了，假期是自由度比较大的工作。同志们一定要工作，当然自由度更大一些，可以在家里，也可以在学校。还有个很重要的工作，是争取在新学期的开学典礼上一并举行隆重的升本的表彰大会，让付出辛勤劳动的同志得到褒奖，得到肯定。要通过表彰把导向竖起来，让干事的人得到褒奖，让看的人、说闲话的人没有市场。

聚力本科建设　彰显老校气质

——党委副书记、校长李文龙在党委"战略发展务虚会"上的讲话*

在全校上下团结一心、和衷共济、真抓实干的不懈努力下，去年，我们成功取得了豫章师范学院的筹建资格，把不可能变成了可能。今年，我又圆满实现了升格为本科高校的夙愿，把可能变成了现实。豫章师范学院的成立充分说明了如果坐而论道就会坐以待毙，只有起而行之才能起死回生。也充分证明了我们豫章师院人敢于创新，勇于担当，勤于工作，善于成事的奋斗精神。但同时又给我们带来了新的起点之上新的要求、新的任务和新的挑战。这也是我们要召开这样一个务虚会的原因，具体分两个部分来说。

---

* 本文根据李文龙校长在 2017 年 7 月 3 日党委"战略发展务虚会"上的讲话录音整理、摘录

第一部分:面临的形势

一、"双一流"建设已经启动

2015年,国务院印发了统筹推进世界一流大学和一流学科建设的总体方案。"双一流"遴选范围中,部属高校和地方高校是平等的,都在这个范围之内。

江西省政府印发的《江西省有特色高水平大学和一流学科专业建设实施方案》提到,一流学科建设依据目标定位不同,分为优势学科、成长学科、培育学科三个层次,三个层次的学科建设数量均为10个左右,共计30个左右。一流专业建设依据目标定位不同分为优势专业和特色专业两个层次,优势专业建设数量为20个左右,特色专业建设数量为30个左右,共计50个左右。江西省将分为到2020和2030年两个阶段,打造一批学科进入国内一流学科行列,个别学科进入世界一流学科行列或前列,建设一批本科专业进入国内一流专业行列。如果我们能把握住这一利好政策就能顺势而上加快学院发展的步伐,反之就可能停滞不前。因此,面对机遇和挑战,我们更要坚定信心,树立理想。

二、放管服改革向纵深推进

教育部、中央编办、国家发改委、财政部、人力资源和社会保障部4月份联合印发《关于深化高等教育领域简政放权放管结合优化服务改革的若干意见》。《意见》的出台对高校发展产生的影响空前,对办学观念冲击巨大,《意见》瞄准高等教育改革发展中的学科专业、编制、岗位、进人用人、职称评审、薪酬分配、经费使用等方面的深层次问题,可以说带来的既是一种机遇,同时也是一种挑战。例如没有编制的情况下,会否对人才引进造成影响?省教育厅目前正在研究制定具体实施方案,可以说新的模式将很快到来,如何抢占先机,转变观念,尽快拿出应对办法,在新形势下让高校更好发展成为迫在眉睫的课题。

三、师范类院校竞争加剧

原先,师范生毕业后,可以直接获得教师资格,不必参加教师资格考试,可是这样的特权,今后不会有了。根据规定,2016年以后入学的师范类专业毕业生申请认定相应的教师资格,须通过教师资格考试,这会削弱师范院校的吸引力。另外,全省每年的师范毕业生数量远超教师招聘数,供需矛盾十分突出,也会影响师范院校的发展。

同时,教育部明确表示在"十三五"期间我国181所师范院校一律不更名、不脱帽,这就把师范类院校转型成综合大学的路堵住了。就南昌范围而言,江西师大、科技师范大学、南昌师范学院等同类型本科院校无形中让刚跻身为本科院校的我们倍感压力。对此,我们只能迎难而上,不用巧劲、不发挥自身特色优势,很容易被排挤出去。

四、自身问题更加突出

学校升本，各个方面的不足就凸显了。我们的思想观念和本科办学还有较大差距；管理体制和机制还不够完善，机构和系部设置、资源配置还不科学；缺少领军人物，人才结构不完美；办学经费不足，人才争夺缺乏优势；学科优势、专业特色等核心领域还有待提炼等等，这些都是制约我们发展的重要因素。

开这个务虚会不是为了坐而论道，而是为了谋划未来，为了落实教育部和省人民政府在同意建立豫章师范学院的批文中对我们提出的各项要求；为了在规模发展与内涵建设的思路问题、全面发展与重点突破的方向问题、师范教育与非师范教育的结构问题等方面做好顶层设计；为了在对接升本后学士学位评估的考核条件、本科合格评估要求、校园空间布局、内部机构设置、学科专业发展、师资队伍建设、科研发展规划等具体问题上提前谋划布置。凝聚共识，提炼特色，把上述问题通过修订形成"十三五"规划，再形成具体可操作的实施办法，推进改革创新，推进学院又快又好的转型发展。

第二部分：今后的任务

一、聚力立德树人，强化育人责任担当

一是深入学习习近平总书记系列重要讲话精神，积极贯彻落实好全国思想政治工作会议的精神。这次全国思政会以思政工作为切入点对高校党的领导、体制机制、立德树人、教学科研等各个方面都提出了要求。我们要采取切实措施，抢占思想意识形态战略高地，办人民满意教育，做好为社会主义事业培养合格建设者和接班人的各项工作。

二是改革教育教学方式。要进一步提高课堂教学效率，要把立德树人作为一种事业、一种责任，而不是为了应付任务。要深知，一个好老师对一个学生的影响有可能是一辈子的。

三是要把办中国特色社会主义高校这面旗帜牢牢地高举起来，把这面旗帜插到每一个课堂、每一个处室、每一个系部，插进每一名师生员工心中。做到齐头并进，学生抓灌输、教师抓培训、干部抓表率、领导抓责任。

四是坚持完善党委领导下的校长负责制，贯彻民主集中制，把握好教学科研管理等重大事项重大政治原则、政治立场和政治方向，在干部队伍、教师队伍建设和教材选用上把好政治关。

二、聚力人才强校,提升教师队伍素质

一是实施"人才强校"工程。结合学校"十三五"规划和各子规划内容,召开人才强校工作座谈会,出台《优秀人才引进计划》《骨干教师学历提升计划》《青年教师培训计划》等一系列"人才强校"政策。不断创新和完善各类考核制度,如:《考核工作暂行规定》《博士考核办法》以及《专业技术岗位聘期考核暂行办法》等,进一步实现人才工作的科学化、规范化、制度化。

二是根据专业建设需要,突出办学特色,积极用好现有人才,努力培养领军人才,面向全国引进符合学校发展需要的高学历、高职称人才,逐步改善教师队伍学历、职称和学缘结构,特别要注意引进博士不能仅求数量,更要求质量。

三是加大柔性引进力度,聘请名誉系主任、客座教授、兼职教授,借助校外名师、专家的力量在提高办学层次、专业建设、重大项目申报、学术交流等方面给予我校大力支持,各系要经常性的与他们进行联系沟通,让他们发挥传真经、带人才、促科研的实际作用。

四是加强团队建设,有序开展科研团队活动,加强对科研团队的管理和评估,扶持特色团队的发展。建立博士工作室、专业研究所或研究中心,为高级专业人才开展科研工作搭建有利平台。注重师资培养培训,组织好教师假期培训,特别是新进人员入职培训要成为制度化。同时做好国内外访学和进修等各项工作。

三、聚力内涵发展,狠抓学科专业建设

内涵发展就必须结合实际,要与南昌等周边经济社会发展的要求相对接,优化学科专业结构,凝练学科优势,强化专业特色,培养区域发展所需的应用型、技术技能型人才,为推进创新型江西发挥学院的作用。

实施本科教学质量和改造工程,开展专业办学及特色办学综合评价,优先发展优势学科、特色专业,对接"双一流"学科专业,重点发展首批升本专业,积极培育新一批申本专业。力争在2030年左右,学院有1~2个学科进入国内一流学科行列,有2~3个专业成为国内一流专业,甚至成为品牌专业。

四、聚力教学科研,改革人才培养模式

一是做到课程内容对接职业标准、教学过程对接生产过程,模块化课程设计以岗位迁移能力培养为导向。要进一步加强师范生职业基本技能训练,坚持师范生"十项教师职业基本功"和"八项教学基本技能"考核,这些优势不仅不能因升本而削弱,而且要进一步巩固。非师范类学生的培养要盯紧国家大政方针和地方社会经济发展态势,对经济发展要有前瞻性。

二是强化科研成果支撑,科研是体现教育教学成果最直接的组成部分。对于学校本科化的转型,要迅速发展完善科研管理制度,以激发科研创新动力和提升科研创新能力,激发教师参与科研积极性,让更多优秀人才脱颖而出,更多高水平成果争相涌现。同时,积极打造自己的附属教育机构,既为本校教师的教学与科研、学生理论与实践结合创造一个平台,又积极服务社会,扩大社会影响力,为南昌社会经济发展做出更大贡献。

三是积极探索新形势下的人才培养模式,推动本科教育下的继续教育,大力开展专升本工作,这也将增强学校专科的吸引力。既为本校学生提高学历层次提供平台,又可以通过对外招收专升本学生解决社会需要,同时还能提高学校社会知晓度。另外,我们可以学习借鉴兄弟院校先进的经验做法,如:湖南第一师范学院从初中毕业生中招收六年一贯制本科生,这是教育部的一个重大课题。要抓紧论证,积极申报,抢占高地。

五、聚力开放办学,促进校外合作交流

对于刚刚跻身于本科之林的我们,开放办学的目的就是要学习他人的优秀经验和借助他人的发展平台,做到借梯登高,借船出海,努力靠大联大、靠强联强,力争将办学水平更上一层楼。

国内校际合作方面,对照兄弟院校的特色办学和学科优势,从学生交流和师资深造方面入手,努力共建学科与专业,开展科教研协同计划,并借助兄弟院校的平台争取到在相关专业领域有自己的话语权,例如探索和江西师大对接"4 +2""4 +3"模式,做到互利共赢。国际合作办学方面,以国家"一带一路"倡议为契机,从引进国外优质教学资源和引入多门国际先进在线教育课程入手,适时启动"2 +2"和"3 +1"的留学生培养模式,积极探寻孔子学院的合作共建途径,尽早实现国际合作办学项目的实质性突破。要用好江西南师教育发展公司这个平台,为学生出国留学、老师访学等提供支持。

六、聚力机制创新,提高保障服务能力

一是探索建立与本科院校相适应的机构设置,对机关内设机构和教学服务机构进行优化,为学院发展奠定紧实组织基础。

二是全面深入落实《关于深化高等教育领域简政放权放管结合优化服务改革的若干意见》文件精神,勇于突破原有的体制机制,按照本科院校的发展特点和建设要求,形成顶层设计流程,逐步完善资源配置、学科专业设置、教学管理、进人用人、职称评审等机制。

三是进一步提高机关的推动和服务能力,努力建设服务型机关,改进作风、文风、会风。

四是做好后勤保障社会化工作,不断提高后勤服务质量,整合相关力量组建学校后勤产业服务公司;打造并利用好校友会平台,为学校发展凝聚校友资源,吸收校友智慧,发挥校友力量。

七、聚力美丽校园,彰显百年老校气质

积极响应南昌市建设"美丽南昌幸福家园"的号召,建设"文明美丽校园",加强校园文化建设、加强校园环境整治、加强学生文明礼仪教育、加强文明寝室建设,进一步打造绿色生态校园、节能型校园;加强学校数字化建设,加快智慧校园建设步伐;强化校园安全管理,高度重视食品安全、尽力尽快推进消防验收工作,建设平安型校园。同时结合空间布局,加快征用380亩发展用地、新校园建设调规调概及教工食堂改造等工作的落实进度,扩大校园面积,优化、美化现有场所。

继续利用校史馆、校内各个纪念园地、文化舞台等场所开展丰富多彩的第二课堂活动,提高学校环境育人水平,做好校园文化再提升工作。让高品位的校园文化环境和"百年学府"的文化积淀向学生生动地反映学校的校风校貌,传递学校的教育理念和办学思想,使学生在充满时代气息和校园特点的人文氛围中学习成长,最终打上豫章师范学院的气质烙印。

希望大家要有"升本不忘本"的态度,树立"不忘初心,再立潮头"的信心与决心。

第二篇 02

| 立德树人 |

学校在其百年发展进程中,秉承师范教育、立德树人的办学理念,栉风沐雨,砥砺前行,薪火相传,积淀了丰厚的文化底蕴,形成了鲜明的办学特色。

第一章

传承文明　弘扬精神

　　学校有着十分复杂的历史沿革,分分合合,与之有着渊源关系的师范学校不下 20 个。虽然学校的发展分合跌宕,但传承的主线非常清晰且从未断链,特别是体现在学校的一些文化符号象征意义上,如校训校风、校徽校旗校歌等方面,有异有同,其始终深深贯穿着学校百年办师范而不辍的理念烙印。可以说,透视学校特有的一些历史文化符号,它们所展现出的就是中国师范教育发展缩影的一部分。

文化变迁延绵中的办学理念

　　自 1898 年省立女子师范学堂始,学校一直致力以开启民智为己任,坚守国民师范教育,从承续下来的特殊文化符号可见一斑。不同时期这些文化符号或有略许差异,但也是其身处特殊境遇的不同办学理念的诉求。受可见资料所限,以下遴选出的只是学校发展更迭中具有代表性的文化符号。

　　一、校训

　　校训是学校人文精神的高度凝练,集中体现学校的办学传统、办学理念和治校精神。《辞海》对之解释为:"学校为训育之便利,选若干德育条目制成匾额,悬见于校中公见之地,是为校训。其目的在于使个人随时注意而实践之。"校训"厚德博学 崇真重行",是学校倡导全体师生共同遵守的基本行为准则与道德规范。

　　成立于 1933 年的江西省立南昌乡村师范学校,其时校训是"公忠敬爱　勇毅勤俭"。这八个字有鲜明的儒家道德教化色彩,与当时国民政府时期所倡导的价值观念密切相关。新中国成立后,特别是进入改革开放新时期,成立于 1985 年的南昌第二师范学校,其校训直接以"学高为师　身正为范"标称,简洁明了,有返本清源之意。到了 2004 年,在南昌师范学校基础上升格的南昌师范高等专科学校,校训更新为"德厚才馨",此时大意不变,但更进一步突出"德才并举"。2017 年,学校迎来其发展史上具有里程碑意义的巨大变化,终圆百年升本梦,校名取"豫章师范学院"。"豫章"二字一是彰显学校办学所在地南昌城市深厚的历史文化底蕴,二是也契合学校自身发展之久远。经校党委研究决定,豫章师范学院校训定为"厚德博学,崇真重行"。至此,学校作为本科高校,其校训更为科学规范,也更符合国家高等教育发展新要求。

豫章师范学院校训:厚德博学 崇真重行

"厚德"出自《易·坤》:"地势坤,君子以厚德载物。"《淮南子·氾论训》亦谓:"故人有厚德,无间其小节。""厚德"即增厚美德之意。

"博学"出自《礼记·中庸》:"博学之,审问之,慎思之,明辨之,笃行之。"《礼记·儒行》中也有"儒有博学而不穷,笃行而不倦"之说。"博学"就是广博地学习。

"崇真"之"崇"意为尊崇、推崇、追求,"真"则是指事物的本性、本源和自然界的根本法则,即客观真理。"崇真",即崇尚、尊崇、追求客观规律和客观真理。

"重行"出自西汉扬雄的《法言·修身》:"何谓四重?曰:重言、重行、重貌、重好。言重则有法,行重则有德,貌重则有威,好重则有观。""重行"含行为稳重,重视实践能力的培养与提高,意在行稳致远之义。

"厚德博学 崇真重行"的基本内涵,要而言之,就是:格物穷理,以德为本,广博学习,不断深厚个人的道德修养;崇尚真理,重视实践,追求卓越,不断夯实个人的学术造诣。分而言之,其旨有四:一为修身;二是为学;三即立志;四指处世。具体如下:

一、修身之源在厚德。古语云:国无德不兴,人无德不立。修身的关键在厚德,既塑高尚人格,又极天地大观。"厚德",一方面直指学校"立德树人"的根本任务,另一方面彰显学校培养中国特色社会主义事业的合格建设者和接班人的决心和恒心。

二、为学之基在博学。"博学"就是海纳百川,博采众长。要在求学、做学问的道路上有所建树,务必精于学,广泛涉猎,拓宽眼界,以期博学而约取,厚积而薄发。如此,实现学校育人博学而笃志,切问而近思之目标。

三、立志之要在崇真。"崇真"意指尊重客观规律,坚持实事求是。学校寄望师生崇尚真理,不惟书、不唯上,只唯实。避免求学急功近利、学术浮躁之倾向,鼓励为学"板凳甘坐十年冷,文章不写一句空"之意志。崇真方能尚美,追求卓越。

四、处世之本在重行。"重行"意指坚持本心,并一以贯之。提倡"重行",对个人而言,提倡"言必信,行必果",对学校而言,就是坚持学校培养应用型人才的办学定位不动摇。

"厚德博学 崇真重行"作为校训,传承了学校百年历史,丰富了时代精神,既劝勉全校师生修身、为学、立志、处世,又凝结了豫章师范学院指导思想、办学理念。它继承并丰富了原校训(德厚才馨),又有创新充实,特别是切中学校教育目标,更加强调实践与过程。

二、校风

校风是指学校的风气,表现于学校的精神面貌,体现在学校干部的作风、教师的教风、学生的学风和班级的班风上,还存在于学校的各种事物和环境之中。

校风的延承中,据可查的,有南昌第二师范学校的"团结 勤奋 求实 创新",南昌师范学校、南昌师范高等专科学校的"团结进取 严实文明"。这些只字片语,既有众多高校校风的共性,也有自身包含的个性,体现了国家高等教育的培养目标是使受教育者成为有理想、有道德、有文化、有纪律、热爱社会主义祖国和社会主义事业的人,使他们掌握科学知识并接受正确的社会规范和社会价值观念,为社会主义现代化建设服务这一基本要求。

豫章师范学院校风:勤研善思 务实求进

一、勤研

"勤",即勤勉,源自《荀子·富国》:"奸邪不作,盗贼不起,化善者勤勉矣。"汉代张衡说"人生在勤,不索何获"。"业精于勤荒于嬉","勤"能补拙。"研",即研究、钻研。通俗地讲,"勤研"是指勤于研究,刻苦钻研。

二、善思

"善思",语自《荀子·成相》:"臣谨修,君制变,公察善思论不乱",是指敢于质疑,善于思考,深知"学而不思则罔,思而不学则殆",在学习时不仅会思考,而且善于思考,以致善思善成。

三、务实

"务实",语出《国语·晋语六》:"昔吾逮事庄主,华则荣矣,实之不知,请务实乎。"王符的《潜夫论》说:"大人不华,君子务实。""务实"就是立足实际,"不驰于空想,不骛于虚声",实事求是,"不唯上、不唯书、只唯实"。工作上"一分部署,九分落实",作风上"抓铁有痕、踏石留印",脚踏实地致力于干事创业。

四、求进

"进"即进取,源自《论语·子路》:"狂者进取,狷者有所不为也。""求进"就是不断进取,努力向上,追求进步。学业之路没有捷径,墨守陈规不思进取于事无补,唯有求进之人努力拼搏方有所成。

校风"勤研善思 务实求进"与校训"厚德博学 崇真重行"之间有着内在联系。"勤研善思 务实求进"是师生践行校训"厚德博学 崇真重行"的有力举措,也是校训育人的自然结果。师生要达至校训"厚德博学 崇真重行"之目标,必须勤研不辍,善于思考,坚持实事求是,开拓求进。

三、校歌

校歌是校园文化的重要组成部分,常常是一个学校对内的号召和激励,对外的形象展示和宣言,它反映的既有办学者、教育者的理想、要求、愿望,又有受教育者的感受、追求和成长心声。可以说,学校百年历程,给我们后人留下了十分珍贵的悦耳动听又极具特色的校歌。

江西省立乡村师范学校(1928)和江西省立南昌乡村师范学校(1933 年)校歌:

江西省立实验幼稚师范学校校歌(1940 年):

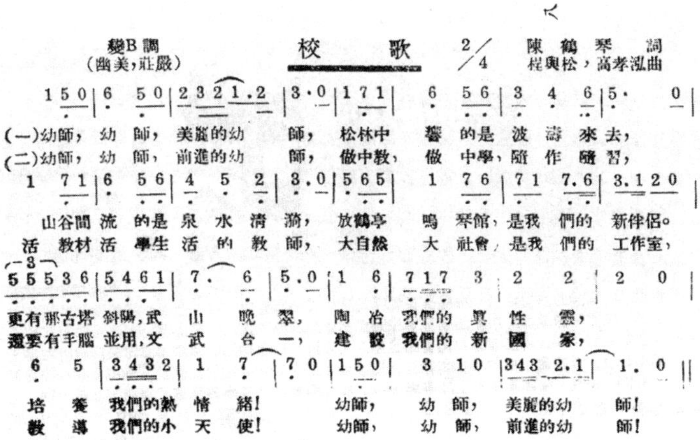

南昌师范学校校歌(1949 年):

1 = C $\frac{2}{4}$(深情、优美地)

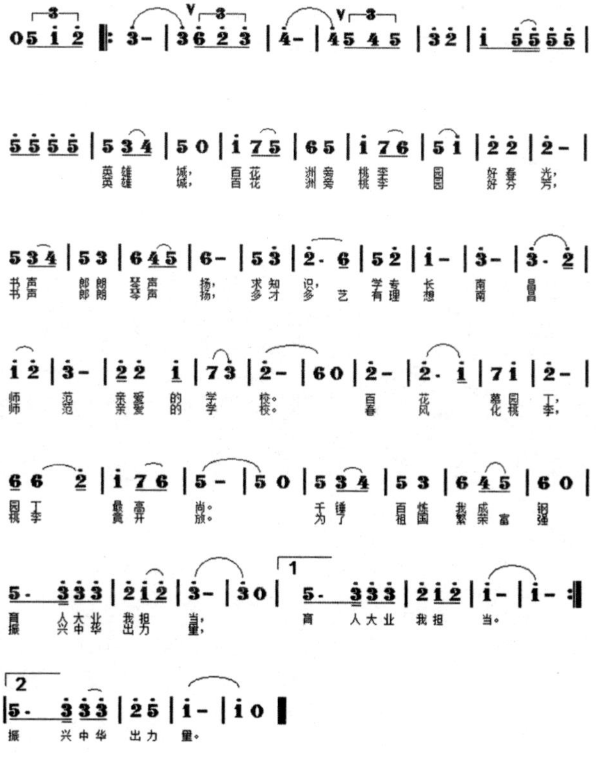

南昌师范高等专科学校校歌(2004 年)：

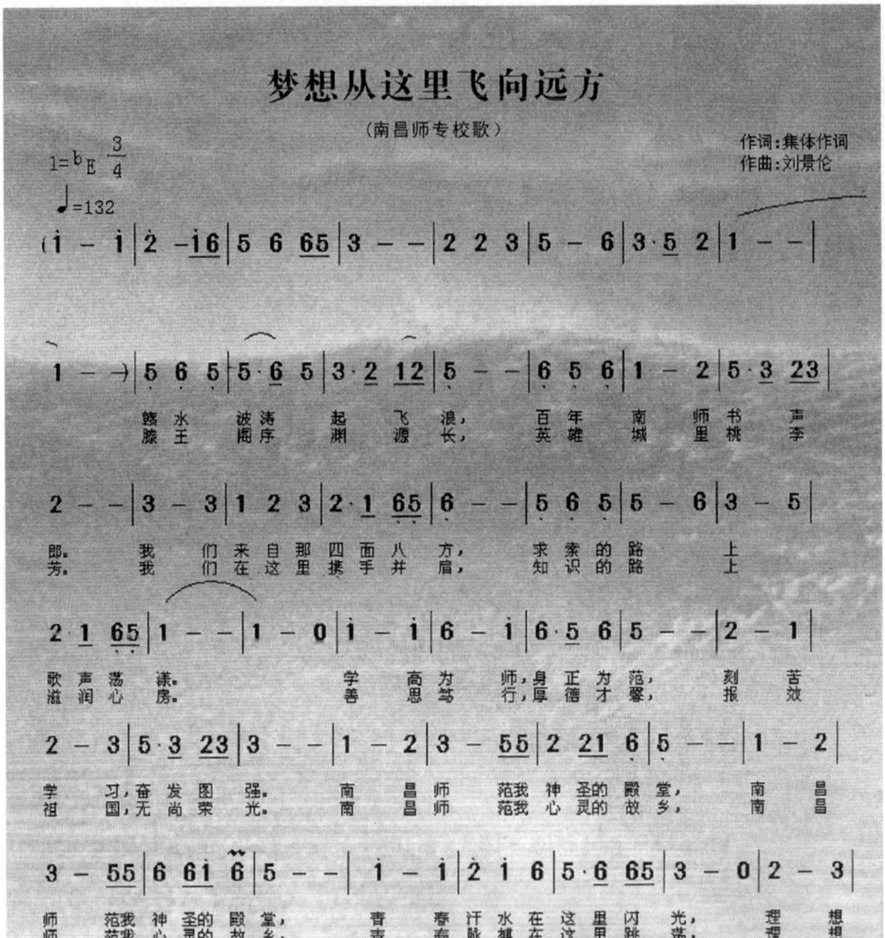
梦想从这里飞向远方
（南昌师专校歌）
作词：集体作词
作曲：刘景伦
1=♭E 3/4
♩=132
赣水波涛起飞浪，百年南师书声朗。
滕王阁序渊源长，英雄城里桃李芳。
我们来自那四面八方，求索的路上歌声荡漾。
我们在这里携手并肩，知识的路上滋润心房。
学高为师，身正为范，刻苦学习，奋发图强。
善思笃行，厚德才馨，报效祖国，无尚荣光。
南昌师范我神圣的殿堂，南昌师范我神圣的殿堂，
南昌师范我心灵的故乡，南昌师范我心灵的故乡，
青春汗水在这里闪光，理想从这里扬帆远航。
青春脉搏在这里跳荡，理想从这里扬帆远航。
结束句
理想从这里扬帆远航。

豫章师范学院校歌

1=♭A　4/4

坚定、豪迈地

吴智勇　词
黄剑敏　曲
后俊羲　配器

豫章师范学院校歌释义

2017年,我校以"豫章师范学院"为名,升格为本科院校。升格后,我们虽然失去了"南师"这一简称,却恰到好处地通过"豫章"二字,为我们这所百年老校找到了自己的文化根基,那就是古称"豫章"的我们这片红土地。

豫章,既是江西的古称,也是古代南昌地区的别称、雅称。我们学校借用"豫章"这个新校名,把自己一百多年的建校史,接续上了两千多年的豫章文化史。我们通过"豫章文化石"上的《豫章学记》和赞贤广场甬道上的"百年时间轴",把校史和豫章文化史铭刻在校园里;我们也通过校歌,颂扬我们百年老校的辉煌历史和两千年豫章文化的深厚积淀。

校歌分三段。第一段,在悠扬而带有江西民歌风味的歌唱中,我们看到了"西山如黛,赣水苍茫。落霞孤鹜,阁高天长"等豫章地区特有的风光,也看到了瑞麟亭上曙光初照,瑞麟亭下书声琅琅,桃李蹊边百花竞开的豫章师院晨景。这一切,归结为"大美豫章",唱出了豫章师院的师生们,心中的豪迈和肩负的责任。

第二段的乐调,略带悲怆。我们在这一段,回顾了学校的百年校史。在近代历史的风云中,我们栉风沐雨,艰苦办学,总结出自己的校训:"厚德博学,崇真重行。"在校训的砥砺中,一届一届毕业生走出校园,走向社会,为国家、社会和民族作出了贡献。我们的校园不大;在百年校史中,我们所传承的文化精神不朽!

第三段旋律激昂,歌唱的是走进新时代的豫章师院。2017年,我们学校升格为本科院校,跟随国家一道迈进新时代;我们的师生,也和全国人民一起,撸起袖子,闻鸡起舞。"勤研善思,务实求进",是我们的校风;"再扬征帆,乘风破浪",是我们升格以后的精神面貌。"雄关漫道真如铁,而今迈步从头越。"迈进新征程的豫章师范学院,在全校师生的不懈努力下,一定能够创造一个新的时代,创造新的辉煌! 豫章师院的明天,更美好! (吴智勇)

四、校徽

江西省立乡村师范学校(1928):

江西省立南昌乡村师范学校(1933 年)：

江西省立实验幼稚师范学校(1940 年)：

南昌师范高等专科学校(2004 年)：

豫章师范学院(2017年)：

校徽由中英文校名、标志物和学校创办年份组成。居中图案采用滕王阁的抽象图案，滕王阁是南昌的标志性建筑，也是江南四大名楼之一，著名的《滕王阁序》中有"豫章古郡"一说，由此引申出学校的校名。中间为一个小篆体"师"字，突出学校百年办学历史和师范性特征。1908是我校办学的开端，用以记载学校厚重的历史。主调色为绿色，绿色来源于春天，寓示学校作为新生本科院校的活力与蓬勃生机。

五、校旗

江西省立乡村师范学校(1928)：

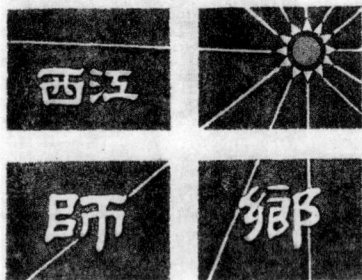

江西省南昌乡村师范学校(1933年)：

南昌师范高等专科学校（2004 年）：

豫章师范学院（2017）：

校旗是学校的象征，是学校精神风貌、办学理念和人文精神的具体体现之一，是学校历史和文化的浓缩和提炼，也是学校对外交往、举办重大活动、隆重庆典时必不可少的关键元素。

本设计方案是以绿色为底色与反白校徽、校名结合而成，设计简洁大方、容易识别，绿色寓意着积极进取、探求新知、健康向上的精神风貌，同时彰显着豫章师范学院深厚的文化底蕴、博大深远，宁静和谐，绿色旗面与校徽纯白色的颜色搭配简洁清新，极具有视觉冲击力，再加上校友赵定群先生题写的校名作为校旗标准字体让旗面显得更加具有生机与活力。

豫章师范学院举行校训校风校歌及视觉形象识别系统(VIS)新闻发布会

2018年5月4日上午,我校在大学生梦工厂举行校训校风校歌及视觉形象识别系统(VIS)新闻发布会。省委宣传部副部长黎隆武,省社会科学院文化研究部主任、文学研究所所长夏汉宁,市委宣传部副部长万晓东,校党委书记贺瑞虎,校领导张海涛、黄晓雷出席,江西日报社和市委宣传部干部,主创人员代表以及师生代表参加此次发布会。发布会由我校党委委员副校长、新闻发言人吴龙主持。

此次新闻发布会的主题是"厚德博学育人,崇真重行兴校"。发布会上,贺瑞虎介绍了我校校园文化建设的思考与创意,指出我校校园文化分为三个部分:校园环境文化、校园精神文化和校园视觉文化。他进一步指出,校园文化的总体理念体现了学校的办学定位和办学特色,把百年历史、师范元素、育人定位结合起来,把物质、精神和视觉融合起来,彰显学校文化特质,提高文化品位,增强文化自信,增强育人功能,有利于提升学校形象。

校园环境文化,主要是利用学校各类历史文化资源进行环境品位综合提升。既注重历史传承,把百年传统和红色基因都融入其中,又注重创新,与时俱进,体现了强烈的时代气息。通过把校史写入校园,把校友变成教材,把校园变成课堂三大具体举措,建设了百年时间轴、赞贤广场、青春剧场等文化设施,为新校园增添了历史的厚重感,以优秀校友文化增强师生的自信,让课堂从室内走到室外,为师生提升实践能力提供平台和场地。

校园精神文化,主要指校训、校风和校歌。主要目的是以优良的校训、校风、校歌引领师生的学习、工作和生活,推动学校精神的形成。贺瑞虎还对校训"厚德博学、崇真重行"和校风"勤研善思、务实求进"的含义进行了简要介绍。

校园视觉文化,主要指校园文化视觉识别系统(VIS)。贺瑞虎指出,推出校园视觉文化的目的,在于有意识地整合学校视觉文化元素,使学校形象的更加统一规范,增强学校形象的辨识度,便于学校形象的进一步推广。

之后,省市领导与学校领导、师生代表共同鎏金启动校训。黄晓雷对视觉形象识别系统(VIS)进行了详细解说。整场新闻发布会在我校学生合唱校歌的歌声中圆满落幕。

江西日报、江西卫视、南昌日报、南昌电视台、中国新闻网、凤凰网等三十余家媒体对此次新闻发布会进行了报道。(文/丁再李)

把握高校办学规律 建设合格本科院校

要以积极的精神追求和对事业高度负责的政治担当,认真系统地学习习近平新时代中国特色社会主义思想,全面贯彻党的教育方针,在大是大非面前站稳立场、把住方向,头脑清醒、敢于担当,提高政治站位,增强政治敏锐性和鉴别力,牢固树立"四个意识",坚定不移维护党中央权威和党中央集中统一领导,自觉在思想上政治上行动上同以习近平同志为核心的党中央保持高度一致,做到政治上的坚定可靠。

要把勤奋学习大力提高素养作为一种自觉的良好修身习惯,努力学习先进的现代大学管理经验,深入把握本科高校办学规律,特别是要在特色办学、走差异化发展道路方面积极探索创新。要通过学习,进一步开阔视野、更新理念、提升素质、引领发展,真正成为高等教育的行家里手。

要坚持办学以教职员工为本,育人以学生为中心,从学校事业发展大局出发,充分尊重师生员工在学校教书育人中的主人翁地位,切实保障师生员工的主体地位和合法权益,努力调动广大师生员工推进事业发展的积极性和创造性,实现好、维护好广大师生员工的根本利益,不断提高师生员工的幸福指数。

认真落实全面从严治党的党委主体责任和纪委监督责任,把全面从严治党纳入学校党委行政总体工作部署,并融入各项具体工作之中。

站得高才能看得远。面对建设特色鲜明、优势突出的豫章师范学院这一目标,面临国家"双一流"大学建设这一重要机遇,我们无论是在政治理论上还是业务知识上都要加强学习。要把高等教育发展的规律和建设管理本科院校的业务摸清弄懂,真正提高我们科学决策、民主决策、依法决策的能力,为学校加快发展扬好帆掌好舵。

在对接本科办学要求的进程中,要充分发扬真抓实干、艰苦奋斗、勇于创新、攻坚克难的作风,乘势而上,以身作则,以上率下,起好模范带头作用,把各项工作做实做细做优,力争以优秀的成绩通过几年后的本科院校各项评估,向建设特色鲜明、优势突出的豫章师范学院迈出关键的一大步。

作为党的思想政治理论的宣讲者和传播者,思政教师肩负着马克思主义理论教学和研究的重要任务,要有坚定的"主阵地"和"主渠道"意识,做到守土有责,守土尽责。思政教师这一角色定位,意味着要切实把思想认识统一到习近平总书记重要讲话精神上来,提高政治意识和政治站位。

我们要虚心向专家请教,深刻领会专家授课内容,以问题为导向,聚焦教学难点,积极研讨,注重研究思政工作新的形势新的内容新的要求,在真学中悟透,找到增强思政课亲和力、吸引力和感染力的教学方法,从而更好地实现用自己的真才实学和人格魅力影响学生、启发学生、引导学生,帮助学生扣好人生的第一粒扣子。

按照本科院校的发展特点和建设要求,做好顶层设计,调整学院机构设置,逐步完善资源配置机制、学科专业建设机制、教学科研管理机制、进人用人机制、教师职称评审机制等,并在实践中善于学习和借鉴其他本科高校先进管理经验。继续做精校园文化提升工程,使靓丽的校园文化景观和场所成为环境育人的实验场、校史教育的活教材、才艺展示的大舞台。

开阔视野,加强合作,以"做强学前教育,做优小学教育,做精特殊教育,做实职业教育"为目标,坚持定位应用型高校,紧紧围绕"塑形象、重特色、抓内涵、强党建"扎实做好学院各项工作,建设特色鲜明、优势突出的豫章师范学院。

——以上为校党委书记贺瑞虎同志部分讲话摘要

以习近平新时代中国特色社会主义思想为指导,坚持党对高校的全面领导,牢牢把握社会主义办学方向,坚持走差异化发展道路,积极推进综合改革,实施人才强校战略,强化内涵建设,着力提升学校的核心竞争力和社会影响力。

要在学校工作中贯彻落实好全国高校思想政治工作会议精神和习近平总书记在会议上的重要讲话精神,把立德树人作为教学工作的目标和标准。要根据会议和讲话精神研究思政类课程教学改革,其他学科也要将思想政治教育融入课程教学之中,守好一段渠,种好责任田,使各类课程与思想政治理论课同向同行,形成协同效应。

习近平总书记在十八届中央纪委七次全会上指出,党员、干部要不断提升人文素养和精神境界,去庸俗、远低俗、不媚俗,做到修身慎行、怀德自重、清廉自守,永葆共产党人政治本色。加强高校廉政文化建设就是要自觉把习近平总书记的要求内化于心、外化于行。要把反腐倡廉思想教育内容纳入党员组织生活和教职工政治学习计划,努力把廉政文化贯穿到高校各项工作的全过程,使师生员工尤其是党员领导干部筑牢理想信念,把清白、清正、清廉作为追求人生价值目标的基本准则。

人才培养方案是学校实施人才培养的纲领性文件,是学校教育思想和办学理念的集中体现。人才培养和专业设置要特色鲜明,并能主动适应区域经济社会发展需要。要与江西省和南昌市经济社会发展的要求相对接,在推进创新型江西建设发展中、在打造富裕美丽幸福江西"南昌样板"中发挥学校的作用。

加强团队建设,挖掘现有潜力,有序开展科研团队活动,进一步加强对科研团队的管理和评估,扶持特色团队的发展。建立健全博士工作室,为高级专业人才开展科研工作提供条件。

调整科研奖励和资助政策,加大科研与教学结合度,努力做到以科研促进教学,以教学推动科研。不断改进课题研究的策略与方法,保证课题研究工作的有序进行。

加大引进高层次人才工作力度。根据专业建设、特色办学需要,面向全国引进符合学校发展需要的高学历、高职称人才,改善教师队伍学历学缘结构。加强师资培养培训和专业技术人员管理,认真做好职称评聘改革工作。修订完善中青年教师顶岗锻炼具体计划,明确目标任务,落实相关规章制度。组织教师国内外访学、单科进修和新进人员入职培训等各项工作。推动聘请名誉系主任工作,借助校外名师、专家的力量在办学方向、专业建设、重大项目申报、学术交流等领域给予我校大力支持。

创新班主任(辅导员)管理方式方法,完善班主任(辅导员)工作考评机制,激发其工作热情,使之能深入学生,了解学生的思想动态,夯实学生工作基础。创新学生工作管理方法,充分发挥学生的主观能动性,引导学生学会自我管理,开展形式多样、健康向上、格调高雅的校园文化活动,锻炼和提高学生的阅读、才艺、文字和语言表达等能力,广泛开展各类社会实践,促进学生全面发展。

加快南昌师专后勤集团建设步伐,深入推进后勤保障制度建设,切实提高后勤服务质量。高度重视食品安全问题,特别要加强对学生食堂的监管,切实保障师生食品安全。争取创办附属学校的突破,开拓创办南昌师专教育集团。

校园安全工作是保障学校各项工作正常运行的重要基础,要牢固树立安全无小事的意识,把安全工作作为重要任务来抓,做到以一万的努力来以防万一。

——以上为校党委副书记、校长李文龙同志部分讲话摘要

第二章

党建工作 特色鲜明

学校2016年4月获教育部批准筹建"豫章师范学院",为扎实做好"去筹升本"各项工作,不断提升教学育人、科研育人、管理育人和服务育人水平,校党委坚定贯彻落实全国高校思想政治工作会议精神和习近平总书记系列重要讲话精神,适时前瞻性地提出党建"333"工程,结合"两学一做"学习教育,紧密围绕立德树人中心任务,切实实现全员育人、全程育人和全方位育人,从而有力推动学校筹建豫章师范学院不断开创发展新局面。

党建"333"工程:打造学校育人新品牌

一、党建"333"工程内涵

"333"工程,是指通过党员干部联系系(部)、联系班级、联系师生来促进工作理念、工作作风、工作方法的转变,从而提升党员干部形象、工作效能、办学水平。其中,"333"工程的基础和关键是"三联系"。

二、实施党建"333"工程起因

一是坚持问题导向。校党委在履行抓好思想政治工作政治责任的过程中,发现有的基层落实思想政治工作职责不够到位,浮于形式,思想政治工作活力不足,缺乏针对性和有效性。"333"工程的提出就是校党委寻找破解这些问题的一个重大抓手。

二是坚持实践探索。校党委在"办学治校"的具体实践中,紧扣立德树人这一根本任务,在教育教学、科研、管理、服务等环节中,探索实现全员育人、全程育人、全方位育人的新路径。"333"工程中"三联系"正是这一"新路径"的实际运用。

三、党建"333"工程具体做法

首先,对联系对象数量有明确要求,即每位校领导联系1个系(部)、2个教师、2个学生;每位中层正职领导干部联系1个班、2个学生;每位中层副职和普通党员联系 1 个学生。其次,对联系内容有明确规定,即做到"两了解"(了解师生基本情况、意见建议)、"两帮助"(帮助师生提高思想认识、解决实际困难)、"两引导"(引导教师做立德树人模范、学生自觉践行社会主义核心价值观)。再次,对联系次数过程有明确要求,即党员干部每学年深入联系系(部)、班级、宿舍调研三次以上,与联系师生进行交流谈心三次以上,并统一用笔记本做好全程记录。

四、实施党建"333"工程目标

(一)落实落细思想政治工作政治责任

校党委通过"三联系",使全校 278 名党员干部全部组织起来,公开亮明身份,常态化进基层,与师生交朋友,扎实做好思想政治工作。

(二)增强基层组织生机活力

通过"333"工程,改善干群关系,树起党员干部先进形象,增强基层组织的凝聚力和向心力,激发全校师生干事创业正能量。

(三)推动学校立德树人上水平

党员干部通过联系优秀学生,帮助引导他们积极向党组织靠拢;对困难学生,通过联系帮扶,解决问题,不让一个学生掉队,帮助他们健康成长。通过抓两头,促中间,推动学校立德树人上水平。

五、在党建"333"工程中彰显三种情怀

拉近师生距离,彰显"俯首甘为孺子牛"的亲生情怀。拉近师生距离,核心是对学生用真心、含真情、达真爱,在"面对面、手拉手、心贴心"的交往中倾听学生心声、了解学生期盼、感知学生冷暖。一是用真心迈开步子。党员干部进宿舍入班级、与学生走亲戚交朋友,据统计,党建"333"开展近两个月来,全校 278 名党员与 305 名困难学生结成了帮扶对子,通过面谈、电话、QQ、微信等各种方式联系数次,真正把师生之间的"隔音墙"打倒变成了"连心桥"。二是含真情沉下身子。"身入"以求"深入",不搞"蜻蜓点水"的见面,不做"来去匆匆"的交谈。党员干部沉下心来与学生面对面的交流,用实际行动问政于学生、问需于学生、问计于学生,真正在帮扶的过程中改进工作方法、提高工作水平。三是达真爱温暖学生。"感人心者,莫先乎情。"饱含感情、付出真情、体现深情,不摆架子、不装洋蒜。在开展党建"333"工程过程中,帮扶老师对现代教育技术专业刘静同学的辅导就是一个例子,信息科学系的刘静同学对自己现在所学的专业似懂非懂,一度产生厌学的念头,黄敏若老师得知后,主动找刘静同学聊天、辅导功课,让她逐渐对专业有了新的认识并产生兴趣。学习上的提高也带动她思想觉悟的提高。黄老师不仅是党建"333"工程联系刘静同学的帮扶老师,她还是信息科学系党员爱心辅导室的辅导老师。刘静同学的问题就是该系党支部在平时组织党员教师对同学们的爱心辅导中发现的,并及时对其进行心理疏导。据统计,活动开展以来,学校共为困难学生解决难题 30 余件。

锤炼务实作风,彰显"春蚕到死丝方尽"的爱生情怀。锤炼务实作风,关键在于不飘浮、不作秀、不张扬,在"入寒门、结穷亲、显节俭"的行动中锤炼党性、夯实作风。作为党员干部,始终把学生所需作为下基层的"指南针",不说外行话、不做外行事,争做学生"知心人"。机关第二党支部书记、学工处副处长吴勇斌通过多次与自己联系学生的交谈了解到其家境困难,且对目前所学专业又毫无兴趣,吴处长认为这位学生当务之急是转专业激发学习兴趣,帮促学有所成,在与相关部门的多次协调沟通后,该同学将会在新学期迎来她所热爱的语文教育专业。同时,吴书记还为该生提供了勤工俭学的岗位,坚持"输血"与"造血"相结合,帮助他们自己创造财富,完成学业。

多办好事实事,彰显"一枝一叶总关情"的为生情怀。多办好事实事,根本目的在于解决学生烦恼、提高专业技能、促进健康成人成才。在党建"333"工程活动开展中广大党员发现很多同学有这样那样的专业问题、心理"疙瘩"。帮扶老师看在眼里,急在心上。音乐系党总支李一平老师在与联系的学生谈心谈话中发现,有的学生经常旷课,为此,音乐系专门召开党政联席会,对旷课严重的学生进行集体谈话教育,同时,要求各班上课和下课时拍照作为考勤的依据,从而大大减少了旷课现象;封亚玲老师在与联系的学生谈心谈话中发现,有些学生平时不愿动,对表演没有欲望,为此,党政联席会专门研究决定举办音乐系首届"宜萱杯"艺术节,督促学生上台表演,增强他们的自信心;外语系党总支郭利老师在与联系对象沟通后发现整个班级同学对就业较为迷茫,缺少人生规划,觉得自己英语基本功和英语教学技能还很不足,想提高但不知从何下手。为此,郭老师进行认真的研究,提出了两个解决措施,一是在班级建立网络英语角,打造班级英语学习实践的平台,进行英语基本功训练和教学技能训练。二是利用周四下午的实践训练课专门针对国编考试、教师资格证考试进行专场训练。一段时间下来,郭老师所指导的学生有一大批考取了教师资格证,并都有了明确的就业方向及人生规划。

六、实施党建"333"工程先进典范代表

"向身边的高晓妹老师学习"成为学校的一道靓丽风景线。高晓妹老师的先进事迹被大家所知,正是得益于党建"333"工程"三联系"工作的深入开展。"三联系"使这名坚持献血 18 年,先后四次荣获卫生部、红十字总会等部委授予"年度全国无偿献血奉献奖""无偿献血荣誉勋章"和省"热血英雄""热血英雄传播大使"的无私老师为全校师生熟识,成为南昌师专校园志愿者"明星"。

自觉扛起主体责任
落实落细全面从严治党新要求

——在全省高校思想政治工作会议上的发言
贺瑞虎

南昌师专党委坚持全面从严治党,认真学习贯彻落实党的十八届六中全会精神和全国高校思想政治工作会议精神以及中央31号文件精神,通过抓理论武装、抓制度建设、抓"333"工程,逐级逐层压实"管党治党、办学治校"主体责任。

一、抓理论武装,补钙强筋坚定理想信念

校党委把理论武装作为履行党建和思想政治工作主体责任的先决条件,党委成员带头把自己摆进去,在党委中心组学习会上结合实际谈体会,并邀请了中宣部、北京师大、复旦大学等知名专家学者讲党课,深化对中央省市精神的理解。党委成员以上率下,深入基层党组织讲党课、作辅导,还采取菜单点题的方式,专门组建学校"理论学习教育博士宣讲团"到各基层党组织进行宣讲,以通俗易懂的语言解读中央精神,用习近平总书记系列重要讲话精神和治国理政新理念新思想新战略武装党员干部的头脑。

二、抓制度建设,保障全面从严治党规范化常态化

校党委深入落实全面从严治党新要求,坚持思想建党和制度治党紧密结合,同向发力、同时发力,切实解决基层支部作用弱化、活力不足的问题。校党委制订和完善了《关于进一步落实"三会一课"制度,严格党的组织生活的实施意见》等理论学习、组织生活、党风廉政建设和督查考评制度,强化基层组织建设,规范学校权力运行,筑牢清正廉洁底线,层层压实从严治党责任。校党委固定每周二下午为基层党组织活动时间,要求每个党员按月缴纳党费,组织开展"党员政治生日"、民主评议党员等活动,促进了基层党支部战斗堡垒作用的发挥,增强了党员干部的党性观念和党员意识。

三、抓"333"工程,把全面从严治党新要求落实落细

校党委围绕学校中心工作,探索强化党建工作载体和抓手,探索立德树人全程育人、全方位育人新路径,大力实施党建"333"工程("三联系三转变三提升"),以此作为载体把全面从严治党的新要求落实落细,切实履行全面从严治党和思想政治工作主体责任。

"333"工程"三联系"着重强化领导干部和党员联系系(部)、联系班级、联系

师生,即每位校领导联系1个系(部)、2个教师、2个学生;每位中层正职领导干部联系1个班、2个学生;每位中层副职和普通党员联系1个学生。明确要求领导干部和党员每学年深入联系系(部),到联系班级了解情况,与联系师生进行交流谈心,而且每学年都有次数规定,有工作调研和谈心记录。通过"三联系",做到了解系(部)、班级、学生情况,听取师生意见建议,帮助系(部)、师生解决实际问题,帮助师生提升思想认识,引导教师做立德树人模范,引导师生自觉践行社会主义核心价值观,积极向党组织靠拢。同时,做到让每个困难学生不掉队、健康成长。

通过"三联系"工作的开展,一是使校领导、党员干部与师生间的了解更加深入,宗旨观念和群众路线更加深化,为师生服务、为学校发展服务的工作理念也得以强化。二是使领导、党员干部工作作风得到根本转变,工作重心下移,深入基层、贴近师生;在工作方法上,从简单听汇报转变为进系部、进教室、进班级、进宿舍,掌握第一手材料。全校领导干部、党员工作理念、工作作风和工作方法的根本转变使校党委行政决策来自基层有依据、接地气、入人心。

通过校领导、党员干部密切联系系部、班级、师生,体察师生情、尊重师生意,党员干部成为师生群众的带头人、引路人和贴心人,党员干部的先进性和模范带头作用看得见、摸得着,提升了党员干部形象,增强了基层组织的凝聚力和向心力,激发了全校师生干事创业的正能量,提升了办学水平,推动学校各项工作迈上新台阶。

南昌师专党委探索实施党建"333"工程,以"三联系"为抓手,全校278名党员干部人人都做到心中有党、肩上有责,实现党建工作的全参与、全融入、全覆盖,充分发挥领导干部示范引领和党员先锋模范作用,从而落实落细全面从严治党要求和立德树人根本任务,全面提升学校党建工作和思想政治工作水平。

基层党建与育人工作相融合

一、"享听时间"成为学校红烛之光微信群的"爆款"

谁将声震人间,必将长久深自缄默;谁将点燃闪电,必将长久如云漂泊。校党委组织人事处"红烛之光"微信群特别推出"享听时间有声读物"活动,每天只需要三分钟,广邀在校学生党员阅读经典,聆听经典。学校组织人事处以这种方式力求让诵读者印象深刻,令聆听者有所顿悟,引导学生党员感受传统经典读物的神圣与魅力,使一个个文字像清泉澄澈着每一个同学的心田。

自2016年11月以来,学校组织人事处建立的"红烛之光"学生党员之家微信群,在短短四个月时间里,66 名在校学生党员全部入群。

量身定制,激发学子参与热情。为了吸引更多学生党员参与诵读并聆听经典,学校组织人事处着力打造契合青年学生特点、为青年学生喜闻乐见的宣传模式。该活动注重发挥青年学生党员主体作用,调动青年学生党员能动性。"享听时间有声读物"活动立足青年学子视角,以青年学子口吻发声,以青年人带动青年人,以青年人感染青年人,有效发挥了朋辈效应。微信群以亲切细腻的语言风格,吸引和赢得了一个个学生党员自主参与"享听时间有声读物"活动。大家普遍认为,每次朗读虽然只有三分钟,但是大家在有限的时间里传递正能量,这是一件非常有意义的事情。

规定动作,让学习活动做到位。为防止本次朗读活动大而化之,力戒形式主义。学校组织人事处对活动设定了相关规则,在众多精选读物中,事先由老师与朗读者沟通,选择其最喜欢的一段文字,并规定了每次三分钟的朗读时间。每晚10 时整,所有同志在微信群聆听朗读者的音频和朗诵感悟,同时预告下一期朗读内容。参与的党员不仅需要发送自己的朗读音频,同时还要上传个人照片和朗读感悟,不仅为参与党员提供了"亮明身份、做合格党员"的有利契机,更让学生党员学习传统文化知识入脑入心。自"享听时间有声读物"活动启动以来,微信群不再是单独的"通知群",参加朗诵活动的学生党员数量呈递增趋势,也对全校发展对象、入党积极分子起到引领示范作用。

自选动作,让学习活动有特色。在阅读经典、聆听经典之余,同学们还在群里围绕爱国主义、中国共产党党史、法治、民主、青年励志、"两学一做"等方面的内容进行共同探讨,就自己的读书感悟各抒己见、交流分享,同学们在轻松活泼的环境中通过讲自己的读书故事,分享自己的读书感悟和体会,微小中透哲理,发人深省、给人启迪,弘扬了中华民族光荣传统和优良美德,唱响了时代主旋律,营造了积极快乐的学习氛围。

全程接力,令活动传承出成效。为凝练"享听时间有声读物"活动经验,深化传统文化学习教育效果,学校组织人事处着力实现读书活动的有序衔接传承。活动正式启动以来,参与对象扩展至在校大学生党员、入党积极分子,覆盖学校各个年级的党员,实现了学生党员同参与、共交流、齐成长,努力传递来自不同专业、不同年级、不同班级党员的好声音、正能量。

二、拓展党建新阵地 支部建在培训班

近年来,我校继续教育中心党支部结合培训工作实际,创新党建模式,在培训班学员中成立学员党支部,组建学员党支部 QQ 群、微信群,通过网络问卷调查等方式,搭建起学员党员的学习交流平台,及时传达党的政策和教育方针,并根据学员的需求提供优质的培训服务。

党支部建在培训班,不仅有利于对学员党员进行教育管理和服务,而且进一步密切了党组织与党员群众的联系,使党组织的凝聚力不断得到增强。继续教育中心党支部在开展政治学习时,邀请学员党员一起参加学习、交流、讨论,借此机会了解学员的思想状况和学习生活中遇到的困难和疑惑,并尽快予以解决。在班级活动的组织开展、培训宣传、培训课前的分享、政治学习等环节,都由学员党支部成员负责组织开展,使学员党员在培训班中起模范带头作用,让学员潜移默化地接受教育,积极向党组织靠拢。

此外,继续教育中心党支部还主动"走出去",与学员党员所在单位的党支部结成共建对子,深入交流心得体会,不断提升理论修养,进一步增强了基层党组织的凝聚力和战斗力。2016 年,继续教育中心党支部将政治学习搬到基础教育的前沿,与学员党员曹和燕所在单位湾里五小党支部共同开展"两学一做"学习教育,交流各自党建工作的做法,并向他们赠送了政治学习光盘和书籍,此举得到湾里五小全体党员的欢迎。

支部建在培训班的做法,使学员党员在参加业务培训的同时,也能参加党组织活动,及时了解党的各项方针政策,提高思想觉悟。此举拓展了党建阵地,提升了服务质量,起到了较好的效果。据统计,近两年来,豫章师范学院承担了大量的国家、省、市各种基础教育教师培训项目,共举办各级各类师资培训班 40 个,培训学员 6000 多人,学员满意度均在 90% 以上。

三、"文化导入"实现党建团学工作"两翼齐飞"

"坎坎伐檀兮,置之河之干兮……"伴着初升的第一缕阳光,人文科学系 516 语教班的全体同学来到和珍广场前开展语文晨读活动,琅琅读书声在校园里飘荡,为清晨的校园增添了浓郁书香。这是人文科学系开展的"文化导入"式党团共建活动,是教师党员与系学生会共同组织的一项清晨读书活动。

人文科学系通过红色文化铸魂、传统文化固本、标杆文化引领,把党建工作与提高党员自身党性修养、引导学生活动开展、促进学生成长成才相结合起来,使党员的先锋模范带头作用和党组织的战斗堡垒作用有了着力点,从而实现了党员学习教育与促进学生发展的"两翼齐飞"。

导入红色文化。2016 年 3 月,人文科学系百名"准导游"赴江西红色革命景区,并转战赣东北石钟山、三清山、婺源等景区开展见习活动。白天,同学们实景观摩、演练,晚上分组讨论,交流体会。"坚定信念,艰苦奋斗;实事求是,敢闯新路;依靠群众,勇于胜利"的红色基因,就这样潜移默化地传承着。

315 导游班邹世琴同学说:"5 天 1000 公里 8 个景点,让我们看到了江西风景独好,江西红色旅游发展的前景,通过'真刀真枪'的磨炼,更是让我们这些菜鸟深刻懂得,社会才是最好的课堂,实践才是最好的老师。"

在 2017 年南昌市"百优导游"大赛中,经网络评选、初赛、复赛的层层选拔,在教师党员的指导下,314 导游班叶希玲同学、315 旅游管理班王佳同学在众多参赛选手中脱颖而出,荣获 2017 年"南昌市优秀导游员"称号。

有党员在的地方,就有生命力、战斗力。

导入传统文化。"南海在哪? 与海昏侯有何关系? 海昏侯的'昏'是昏庸之义吗?"这一连串的问题抛出来,拉开了南师"豫章开讲啦"人文科学系专场《天上掉下个海昏侯》的序幕。主讲人徐徐讲述海昏侯的生平事迹,在场观众皆认真聆听。

2017 年 4 月 10 日下午,我校蒙学社在瑞麟亭开展"弘扬民族文化 展现精神面貌"的主题活动。本次活动以诗词接龙游戏展开,每人对接一句诗词,对接失败者将被淘汰,对接成功者进入下一轮比赛。本次活动让同学们在游戏中重温了经典诗句,从而更好地传承和发扬中华优秀传统文化。我校蒙学社的始创办者,也是人文科学系教师党员。

蒙学社、口才社、话剧社、三叶草文学社,一届届的旅游文化节,一场场的传统文化讲座,一次次书法、朗诵、演讲的展示,生命在张扬,文化在流淌……由党员教师把传统文化导入到学生活动中,创新了党建工作方式,丰富了党建工作内容,助力了学生成长成才。

导入标杆文化。人文科学系将党支部建设工作对标,标准到位:坚持"三会一课"制度,对"三会一课"的实施内容、实施流程、具体要求都进行规定,规范党支部组织生活;规范并严格实施党员发展程序,确保发展质量;加强党支部书记、委员的工作培训,指导支委规范开展党建工作。支部党员教育素质对标,标杆引领:选树好标杆并充分发挥标杆的引领作用,选树党员标杆。在学生党员的教育管理中,紧紧围绕成长、成人主题,树立了"学习之星""才艺之星""创新之星""志愿之星""就业之星"等各类大学生党员标杆。

2016 学年,人文科学系学生递交入党申请书人数 259 人,拟定入党积极分子人数 126 人,发展学生党员 26 名。为了加强对他们的培养和教育,充分发挥党员和积极分子的先锋模范作用,支部制订了《大学生党员设岗定责岗位分配实施方案》《大学生党员设岗定责工作考核办法》《学生党支部(党小组)联系和服务学生工作实施方案》,在学生党员中实行"三联系"制度。

在党员的先锋模范作用下,党建与团学工作形成共振,捷报频传。仅 2016 年,人文科学系学生在江西省大学生征文比赛中获一等奖 6 名,二等奖 11 名,三等奖 15 名;在校田径运动会上获精神文明奖、队列一等奖、广播操三等奖、基础段女子团体总分第一名、基础段男子组及大专段女子组团体总分第二名;在"五四青年艺术节"系列活动中,获健美操比赛一等奖、大合唱比赛二等奖、最佳组织奖;在江西省高校首届"十佳大学生创新创业标兵"比赛中,荣获二、三名,以及全省优秀共青团员、全省优秀青年志愿者等荣誉称号。

四、大胆创意,紧跟智能时代搭建"掌心里的党建阵地"

自然科学系党总支利用微信群、微信公众号开展"两学一做"学习教育,搭建"掌心里的党建阵地",及时推送党课、民主生活会、支部大会等相关信息,党内政治生活形式得以创新。

教师党支部19名教师党员通过微信关注"廉洁江西""洪城清风""党建网微平台""学习微平台""英雄城e组工"等公众号,第一时间获取党内政治要闻。每名党员可以在群内发起讨论,转发深度好文,大家充分利用碎片时间接受党性教育,营造风清气正的"掌心党员之家"。

学生党支部利用微信公众号开设"微党课",展开"微讨论",讲好"微故事",办好"微杂志"。通过随时随地组织学生党员、入党积极分子在线上召开语音会议,解决了毕业学生党员联系难、管理难、组织难、教育难等问题,让学生党建工作更加省时、省力、高效、便捷。学生党员政治素质得到有力提升,学生党支部核心凝聚力稳固增强。

一部智能手机、一个微信号,建立起了自然科学系"掌心里的党建阵地",搭建了党员与党员、党员与支部之间的交流平台,使在外读博、在休产假的党员同志亦能随时随地地加入到政治学习与讨论当中,党员同志的活动参与率达到100%。

五、以项目化管理为抓手发挥党员先锋模范作用

在党建工作中,如何有效地将党建工作与业务工作结合起来,做到既能高效完成党建工作和业务工作任务,又能充分发挥党员的先锋模范作用,是基层党组织需要解决的一项课题。为解决这一问题,音乐系党总支通过搭建党建的创新载体,增强党组织的开拓意识和创新能力,形成党建工作创特色、出经验、树品牌的新格局,提高基层党建工作的整体效应。

一是根据项目,确定人员到位。音乐系不仅要承担学校本身的教学任务,而且要承担音乐、舞蹈类的比赛和演出等特殊的任务。因此,系党总支根据不同的项目,安排不同的人员参与。首先,根据工作岗位安排人员。按照项目的内容,是哪个岗位应完成的项目,则安排这些岗位的人员参与。其次,根据特长安排人员。本系包含了理论、声乐、器乐、舞蹈四方面的工作内容,除理论外,其余三类有较大的区别,因此,当上级项目任务需要落实时,音乐系将根据各自的特长安排相应的任务。还有的同志多次承担过同一项任务,已经有一定的经验,因此当此内容的

项目再次安排到系时,则安排该同志参与或作为项目负责人。再次,根据任务时间长短安排人员。当项目安排到音乐系时,本系还根据所完成的时间长短确定人员的多少,力争做到项目参与人数和各类人员搭配合理,以取得最佳效率。

二是制定措施,抓好项目实施。首先是制定详细的计划。项目落实到位后,音乐系将要求各项目的负责人与参与人共同商讨对策,制定详细的计划,包括时间安排、阶段目标、总体目标、人员职责和分工等。其次是抓好过程实施。计划制定后,要求项目负责人组织参与人严格按时间节点进行操作,系领导安排相应人员进行外围工作协调,项目负责人定期向系领导汇报项目的进展情况,确保运行过程顺畅。再次是定期进行检查。为保证项目任务按期完成,系领导也不定期抽查、检查相关情况,或邀请校领导进行指导,以保证项目完成的质量。

三是做好总结,积极推广示范。首先是撰写总结报告。项目结束后,要求项目负责人对项目实施情况做好总结,写出总结报告上交相关部门和领导。其次是进行经验交流。在总结的基础上,要求项目负责人进一步做好推广工作,在系大会或相关人员中进行交流,或举办学术讲座,起到示范作用。再次是做好材料收集整理。要求项目负责人将所有材料进行收集整理,作为本系和学校的相应资料予以保存。

在以上活动中,教师党员充分发挥了先锋带头作用,起到了示范带动作用,促进了音乐系党建工作与业务工作相结合,使党建科学化水平得到进一步提升。

六、一颗红心永向党 志愿精神放光芒

信息科学系党总支红心服务队成立于2009年,一直以弘扬志愿服务精神,加强党员的培养和教育,发挥专业特长为出发点,以"互联网+党建"为契机,坚持不懈地开展志愿服务活动,获得了全校师生的高度赞扬,校园网、校报都对红心服务队的志愿服务活动进行了连续报道。

红心服务队一直注重发挥学生的专业特长,利用业余时间进行志愿服务。目前,该服务队共有计算机维护服务、办公自动化服务、多媒体课件制作服务和微义工服务四个小分队,各分队按照"件件有落实,事事能做好"的严格标准,有计划地服务师生。服务队注重"传帮带",不断地培养技术能手,实行老带新。队员们相互学习,磨炼技能,不断提高专业水平,服务范围也从最初对口教务处进行简单的电脑维修,发展到为全校进行数据统计和机房维护。

信息科学系党总支与时俱进,不断拓展红心服务队的服务内容。2012年5月,该系率先成立了党员爱心辅导室,对学生进行心理辅导、就业辅导和学习辅导。党员爱心辅导室由党支部书记牵头,辅导员、班主任发挥各自的工作职能,调动全系党员教师共同参与,通过建立"红""黄""绿"三种爱心服务机制,梳理不同学生的心理特点和问题,采取灵活多样的方式进行爱心辅导,让学生感受到了温暖。爱心辅导活动的开展,树立了党员奉献爱心、服务学生、弘扬正气的正面形象,教师党员的先锋模范带头作用得以体现。

红心服务队的服务作为一项长期的志愿服务活动,不仅提高了学生的专业实践技能,也培养了学生的协作精神和奉献精神,正成为信息科学系入党积极分子和学生党员锻炼的一个平台。据统计,九年来,红心服务队共参加各种志愿服务500余次,党员爱心辅导室为学生开展辅导167次,服务队的16名入党积极分子队员全部发展为中共党员。

七、利用专业优势服务特殊儿童

近年来,学前教育与特殊教育系党总支不断创新基层党组织活动的形式和内容,激发基层党建工作活力,利用专业优势,服务特殊儿童,创建高校党建活动新平台,积极发挥高校基层组织在服务社会方面的作用,取得了良好的社会效益。

成立"义诊"博士服务队。学前教育与特殊教育系党总支化专业优势为服务社会的动力,组织师生党员开展系列社会实践活动,服务特殊儿童。这个系组建了一支由教师党员胡金秀博士作为领衔专家的"义诊"博士服务队,免费为省、市特殊儿童提供教育咨询和康复治疗服务。儿童康复专业带头人胡金秀博士、早期教育专业带头人王乐老师在江西省残联康复中心挂点,定期对特殊儿童进行康复治疗。每年在爱耳日、世界自闭症日、儿童节等节日,这个系的师生党员在江西省残联康复中心提供公益评估咨询服务,为特殊儿童进行感觉统合评估与咨询指导、言语功能评估与咨询指导。

"义诊"博士服务队从2013年至今,服务过的特殊儿童超过500名,胡金秀博士荣获江西省残疾人康复中心授予的"先进工作者"称号;从公益活动到与江西省残疾人康复中心结对,学前教育与特殊教育系成了康复中心的人才培养基地,而康复中心也成了我校学生的实习基地,真正实现了"产学研用"相结合。

指导南昌市西湖区随班就读工作。2013年以来,学前教育与特殊教育系副主任刘明清作为专家,每周定期到西湖区教育体育局开展教学研究,指导南昌市西湖区随班就读工作,该项工作获批国家级特殊教育改革试验区,并受到中央电视台的报道。

在服务社会的同时,这个系的专业特色也得到显著提升。经过江西省教育厅特殊教育专家的实地考察和评估,我校被确立为省级特殊教育师资培训基地;特殊教育专业教学成果获江西省第十四批高校省级教学成果一等奖;学前教育专业教学成果获江西省第十四批高校省级教学成果二等奖;学前教育专业申报的"学前教育专业技能综合实训中心"被评为江西省高等职业教育专业技能实训中心,获得250万元资金用于实训中心建设;由我校申报的"南昌市儿童智能发展与康复重点实验室"经南昌市科技局正式获准立项。

组建师生党员志愿服务队。为不断提高党员的党性修养,学前教育与特殊教育系把师生党员有效地组织起来,利用专业优势深入社区、残联康复中心、特教学校开展送教下乡活动,并在东湖区残联、南昌市培智学校、南昌市可凡加儿童能力发展中心、新建区特殊教育学校等12个单位,建立了长期的志愿服务点。

学生党员在老师的带领下,组建了多支志愿服务队。每学期组织五次以上志愿服务,活动参与人数达500人以上。每学期均与民间康复机构开展义卖、自闭症宣传、特殊儿童家庭帮扶服务等活动。每年暑假,由教师党员带队进行社会实践服务活动,深入偏远山区、赣南革命老区开展支教服务,至今已经坚持了五年。

一系列的志愿服务活动,使师生党员深受锻炼,增强了服务意识和社会责任感。志愿活动由最初的系里统一组织,发展到现如今的自发参与,师生党员对活动的认识更加清楚,对活动的体会更加深刻,服务社会的意识显著增强,社会责任感明显提高。

豫章师范学院第一次党员大会召开

选举产生新的党委、纪委领导班子

贺瑞虎当选为党委书记　李文龙当选为党委副书记

9月2日上午,我院在继续教育中心二楼大会场召开第一次党员大会,南昌师范高等专科学校原党委书记连樟寿,中共江西省委组织部干部四处调研员周本林,江西省委教育工委组织部、省教育厅人事处调研员杨联愚,中共南昌市委组织部副部长、市人大常委会

中国共产党豫章师范学院第一次党员大会开幕式

选任联工委主任杨晓波,校领导贺瑞虎、李文龙、吴龙、张海涛、范雯苓、潘正强、黄晓雷出席大会,全校党员参加会议。大会由李文龙主持。

杨晓波代表市委组织部发表讲话,他对本次大会的召开表示热烈的祝贺,并对我院今后的发展提出了四点希望:一是坚持立德树人,努力培养社会主义事业合格的建设者和接班人;二是大力提升办学质量,建设合格的应用型本科院校;三是不负众望,为学校发展新征程把好前进方向;四是主动适应发展要求,为促进我市经济发展做出新贡献。

贺瑞虎代表学校党委做工作报告。报告总结了过去七年的主要工作和成绩,并指出,在省委、省政府、市委、市政府和省委教育工委、省教育厅的正确领导下,在历任校领导班子的带领下,广大党员和师生员工同心同德,开拓奋进,改革创新,学校各方面工作都取得了很大成就,创历史实现建院升本目标,办学条件得到根本改善,校园文化育人成效显著,学科专业发展迅速,教学科研不断突破,师资结构不断优化,人才培养质量不断提高,后勤与安全保障不断提升水平,党的建设不断加强,抓好了思想政治建设、组织建设、作风建设和反腐倡廉建设,加强和改进了宣传舆论工作。

报告强调,今后五年学院将以"做强学前教育,做优小学教育,做精特殊教育,做实职业教育"为目标,坚持定位应用型高校,紧紧围绕"塑形象、重特色、抓内涵、强党建"扎实做好学院各项工作:塑形象,实现学院发展再上新台阶;重特色,做好优势学科专业文章;抓内涵,大力提高教育教学质量,持续深化实践教学改革,推进专业课程标准化建设力度,全面提高科研能力,不断提高人才培养质量;强党建,夯实学院发展的组织保证。牢固树立"四个意识",着力抓好学院领导班子和干部队伍建设,压实责任,继续强力推进党建"333"工程,正风肃纪,深入开展党风廉政建设,注重意识形态工作,进一步加强和改进大学生思想政治工作。

根据大会安排,学校纪律检查委员会的工作报告以书面形式提请大会审议。

下午召开党委会,听取各组讨论意见的汇报,通过《中共豫章师范学院第一次党员大会选举办法(草案)》,酝酿党委委员、纪委委员候选人名单,通过中共豫章师范学院第一次党员大会选举工作总监票人、监票人建议名单,审议《中共豫章师范学院第一次党员大会关于党委工作报告的决议(草案)》和《中共豫章师范学院第一次党员大会关于纪律检查委员会工作报告的决议(草案)》。

大会选举采用无记名投票方式,差额选举出新一届党委委员贺瑞虎、李文龙、吴龙、张海涛、范雯芩、潘正强、黄晓雷,新一届纪委委员潘正强、龙农、周沙、万卿、吴小鹏。

接着,召开中国共产党豫章师范学院委员会第一次全体会议,贺瑞虎同志全票当选为党委书记,李文龙同志全票当选为党委副书记。中国共产党豫章师范学院纪律检查委员会第一次全体会议,按照选举程序选举出豫章师学院纪律检查委员会书记,潘正强同志当选为纪委书记。选举结果报上级党组织审批。

中国共产党豫章师范学院第一次党员大会选举党委领导

贺瑞虎在"两委"新班子会议上指出,党员大会选举产生了学校党委和纪委班子,既是全体党员给予的信任,也是责任。贺瑞虎指出,目标任务能不能顺利完成,关键在班子。他强调,要增强"四个意识",紧密团结在以习近平总书记为核心的党中央周围;要坚定方向,努力成为政治可靠的班子;要勤奋学习,努力成为素质过硬的班子;要真抓实干,努力成为务实高效的班子;要民主团结,努力成为气顺心齐的班子;要心系师生,努力成为服务群众的班子;要遵纪守规,努力成为清正廉洁的班子,为建设特色鲜明、优势突出的豫章师范学院而努力奋斗。(丁再孪)

第三章

典型引领　敬业育人

　　学校百年历程,不弃初衷,致力开启民智,培育出一批批国家栋梁之材。进入新世纪以来,特别是自学校确立建院升本目标以来,在不断夯实内涵建设中,努力探索育人新路径新方法,打通硬软件的提升与育人工作衔接上的"中梗阻",并注重以典型引领、示范带动来促进学校德育工作开繁花结硕果。

教学标兵　学识扎实情怀高尚

　　为鼓励学校一线教师坚持基础教学工作,坚持教育教学改革,打造立德树人的教师团队,提高育人质量和特色化办学水平,学校已开展了两届"教学标兵"遴选活动,对获选的"教学标兵"予以重奖。"教学标兵"的遴选活动充分发挥了高素质专业教师的重要引领及示范作用,实现全校教师向"教学标兵"学习和看齐,把主要精力投入到培养高素质人才上,为全面提高学校教育教学质量起大了很大的促进作用。

　　为贯彻落实教育部《普通高等学校辅导员队伍建设规定》和《江西省普通高校辅导员队伍建设规定》精神,校党委行政高度重视辅导员、班主任队伍建设,不断夯实学生工作基础。各系均配备了专职辅导员,同时也配备了兼职班主任,班主任一般由任课老师兼任。专职辅导员主要负责所在系学生的思想教育和日常管理事务,并对兼职班主任的工作进行协调,兼职班主任主要负责对学生的学业引导、思想教育和日常管理工作。在平凡的岗位上,一批批优秀学生管理工作者涌现出来,用自己的青春引领学生全面发展。为表彰先进、树立典型,充分发挥优秀辅导员、班主任的示范、引领和带动作用,激发辅导员、班主任的工作热情和积极性,增强辅导员、班主任工作的责任感和奉献精神,进一步加强学校辅导员、班主任队伍建设,学校于2016年11月开展南昌师专首届"班主任标兵"评选活动,并在现任班主任中评选出三名班主任标兵。

开展"教学标兵"遴选活动以来,学校已有两位老师入选省"百千万人才工程",接下来,学校在加强本科高校建设进程中还会继续开展评选如"德育标兵""科研标兵""辅导员标兵""管理标兵""后勤服务标兵",以此打造出系列"标兵"在教书育人、科研育人、管理育人、服务育人等领域中的示范引领作用。

首届教学标兵

涂巧慧,女,副教授,江西省高校中青年骨干教师,江西省第二批中小学科语文学科带头人,省级精品资源共享课负责人。从教 20 年,对任教的每门课程都认真钻研,勤恳踏实,教学富有创意,教学效果受到学生好评。曾获省级"曙光杯"

首届教学标兵涂巧慧

教学竞赛一等奖,参编的教材获得省高职院校教材评比一等奖,多次荣获校"三育人"先进工作者、优秀班主任称号。

刘永萍,女,副教授,学前教育与特殊教育系特殊教育教研室主任,一直担任学校特殊教育专业的教育教学工作。22年来,孜孜不倦地为我校特殊教育专业的专业建设、教育教学辛勤耕耘着。曾获第五届江西省师德先进个人、江西省特殊教育学科带头人、江西省高等学校中青年骨干

首届教学标兵刘永萍

教师等称号,学校"三育人"先进工作者、十佳青年教师、优秀班主任等称号。

赖南燕，女，自然科学系教授，大学毕业后进入学校工作近30年，从一位默默无闻的教师逐步成长为一名教研室主任、教授，今年又被评为南昌师专首届"教学标兵"。曾获江西省高等学校中青年骨干教师、江西省中小学学科带头人、学校专业带头人称号，多次被评为学校先进个人、先进教师和"三育人"先进工作者。

首届教学标兵赖南燕

胡晓蓉，男，副教授，信息科学系主任，长期从事数学教学与计算机教学工作，在教育教学岗位上辛勤耕耘。曾获团省委、省人力资源和社会保障厅授予的"优秀指导老师"称号、省教育厅授予的最佳指导教师奖、全市优秀党务工作者称号等。

首届教学标兵胡晓蓉

穿越心中的瓦尔登湖

——访我校第二届"教学标兵"荣誉称号获得者陈里霞

刚才还是黎明，你瞧，现在已经是晚上，我并没有完成什么值得纪念的工作。我也没有像鸣禽一样地歌唱，我只静静地微笑，笑自己幸福无涯。

——梭罗《瓦尔登湖》

从童话般的部队大院幼儿园到象牙塔般纯洁的高等学校,从蹲下身来和小朋友说话到三尺讲台和大朋友们侃侃而谈,陈老师的职业迁徙是她的生命与众多学生交织的过程。从幼儿园到大学,她的精神世界在一届又一届年轻(幼)他者

第二届教学标兵陈里霞

心灵的映衬下,不断成长,不断丰富,不断成熟:从昔日默默无闻的普通幼儿园教师,到今天指导幼儿园教师专业发展,参与省、市学前教育事业发展的相关工作;从曾经在幼儿园一上公开课便忐忑不安,到今天在校内外自信地开设讲座或公开课,并获全国高校教师教学竞赛二等奖;从对"研究"的束手无策、敬而远之到做让自己心动的研究(主持三项省级课题,发表两篇核心论文,其中一篇被人大复印刊索引)……年少时她有许多梦想,想当记者,想参军,想做职业经理人,最终无奈而又必然地把生命投入到学前教育工作,通过日复一日的教研行为来表达、释放自己的追求和信念,让原本黯淡的生活充满光亮,充满诗意。

她的讲义里有精彩的案例和教学菜单,她的进度表中排满了已经完成和即将完成的规划和设想,她的备课本里夹着各种各样带记号的名单,还有许多瞬间涌出的感悟。她想方设法用思想的扳手松一松课堂技术的螺丝,引用大教育家、时代名师、身边的名师(园长)的案例引领学生树立高尚的职业情感,把学生从单向度的生存困境中解脱出来。在讲到如何观察儿童,把握兴趣点时,她会引用美国人学习瑞吉欧教育模式后的经验力作《我们都是探索者》中教师如何通过分析,讨论儿童的话语,拨开迷雾发现儿童,进而调整她的教学计划跟随儿童的学习计划;在讲到家校如何有效合作时,她让学生课前阅读她精心收集的材料,让学生感受材料中的教师对家长真正的尊重,把引导家长建立正确的教育观视为己任,润物无声般地教家长如何理解与教育儿童……

在陈老师的课堂中,有东西方的思想巨人,有民国时期的学术大师,也有躬耕实践成绩斐然的当代幼儿教育实践者;有案例中鲜活灵动的儿童,也有朴实而真挚的教师,她把这些带进自己的职业生命,也带给在专业上蒙昧而渴求知识的学生。

从幼儿园到豫章师范学院,走了近20年。20年间,有八年的幼儿园实践,有三年的研究生学习,还有八年的高校任教。如果说前八年比作实践,中间三年是理论学习的话,那么,这后八年,用陈老师的话说是努力搭建理论与实践的桥梁。她希望能够用从辛劳寂寞中磨砺出来的灵巧与扎实,从辛苦却不累的充实中绽放出的美丽与幸福,为自己,也为未来的幼儿教师搭建一座坚实的桥梁,寻找心中的瓦尔登湖。

不忘初心 方得始终

——访校第二届"教学标兵"荣誉称号获得者王乐

"教师是我心中最初和唯一的梦想,我人生最幸福的事就是有一个好梦想,并且努力实现了它。"刚获得全校第二届"教学标兵"的幼儿教育与特殊教育系王乐老师发出这样的感言,从幼年时种下做老师的梦想,到如今从教十年,这一路她始终保持着对教育的那份执着、热爱与虔诚!

第二届教学标兵王乐

教书育人 兢兢业业

作为一名师范院校的教师,王乐面对的学生是一群准幼儿教师,这个阶段的学习既是他们职业教育的起点,也是他们职业教育的终点,学生学习的质量将决定他们今后的职业生涯和生活品质。在这样的认知下,王乐感到了自身肩负的重大责任,对教育教学工作投入了大量的精力。

传递师爱,塑造学生师魂。在教育教学过程中,王乐非常重视学生专业理念与师德的培养,坚信师爱是幼儿教师专业素养的核心,只有懂爱的老师才有可能成为好老师。她说:"我的教育格言是,只有爱才是最好的老师,它远远胜过责任感。"为此,她在平常的教育教学过程中非常注重对学生的关爱和情感交流。遇到学生生病,她会多嘱咐一句好好休息;遇到学生家中出事,她会多给予沟通支持;只要是与学生的交流中,她永远不会冷漠地用行或不行来回复。"我想给学生们多传递一些爱,因为当她们的心中充满了爱,今后也一定会把这份爱再传递给他们的学生的。"

服务一线,修炼自身内功。王乐常年主讲教学法课程,这类课程培养学生写教案、授课、说课、评课的能力,是一线幼儿教师的职业核心能力。为此,刚参加工作不久的她便主动联系省政府直属机关保育院,每周都下到幼儿园观摩实践,夯实自身的理论基础并提升实践能力,努力修炼内功。"在幼儿园我收获特别大,感觉理论和实践在不断地融会贯通,而我的课堂也活起来了。"

自2015年9月起,王乐被江西省残疾人康复中心学前部特聘为教学顾问,指导学前部的日常教学与管理工作。且从2016年9月起,江西省残疾人康复中心每周都派老师随堂听她的课。

教研结合,深入师资研究。常年待在一线,王乐对教育教学研究也有了很多思考。目前,她最关注的还是幼儿师资的研究,包括幼儿教师的职前职后培养、幼儿教师的专业成长和心理现状研究。她希望自己的研究哪怕再小,也要尽可能地贴近一线幼儿老师,既关注幼儿教师的现状与实际困难,又引导他们的职业认同和专业成长。

十年一剑　厚积薄发

今年正好是王乐来校参加工作的第一个十年,十年间,她靠着坚韧的意志、谦虚的态度和辛勤的付出,迎来了事业的小丰收。日前,她获得了学校第二届"教学标兵"的荣誉称号,其教学改革与实施的成效也获得了"江西省教学成果二等奖"的荣誉,并主持在研新一轮的省级教学改革项目。同时,其负责的早期教育专业申报、江西省学前教育综合技能实训中心申报也分别获得国家和江西省批准,为学校发展做出了重大贡献。

面对诸多荣誉,她却说:"在我心中,学生始终是第一位的。总结我的第一个十年,我做了7个班共382位学生的大家长、44个班近3000位学生的任课教师,看到这些数字,我觉得自己再怎么努力都是不够的。下一个十年,我希望能为学生们做得更多一些,让他们的路更好走一些。"

怀责任意识　做实践教学理念的践行者

——访校第二届"教学标兵"荣誉称号获得者崔丽君

崔丽君,女,2007年毕业于南昌大学,硕士学位,毕业后即进入我校工作,现为我校人文科学系教师。主要任教古代文学、文化概论等课程的教学工作,并长期担任班主任。工作后参加校各类教学比赛共获奖十余次,2017年,在校第二届"教学标兵"遴选活动中,参赛并获评为校"教学标兵"。

以实践教学理念指导教学、科研

谈及授课,崔老师最喜欢聊的是她以实践教学理念为指导的教学模式。崔老师任教的课程均为 A 类纯理论课程,对实践的要求不高,但这并不是说不能以实践教学的理念去进行教学。为此她结合课程内容与学生实际,做了多样化的设计。

比如,在讲授中国古代文化概论的课程中,她就设置了民俗文化分享、学生自己准备试卷、我为某某某代言、表演《论语》小片段、拍摄中国选官制度微电影等环节。在古代文学课程中除了每节课必备的文学典故分享环节外,也拿出部分诗歌提前布置给学生,在课堂教学中穿插学生鉴赏诗歌。

之所以有这样的课堂设计,是受到了学校实践教学理念的启发,也是源于多年来对一些问题的思考。用什么样的教学方式,可以做到让学生不仅是学过了,而且还掌握了;在移动互

第二届教学标兵崔丽君

联网如此发达的今天,如何让手机不再是课堂教学的洪水猛兽,反而是要成为课堂教学的有力辅助手段;在有限的教学课时内,如何兼顾学科知识的系统性与重要知识点的突破;如何在课堂教学中提升学生的整体素养,这些都是她经常思考的问题。上述活动的设置就充分利用了手机带来的查阅资料、拍摄视频等的便利,也是对长期所思考问题的一个回应。

课堂活动强化了学生对于知识点的理解和记忆,也锻炼了学生逻辑思维、查阅资料、表达以及创新等能力。崔老师举例说,在文化概论的教学中,在讲到儒家思想在宋明的传承和发展时,514 的学生对宋明思想家大都比较陌生,于是就设计了一个主题是"我为某某某代言"的活动,被代言者是张载、朱熹、二程、陆九渊、王阳明等儒学大家。很多学生的表现都非常精彩,他们认真地做课件,并进行生动细致地讲解。在讲科举考试的时候,让学生分组拍包含知识点的短剧并录制成视

频。而每节课必备的文学典故分享,因大多数分享者表现精彩,几乎成了学生最喜欢的环节。她认为,在互联网时代"知道什么"和"想知道什么"一样重要,"鱼"和"渔"要兼得。

"学生真了不起""学生太让人感动了"是崔老师常说的话。她说她非常感谢和佩服学生,是学生的努力、聪慧、敢于担当成就了课堂教学中穿插实践教学的理念。她说,是学生使她的一个个理念变成了现实,没有学生的热心参与,一切都是空中楼阁;没有学生的认真负责,种种设想都将变得毫无价值。课堂实践活动基本都以自愿参与为原则,而每一次那高高举起的手都让她感动万分。"参与、挑战、敬业、力求完美"是这些学生身上闪光的品质。

对一个高校教师来说,科研和教学同样重要。二者结合得好,可以互相促进。围绕着教育、教学、班级管理等议题,崔老师积极地申请课题。已经立项的《宋代教师职业群体精神世界研究》《江西教育民俗研究》《师范学校班级管理制度的实效分析与策略研究》《"手机控"时代科任教师角色定位研究》等课题,都得益于教学与班级管理的实践。

做个有责任心的老师

"作为一个老师,当觉责任重大;作为一个培养老师的老师尤感责任重大。"这是崔老师对自己职业身份的解析。"我们培养老师,老师又去培养学生。未来的老师在孩子的心灵上涂画的可能就是我们这些师范院校的老师在师范学生心灵上镌刻的。思至此,我们又怎能不感觉责任重大,战战兢兢?"这是她参加校班主任、辅导员比赛演讲词中的一段话,也是她的心声。作为班主任或任课老师,都不免有不被理解、束手无策的烦恼,这个时候最能支撑她不言放弃的便是"责任"二字。

因为有了责任,作为任课老师,一定要努力上好每一堂课,辅助学生做好课前预习,课后复习;作为班主任,关注的便不只是学生在校的三年、五年,而是他们以后更长的人生路;作为学校大家庭的一员,便愿意承担各项任务,并尽力做好。而今,崔老师说,她更觉责任重大。如何做,才能无愧,是她需要长期思考和践行的。

让课堂更有活力更加高效

——访校第二届"教学标兵"荣誉称号获得者余宏

余宏,2008 年江西财经大学研究生毕业,工学硕士。同年进入我校从事教学工作至今,现为信息科学系软件技术教研室主任、软件技术专业带头人。该同志政治思想觉悟高,作风朴实,具有强烈的事业心和责任感,始终把教书育人、管理育人、服务育人贯穿在工作中,成绩突出,深受学生、同事、领导的好评。2013 年、2016 年年度考核优秀;2011 年、2015年、2016 年分别荣获学校"三育人"先进工作者、优秀班主任、就业工作先进个人称号。2017年 5 月,获评为校第二届"教学标兵"。

第二届教学标兵余宏

思想素质良好,工作成效显著

余宏老师在思想上讲政治,树正气,不计较个人得失,有高度的政治责任感和大局意识。2016 年教育部专家组对我校建院升本进行评估,在迎接评估的长达一年多的准备过程中,余宏老师甘于奉献加班加点,认真准备相关材料,积极出谋献策,为学校建院升本做出了自己的贡献,为学校的发展建设添砖加瓦。自担任教研室主任和专业带头人以来,深入开展软件人才市场需求的调研工作,在了解软件人才规格需求的基础上,结合我校学生的实际情况,重构软件技术专业的课程体系,优化课程内容,改革职教课程的教学模式,为推动软件技术专业的建设和发展做出了较为突出的贡献,得到了系领导的肯定。

勇于尝试创新,致力教学教改

余宏老师一直承担信息科学系计算机相关专业核心课程的教学任务,在教学中有意识地以学生为主体,教师为主导,通过项目驱动、运用移动互联网技术等教学手段,充分调动学生的学习积极性,注重培养学生的实践能力和创新精神。

余宏老师紧跟时代"潮流",与时俱进,不断探索和尝试新的教学方法。"以学生为中心,以价值观为导向、培养创新精神、信息技术的应用、教育质量的评估"是当今世界高等教育教学改革的潮流指向。余宏老师主持的省教改课题《"互联网+"背景下职教课程混合式教学改革》就是以此为线索进行教改研究:借助信息技术,特别是移动互联网技术以提高课堂效率和改变传统对学生的评价方式;通过改革教学模式,变传统的"知识传授型教学"为"探究式、实践式和合作式学习",变被动学习为主动学习,以培养学生的创新精神,并使学生获得良好的学习体验。

余宏老师实施的"基于 SPOC 的混合式教学",将课程教学分为在线云课堂教学和线下面对面教学两部分。学生通过智能手机进行在线视频学习、参与课堂在线测验、讨论及完成作业等活动,这不仅仅是学习工具的改变,更是学习兴趣的提升和课堂效率的提高。智能手机成为课堂内外学习的必备"神器",学生觉得这种学习方式很"潮",有种"高大上"的感觉,对调动学生学习的积极性、提高学生课堂注意力等有良好的效果。

为人师表垂范,关心学生成长

课堂上言传身教的同时,余宏老师还利用课下与学生交流的机会,倾听学生心声,针对学生在思想、学习和生活上的问题,耐心解答、正确引导,鼓励学生珍惜求学时光,引导学生规划好自己的专业发展,培养良好的综合素质,这些都对学生成长、成才起到了积极的促进作用。

余宏老师一直担任班主任工作,只要学生有需求,他总是第一时间出现。有一次班上一位刚入学的新生因故和隔壁寝室其他系的老生发生冲突,余宏老师在夜晚10点多钟接到学生电话后,立马从家里打车赶到学校,对涉事新生进行安抚,协同保卫处连夜解决纠纷,避免了事态的进一步恶化。余宏老师所带的班级班风纯朴、学风优良、在学校的各项集体活动中表现突出,其中所带的310网络技术班取得初次就业率100%的佳绩。

科研能力较强,学术成果显著

科研是教学的"源头活水",如果没有科研做支撑,大学课堂教学就会失去"灵魂"。余宏老师在承担繁重的教学任务的同时,克服多重困难,积极开展本学科领域的研究工作,取得了良好的成绩。近年来,主持省社科基金、教育厅科技项目等省级课题4项,校级课题2项;作为主要成员参与完成国家自然科学基金、国家社会科学基金、省科技支撑计划项目等课题8项;以第一作者身份在国内外重要学术期刊、国际会议公开发表学术论文10余篇,其中EI检索6篇、CSCD和CSSCI核心刊2篇;获技术专利1项、软件著作权1项。

班主任标兵　仁爱之心催发征帆

注重学生心理健康教育

创新形式,引导学生观念更新。学校设立专门的心理健康咨询中心,积极宣传普及心理健康知识,加强心理危机干预,全面促进学生心理健康教育及发展,引导学生们学会悦纳自己、珍惜生命,强化学生的自我心理保健意识。学校心理健康咨询中心每年5月面向全体学生开展心理健康文化月活动,不断创新活动内容和形式,包括心理主题班会与黑板报、心理健康知识宣传、心理手抄报评比、心理素质拓展大赛、心理电影欣赏、团体心理辅导活动、沙盘游戏体验等,使学生更广泛深入地参与心理文化创设活动,提升了自身心理素养。

继承传统,促进学生获得积极体验。在集体学习与生活中实施教育是我国教育的优良传统,团体活动对促进学生身心健康发展有着不可替代的作用。团体活动主要包括体育活动、文艺活动、学习活动、休闲活动、社会实践活动五个类型。当前,校级活动比较丰富、频繁,而在系部与班级层面,由于缺乏持续有效的指导和示范,学生自主组织开展的活动比较少,更缺乏系统性。因此,不少学生感觉学习迷茫,缺乏目标与动力,生活空虚孤寂,缺少激情与活力。为此,学校在心理健康教育与学生工作的过程中强调继承和发扬优良传统,大力开展系部、班级学生课外活动文化建设,吸引学生积极参加各种团体活动,促进团体中成员的交流,对学生身心健康产生了积极影响。

加强绿色、红色网络建设

为了加强网络"两微一端"的管控,进一步规范校内计算机机房、电子阅览室、网络实验室等互联网上网场所的管理,积极营造校园"绿色网络环境",拓展"绿色网络空间",依据《江西省高校校内互联网上网场所管理意见》,结合学校实际情况,特制定《南昌师范高等专科学校校内互联网上网场所管理规定》《校园网安全应急处置工作预案》和《网络安全管理制度和操作规范》。校内上网场所必须通过学校校园网接入互联网,由学校现代教育技术中心建立 IP 地址使用信息数据库,和 IP 地址分配使用逐级责任制,落实用户实名登记制度,加强网络阵地主导作用,建有官方微信、微博,正确引导网络舆情。

学校在校园网主页面根据实际需要专门开辟党建和国情、省情栏目,如"桃李红"党建专栏,以此大力建设红色网络,特别是利用江西省、南昌市光荣的革命优良传统,加大红色文化、先烈事迹、优秀校友的网上学习与传播的力度。

用"工匠精神"做好班主任工作

——访学校首届"优秀班主任标兵"黄慧君

黄慧君,学前教育与特殊教育系教师,2008 年 2 月起担任班主任工作至今已有八年。八年间,她荣获学校优秀共产党员、优秀辅导员、三育人先进工作者、江西省优秀辅导员等多个荣誉称号。2016 年,她再次斩获学校首届"优秀班主任标兵"称号。

黄慧君目前担任了 512 学前 3 班、315 学前 3 班、4 班共三个班 197 名学生的班主任。八年来的班主任工作有眼泪也有欢笑，一路走来她更加确信：一名优秀的班主任需要有"匠心"，"匠心"背后隐含的是专注、严谨、耐心、责任和爱。她坚信真正的教育应该是精雕细琢、潜滋暗长的，应该具有一种默默无闻的工匠精神，一种专注的执着品质。这些信念成为她用工匠精神来从事班主任工作的动力和源泉。

依据学生素质，实施分级管理

学前教育与特殊教育系有三年制、五年制两种学制学生。不同学制学生在班级管理上存在很大的差异。黄慧君是目前全系唯一一个同时担任两种学制班级的班主任。面对这两种

首届优秀班主任标兵黄慧君

完全不同的学生，她用跳出教育看教育，跳出班级看班级，跳出管理看管理的视野，来明确班级管理目标。坚持"服务学生"的理念，关注不同学生的特点和个性差异，发展每一个学生的优势潜能，让更多学生走出本班、走出本系、走出学校、走向社会，打通学生全面发展的立交桥，让学生在校逐步树立学业自信和能力自信。

成为512学前3班的班主任后，她从学生一入校开始就把学生的专业技能培养作为重点，依据学生的特长，充分调动学生的潜能，培养学生多方面的专业能力。该班入校以来专业成绩名列全年级第一。连续三年来在全校"五四青年艺术节"舞蹈比赛中荣获全校第一名。五年来，全班70位同学不断参加各类考证、考级，62人通过育婴师四级考试、21人通过北京舞蹈学院中国舞教师资格证1~3级、15人通过北京舞蹈学院中国舞11级、23人通过江西省中国舞蹈12级、17人通才钢琴考级、8人通过声乐考级。2015年，黄慧君还带该班学生参加南昌市舞蹈大赛，荣获南昌市首届舞蹈大赛三等奖。

在三年制班级管理上，她依据学生特点，在抓紧专业课程学习基础上着重培养学生的人文底蕴、知识钻研能力和社交能力。她用五年制学生帮助三年制学生提高专业技能，三年制学生帮助五年制学生提高理论知识。315学前3班和4班学生一入校，她就利用学校举办读书节活动的机会，每周召开读书分享会，推荐优秀专业书籍给学生阅读，与学生分享读书心得，并认真批改每位同学的读书笔记，从而提高学生专业素养。315学前4班在全校读书节活动中荣获了"书香班级"

荣誉称号,两个班的多个学生成为校系学生干部中的骨干。

正确运用技巧,助力学生成才

"95 后"的大学生是互联网的"原住居民",思想中存在很多叛逆和反讽。黄慧君利用网络走近他们,她常说:"只有走近她们,才能更好地走进她们。"她利用 QQ、微信、微博等网络平台关注学生思想动态。她的微信好友上千、QQ 群 153 个、QQ 好友几千,这些人中绝大多数都是学生。同时,她组建了家长飞信群,定期发送学生在校表现,让家长与班主任共同督促学生在各方面的表现,实现家校共育。

面对家庭经济困难的学生,黄慧君从生活上关心他们,了解他们的真实难处,触碰他们的情感弱点,在心理上开导学生,帮助他们树立正确的人生目标。黄慧君要求他们在校学好专业知识,再利用课余时间以专业兼职赚取生活费。315 学前 4 班班长温露萍来自赣州山区,家庭经济困难,学费生活费都没有。在黄慧君的鼓励和帮助下,温露萍不仅获得了励志奖学金,还利用课余时间在琴行兼职,解决了生活上的困难。

"教育是教人化人,化人者也为人所化。"这句陶行知先生的话,黄慧君常常拿来激励自己。她走进班级、走进宿舍,全方位多层次的关心每一位学生,在师生中搭建起了和谐的心理与情感上的协调关系,用人格魅力为学生成人成才提供强大的精神动力。

准确自我定位,不断超越自我

黄慧君自参加工作以来,一直从事学前教育与特殊教育系总辅导员的工作,负责全系学生就业、资助、党建、社团、学生日常管理及思想政治教育工作。她深知辅导员身上沉甸甸的责任,她给予自己准确的定位,努力成为一名学习型辅导员。

工作中她通过各种平台积极提升自我,不断超越自我。参加全校辅导员职业技能大赛、全省辅导员职业技能大赛、全省辅导员年度人物评选,参与全国辅导员、KAB 创业教育(中国)项目讲师、全国创业咨询等多项培训,获得 KAB 创业讲师资格证、创业咨询师二级证。

她说,班主任的日常工作繁琐庞杂,"匠心"独具的雕琢可以让师生之间的交流的变得更通畅欢快,因此在工作中追求"匠心"应该是每位班主任应有的意识。作为班主任,你就得像个手艺人一样沉浸其中,专心致志,心无旁骛,在激情飞扬和挥汗如雨中,享受教育本身所带来的痛苦和幸福,慢慢陪伴,静静观察等待。我们只有坚守住了这些,坚守住了"工匠精神",才能在时代变革的洪流中与青年携手并肩、相依前行!

为学生点亮一盏灯

——访学校首届"优秀班主任标兵"黄翔

　　照片上的他总是被学生围在中间，脸上满是淳朴而灿烂的笑容；他和学生亲密得像朋友，如亲人，让人一看就能体会到和谐、友爱和欣喜的味道。他，就是信息科学系314教技2班的班主任黄翔老师。

　　教师是红烛，点燃自己也照亮别人。已在学校担任了16年班主任的黄翔老师更是如此。他的父母都是人民教师，从小耳濡目染，因此他对教师这个职业有着一份特殊的情怀，对教育事业是发自内心的热爱。

　　他始终不忘初心，将饱满的热情倾注在教书育人的工作上，用满满的

首届优秀班主任标兵黄翔

关爱给学生们带去温暖。每当看着一届又一届的学生健康成长、完成学业，黄老师便感到十分欣慰与自豪。正因为他的坚守，所以他在这些年获得了不少荣誉：南昌市优秀共青团干部、学校优秀班主任、先进教育工作者、优秀辅导员、优秀党员、就业工作先进个人等等。

　　因为热爱，所以坚守；因为坚持，所以成功。教书育人是他的初心，是他不变的信念，是他前进的动力。面对诸多荣誉，黄翔老师说："成绩来之不易，但我要保持平常心对待它们，这些是对我16年班主任工作的肯定与总结，也是一个新的开始，我将以此激励自己，更加努力工作。"

　　黄翔老师在班级中实行民主管理，民主推选班干部，注重培养学生骨干的科学工作方法，激发全体同学的才智，增强他们的自我管理意识，树立良好的班风学风，培养了一个个积极向上、充满爱心的班集体。

　　他对待每一位学生都一视同仁，与学生建立了相互信任的良好关系。在学习上，黄老师培养学习典型，让学生自觉主动地学习，充分调动起了学生的积极性，同时鼓励学生参加社会实践活动。他帮助学生端正学习态度，确立学习目标，并通过开展"争做合格大学生"主题班会，组织学生开展各种话题的辩论赛，还特地

请来品学兼优的大三学子现身说法,引领新生向充实的大学生活靠拢。

黄老师大力开展多彩的校园文化活动,多次组织趣味运动会、"班级好声音"歌唱比赛、"为地球熄灯一小时"节能减排活动、"寻雷锋足迹扬志愿精神"的志愿服务活动,以及各种话题的辩论赛、职业技能竞赛、教师基本功竞赛、职业生涯设计比赛、模拟职场面试等形式的活动,充分锻炼大家的组织、动手和思维能力,培养了集体主义观念,并获得了不少实践经验。黄翔老师还带领学生成立了"红心服务队",利用学生所学的计算机专业知识帮助师生解决电脑方面的问题,不仅提高了自己,也温暖了他人。在黄翔老师的带领下,同学们也受益匪浅,不断提高自己的能力与素养,班集体也获得了许多荣誉。

黄老师是同学们的大家长,学生们平时都会亲切地称他为"老班"。他以朋友或家人般的关爱打动学生,尽可能地站在学生的角度换位思考。314 教技 2 班班长刘乐说:"对我们来说,班级就是个很温暖的小家庭。"刘乐还清晰地记得上大学后的第一个中秋节,黄翔老师放弃与家人共度中秋的机会,来到学生寝室,给每个不能回家的学生发月饼并且带去亲人般的慰问,使学生们感受到了满满的关爱。

黄翔老师曾有一件印象最深刻的事,当时他所带的第一个特师班有一位中专毕业的学生,因为家庭经济原因而不能继续读大专,但黄翔老师的关心和帮助令她非常感动,临走时给他深深地鞠了一躬,说:"您是我遇见的最好的老师!"黄老师说:"这句最美的话语,感动了我,并令我铭记于心,这也是我这么多年坚持做班主任的缘由之一。"

黄翔老师说,自己本着两个原则教书育人,一是真诚、公正、公开地对待每一位学生,二是踏踏实实地为学生做好每一件事。正因如此,他在教书育人中,用自己的爱温暖了学生,成就了自己的教育梦。(邓祎璐 陈玉敏)

以德施教 让人温暖如春

——访学校首届"优秀班主任标兵"周爱老师

也许你未曾察觉,在我们身边有这样一群默默奉献的人,像蒲公英一般,在不为人知的时刻随风飞扬,遍地播下爱的种子,用自己的行动诠释着爱与责任。

"周老师人可好了,就像姐姐一样。她总是会站在学生的角度替我们着想,还经常抽空来寝室看我们,和我们谈心。"她所教过的学生无一例外地这样夸赞她:温柔、贴心、细心、和蔼可亲、专心致志、一丝不苟。

她,就是自然科学系辅导员,担任 315 数教 2 班班主任的周爱老师。2006年 8 月留校在自然科学系担任辅导员,一直从事学生工作,曾被授予学校优秀班主任、优秀共产党员、优秀辅导员等诸多荣誉称号，并获得班主任职业能力大赛二等奖。所带的 510 数教 1 班曾被评为学校先进班集体、先进团支部，315 数教 2 班曾被评为学校 2015 年度五四红旗团支部、活力团支部。

亦师亦友，明灯照亮学生心

"第一眼看到周老师，觉得她特别严厉，但相处之后就觉得她其实很和蔼。"许多学生会这样评价周爱老师。尽管她在学生面前多是以和蔼可亲、体贴入微的形象出现，但作为班主任、辅导员，她也有生气发火、严厉批评人的时候。

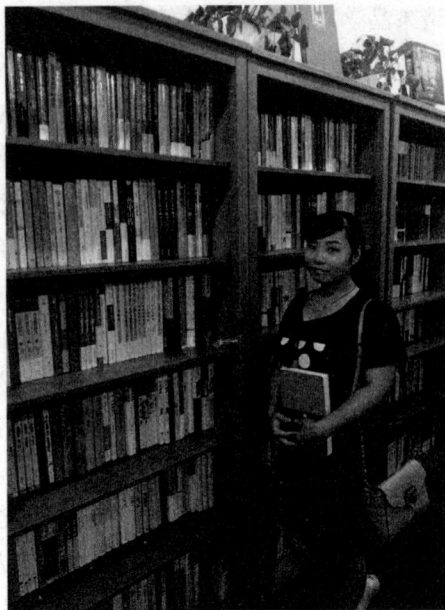

首届优秀班主任标兵周爱

为了培养学生良好的生活学习态度，周爱老师觉得该严厉的时候还是得严厉。但每一次着急生气不小心发火之后，她就会自责，担心伤及孩子们的自尊心。等孩子们冷静下来，她会将心比心，站在孩子们的角度一一开导他们，像朋友一样交流。她还会利用 QQ、微信、短信及电话等多种方式与学生家长进行沟通，取得家长的支持和帮助，以便更好地了解学生情况，因材施教，有针对性地进行开导。

"我对教育的理解是以身作则，将心比心，以心换心，让每个学生学会感恩，更好地成长成才。"周爱老师如是说。她深知，对于学生来说，自己的一言一行都会影响他们，所以自从她担任班主任以来，一直严格要求自己，用爱温暖学生，用知识武装学生，用行动感染学生。她每周都会通过班委了解班上同学的近况，学生们碰到任何问题，第一个想到的都会是他们的班主任。

因材施教，真诚搭建沟通桥

作为班主任，日常要做的班级管理工作多而繁杂，周爱老师选择让学生来参与班级管理。她给予班上每一位学生平等竞选班干部的机会，让有想法、有服务意识、想锻炼自己的学生能够得到锻炼，充分调动学生参与班级管理工作的积极性，培养学生的竞争意识、领袖意识、服务意识。她建立合理的班规班纪制度，建立有效的监督渠道如电子邮箱、飞信、微信群等，保证同学们对学生干部的监督权利。

在生活上，周爱老师十分关注班级特殊群体的需求，加大了对贫困生的教育和引导,给予其更多的勤工俭学机会,并时刻关注国家及学校针对贫困生的各项优惠政策,尽力帮贫困生减轻经济负担。

在学习上,她每周都会向学习委员了解学生们的学习情况,若学生出现怠慢学习的情况,她会及时提醒并督促。有时,她还会提醒任课老师,学生们对某一知识点掌握得不透彻,需要老师反复讲解。

"学生和任课老师就像是两个各司其职的零件,而我就是联合他们的齿轮,只有把这两个零件联合起来,才能更加充分地发挥他们各自的作用,机器也可以运转得更高效。"周爱老师说。

你们的优秀,就是我的辉煌

当记者问到周老师在职业生涯中印象最深的事情时,她很快就给出了答案,她的语气十分温柔,"学生每次的成功,每次在活动中优异的表现,他们付出的努力和汗水,都让我觉得非常欣慰。"

她充分发挥学生的自主意识,鼓励学生根据自身特点参加各项活动,不论是系级、校级,还是校外的比赛,她都鼓励学生大胆去参加。她现在所带的 315 数教 2 班,该班学生在大一年级时的运动会上,拿到的比赛总分是系里最多的。该班的学生,也分布在各个校级组织、系部组织,都是其中的骨干和佼佼者。而她曾经带的 510 数教 1 班,该班学生也曾获国家和省级奖项十余项。其中,该班的朱斯意同学也留校任职,向自己的恩师看齐。

周爱老师所带的班级无一不是"硕果累累",学子们纷纷以优异的成绩或表现给她完美的答卷。在她看来,学生的优秀就是她的辉煌,是对她最好的回馈。

电影里,英雄桥段总是少不了。每个人或多或少都会有英雄情节,但是比英雄更加伟大的是坐在一旁鼓掌的人。班主任就像是坐在一旁鼓掌的人,为每一个学生默默付出他们的青春。

"师者,教之以事而喻诸德也。"真诚的笑容、忙碌的身影、踏实的作风、和蔼的性格,教师这个平凡的岗位,被周爱老师赋予了不平凡的价值。(刘璐　刘晶)

"热血英雄"甘于奉献感动校园

高晓妹,男,1988 年毕业于华东师范大学数学系,现为豫章师范学院自然科学系基础教研室主任,长期担任班主任及任课教师。

"热血英雄"情满豫章

惊人的献血量

高晓妹老师的人生格言是:帮助患者恢复健康,使濒临死亡的患者重获新生将是一生的追求。

"全血 17 次,累计 6200 毫升;机采血小板 148 次,275 个治疗量"这是高晓妹老师截至 2017 年 3 月 20 日的献血记录。

我们熟知采全血,而机采则相对复杂,且耗时长。其方法是从一只手臂入针通过一次使用管道,经过血液分离机,分离出所需要的某一种成分(如血小板),同时将其他血液成分输还给献血者。机采一个治疗单位需要四个循环采血总共 35 分钟,而一次一般要采两个治疗单位。为了他人的生命,献血者在床上要忍受一个多小时疼痛,看着自己的血液在管子里流转!而高老师,基本上每半个月就要去江西省血液中心进行一次机采献血。

"机采只是献血小板,可以提高治疗效果,便于血小板配型,一般人可以反复多次献血小板。"有效,可多次献,这是高老师选择机采的理由,为此他付出了更多时间,承受了更多的痛。他常念两个字"救人"!

高老师 HLA(人体白细胞抗原)分型资料,已汇入中国造血干细胞捐献者资料库,他随时准备着为需要造血干细胞移植的患者带去生的希望。2017 年 3 月,他得知自己的资料与一位患者低配成功后,他很激动,期待着更多消息。

"学高为师,身正为范",在高老师的宣传引领和示范带动下,许许多多青年学子加入到了无偿献血行列。

大爱凝成荣誉

2015 年 5 月中华人民共和国卫生部授予高晓妹老师一枚银质的"无偿献血荣誉勋章",这枚勋章含 99.9% 纯银 50 克,躺在红色的特质盒子里熠熠生辉。这已经不是第一份来自国家部委的荣誉了!

中华人民共和国卫生部、中国红十字总会、中国人民解放军总后勤部卫生部等部委自 2006－2007 年度起,曾先后 4 次授予高晓妹老师年度全国无偿献血奉献奖金奖。在此前,高晓妹早已是江西省献血明星,连续多年荣获省无偿奉献奖金奖,被评为省 2009 年最佳无偿献血之星。

2016 年江西省血液中心联合南昌日报社等单位进行评选,高老师又荣获江西"热血英雄"奖杯,并成为江西"热血英雄传播大使"。这一个个奖杯、证书,诉说着高老师执着、奉献和大爱的故事。

高晓妹老师的献血历程,始于 1985 年,那时还在上大学的他参加了学校组织的第一次献血。1998 年 10 月 1 日我国开始实行无偿献血,1999 年,他便开始了长期的无偿献血之路,2012年以前,其献血量基本保持全省第一。2007年11月30日《江西日报》关于《近万名献血者享有终身免费用血权》的文章报道,自《献血法》颁布九年来,有198人献血1万毫升以上,其中"献血量最多的是南昌师范高等专科学校(豫章师范学院前身)的高晓妹老师,他一共献血41400毫升。"献血已成为他日常生活一部分,有些时刻还有特别意义。

比如,高老师那张"中国造血干细胞捐献者资料库管理中心"的荣誉证书上,签署日期为2004年9月10日。高老师始终牢记自己是人民教师,教师就要讲点奉献精神,他用无偿献血的方式庆祝自己的教师节。

又比如,高老师去北京旅游,期间还在北京献血,用这样特殊的方式为旅程注入新意义。面对着很多人的不解,高老师淡然解释:"就是献血能够救人。能够救人,不就够了吗?"

"甘于奉献"善为人师

"俯首甘为孺子牛"的班主任

高老师在学校一直担任班主任工作,以爱、责任和奉献呵护着他的学生,并为学生的成长助力。

高老师带班有方,学生出彩。2016年岁末,代表江西省参加教育部首届全国"学宪法讲宪法"演讲比赛全国总决赛,最终荣获二等奖的凌子怡同学就来自高老师任教的513数教1班。513数教1班还先后获得校先进班集体、先进团支部、活力团支部等荣誉称号。此外,高晓妹老师任教的310数教2班,因热心公益,乐于奉献,获评南昌市雷锋班。

高老师勤俭节约,却慷慨助人。2002级陈姓同学,家庭困难交不起学费,高老师就帮其缴纳,并鼓励他自强不息,陈姓同学最终以优异成绩毕业并考上新建县老师。

高老师立德树人,关爱学生。已毕业十年的郑鸿丹,谈起班主任高晓妹老师难抑崇敬之情,他深情回忆道:"高老师早上来学校特别早,叫我们起床。晚上到寝室检查,把我们打游戏、睡懒觉等不良嗜好及早扼杀,还陪着我们上晚自习。"2010级市雷锋班的祝志雄,现在已是小学校长,他说:"高老师一星期至少来三次班上,有时来得比我们还早,而且特别公平公正。"513和516级的学生,也许还有些懵懂,但是他们已经感受到爱和温暖,他们说,老师让人觉得温暖,像"父亲";老师很关心学生;老师很幽默;老师是献血名人……春风化雨,师者仁心,或许就是如此。

高老师就是这样,教书育人,用自己的言传身教,践行着立德树人的根本任务。他孺子牛一般的奉献精神也得到大家点赞,多次获校十佳教师、优秀班主任、

"三育人"先进个人等荣誉称号。

勤勉敬业的人民教师

高晓妹老师对待课堂严肃认真，总是花很多的时间去备课。授课之余，还精心指导学生参加各类比赛。他指导学生参加江西省大学生科技创新与职业技能竞赛两次获一等奖。和自然科学系黄跃华主任、方燕妮、邹娟、万隆、刘杰等老师指导学生参加全国大学生数学建模竞赛获一等奖，个人也多次被评为优秀指导教师。

和高老师一起指导学生参赛的方燕妮老师说："每年的暑期他都冒着酷暑给同学们上课，精心组织培训，授课特别有耐心。"建模比赛要求在三天三夜的时间里完成，高老师就坚守熬夜，陪着学生，指导他们修改论文。正是这样的勤勉和敬业，感动着学生，也激励着学生不断砥砺前行。

他就是"高晓妹"

自然科学系副书记杨晓鹏说："高晓妹老师工作认真负责，乐于奉献，积极履行教研室主任、工会小组负责人的各项职责，并乐于分享。"余翔副主任说"他工作认真负责"。此外，大家还常常提起，高老师总是随手把教学楼里忘记关掉的灯关掉，喜欢把自家种的蔬菜，带给大家分享。

就是这样的高晓妹，20多年来，一直默默耕耘在三尺讲台，用随手拧紧水龙头、骑车送学生去医院等点点滴滴小事，感动和感染着大家。

就是这样的高晓妹，50多岁的"热血英雄"，仍然背着双肩包微笑着带领学生，践行着"德厚才馨"的校训，以无偿献血这样的大爱，奉献着社会，感动着校园，感动着豫章城！

03

第三篇

│ 大师名家 │

100 年前,豫章故郡怀抱教育兴国壮志的先辈们创办了江西省立女子师范学堂,点燃了江西师范教育的星星之火。

沧海桑田、百年一瞬。100 多年来,一代代"南师人"胸怀教育兴国之志,团结进取,坚忍不拔,精益求精,严谨笃学,勇于探索。南师百年,就是上下求索、开拓创新的百年,是由"筚路蓝缕、以启山林"到"艰难困苦、玉汝于成"的百年,是从小到大,由弱到强,不断超越自我,不断创造辉煌的百年。

师范百年,育德树人,名师荟萃。入选江西教育历史名人的涂闻政,20 多年如一日,将自己最美好的青春年华全部奉献给了南昌乡村师范学校。幼儿教育家陈鹤琴在江西创办幼儿师范学校,开我国学前教育的先河,他的"活教育"思想至今仍深入人心。毕业于南昌乡村师范学校后来又返回母校任教的生物教师马希贤在任教期间,结合教学研制三百倍显微扩影仪获得成功,1954 年动物无性杂交实验获得成功,两项成果达到了国内和国际先进水平,新华社评论说:"这是我国教师克服困难进行创造性教学的一个良好范例。"物理教师顾力兵、徐章英,他们开发"教学信息实时反馈处理系统"取得成功,钱学森教授曾致信盛赞他们为"智力工程创始人"。数学教师肖鉴铿结合小学实际,将多学科知识融入数学教学之中,一课一法,深入浅出。语文教师贾箴钻研教材,将语文基础知识课内容进行重新整合,结合生活,循序渐进,激发兴趣,培养习惯,他们的教学长久以来为学生津津乐道,赞佩不已。体育老师王士明,和学生打成一片,深受学生喜爱,被评为全省高校名师。一代又一代的大师名家致力科学研究,以教书育人为己任,诲人不倦,他们丰硕的成果,为这所被誉为"教师摇篮"的学校争得了荣光。

师范百年，德厚才馨，英才辈出，在江西省立女子师范学校、江西省立第一师范学校这20多年的历史上，涌现了一批杰出的革命者和知名的学术精英。两校的师生总是走在时代大潮的前列，在历次重大政治运动中都能看到他们的身影。女师有断指血书的程孝芬、被鲁迅誉为"真的猛士"的刘和珍；一师在"五卅运动"前后就成立中共支部，涌现了陈赞贤、罗石冰、邹努、肖炳章、甘特吾、欧阳洛、王经燕等一批革命先驱，有名可考的烈士有十余人。在学术界也涌现一批杰出人物，其中包括著名数学家曾炯、著名画家傅抱石、著名音乐教育家喻宜萱等。

在省立南昌乡村师范时期，大多献身于乡村教育事业本职，默默从事平凡而艰苦的教书育人工作，许多人成为教育系统骨干教师或担任行政领导。如1932年（丙类首届）毕业的陈北海，教书育人半世纪，育才无数。他具有深厚国学基础，尤精翰墨丹青，诗书画类板桥风格，常以作品举行个人书画展，或送省市参展，博得好评。现为新余市政协委员、中国书协江西分会会员，新余市书协主席及老年人书画协会名誉主席，新余诗社顾问，盖负一方众望。

1934年毕业生黄贵祥，勤于学术研究，勇于探索，为促进文盲识字教育，寻找科学根据，经年累月，反复实验，总结出1504个文盲字汇，科学地开创了文盲识字标准，出版了《文盲字汇研究》，1947年被列为《教育丛书》，并获得社会科学学术奖。新中国成立后，国家教育部用为文盲识字标准课本。1948年又参与合编第二次《中国教育年鉴》，主编《中学教育》篇。新中国成立后曾任南京市教育局中教科长、南京教育学院教务长，1979年任南京晓庄师范学院校长、书记，直至1985年离休。

新中国成立以后，学校培养人才的规模不断扩大，人才培养的层次也不断提高。截至目前，学校已培养出12万余名合格的基础教育教师，在基础教育战线上发挥了骨干作用，南昌市80%以上的现任小学校长和90%以上的现任幼儿园园长毕业于这所学校，为南昌地区的教育事业做出了杰出的贡献。

毕业生中还涌现出了许多在其他各行各业肩负重任、担纲大梁的重要人才。如毛秉权（剧作家）、欧洋（画家，广州美院教授）、余新民（画家，华南师大美术系教授）、潜锦生（江西省展中心原总工艺美术师）、孙海浪（作家）等。

许多毕业生在工作岗位上得到重用提拔，走上了领导岗位，因此学校曾经被南昌人誉称为南昌市的干部培养学校。

第一章

大师璀璨　泽被后世

开中国现代幼儿教育的先河

——陈鹤琴与江西省立幼稚师范学校

陈鹤琴(1892年3月5日－1982年12月30日)，浙江省上虞县人，中国著名儿童教育家、儿童心理学家、教授，中国现代幼儿教育的奠基人。早年毕业于国立清华大学，留学美国五年，1919年获得哥伦比亚大学硕士学位。"五四运动"期间回国后，最初担任南京高等师范学校教授，讲授儿童心理学课程。东南大学成立后，任教授和教务主任。后担任"中央大学"师范学院院长和南京师范学院校长。

1940年2月，陈鹤琴由上海辗转来到抗战大后方——江西省临时省会泰和，拜会了民国时期江西省政府主席熊式辉。熊式辉希望陈鹤琴能留在江西办教育，创办一所公立幼稚师范学校，培养幼教师资。次日，陈鹤琴搭机飞往重庆，在挚友陶行知陪同下参观了育才学校，详细考察了育才的种种设施和教学方法、计划等，深深为老友在艰苦条件下办学、百折不回、不弃不舍的精神感染。

在重庆期间，时任国民政府"教育部"部长的陈立夫与陈鹤琴会面。几天后，陈鹤琴在"教育部"的朋友告诉他，"教育部"希望陈鹤琴前去主持正在筹备中的"教育部国民教育委员会"，并对外发布陈鹤琴为该委员会常务委员。这时，江西方面发来电报，促他早日回赣。在"做官"与"做事"二者之间，他毅然选择了后者。

1939年3月后，日军进攻南昌，国民党江西省政府被迫撤退至吉安，随后在泰和县县城西郊上田村驻扎下来。从当年4月至6月，省府各部门几千人浩浩荡荡开进泰和,在当地占用大户人家宅院、书院作为各机关办公地,一时间,小小的泰和县成为全省政治、文化、教育中心。包括南迁的浙江大学和中正大学等 20 多所院校分布在全县各处;来自内地的许多文化界、教育界人士也在此聚集。陈鹤琴踌躇满志,心中充满冲动与渴望——创办中国第一所公立幼稚师范学校,新学校定名为:江西省立幼稚师范学校。

泰和县城附近的文江村是一个小村庄,村子不远处,有一座不是很高的荒山,当地人称"大岭山",国民党当局划了 340 亩山坡地用于"幼师"建设校舍。陈鹤琴考虑,这里距省政府所在地上田村不过五公里路程,省教育厅也在那里办公,工作联系较方便。

在山上盖房子,并非易事。山上都是坡地,到处是密密的松林。房子若是造在没有树的地方,恐怕冬天太冷、夏天太热;若是造在树林太密的地方,又恐春天潮气太重,夏天凉风吹不进来,且采光受到影响。此外,陈鹤琴十分强调所有房子之间的相互联系,宿舍要与厕所、厨房相近;办公室要和教室相连;礼堂要建在校园中心位置。附小和幼稚园建在一片树林中间,在一片小坡上平整单独辟出一块,共有六间大房间和两间小房间。房子前面,有一块草地,前面有一块很大的游戏场。场地周围,环抱着参天的松树。陈鹤琴觉得,"这种自然的环境,真是儿童最好的读书、游戏的地方。"

整个校园布局错落有致,教学区与宿舍区交相辉映,每幢小楼造型各具特色、精巧美观;教学楼用陈鹤琴最崇拜的教育家的名字命名,分别有福禄培尔院、裴斯泰洛齐院、杜威院、孟母院、欧母院等。宿舍楼的名字起得别有意境,如松涛斋、龙泉斋等。陈鹤琴也为学校的音乐室和山坡上一座古色古香的小亭子起了很好听的名字:鸣琴馆、放鹤亭,此外还有供课后休息、散步的桃花坞。

他们还平整出了一块球场,安装了篮球架、排球架等运动设施。并在山脚下,买下一块农田(20 余亩),供学生们学习"农桑"。

陈鹤琴的学生和助手们陆续从南京、上海、福建等地来到泰和,其中有朱家振(贺宜)、邢舜田、雷震清、钟昭华、袁昂、余之介、刘于艮、张文郁等。

陈鹤琴亲自写了"幼师"校歌:

"幼师!幼师!美丽的幼师!松林中响的是波涛来去,山谷间流的是泉水清漪。放鹤亭、鸣琴馆是我们的新伴侣。更有那古塔斜阳、武山晚翠,陶冶我们的真性灵,培养我们的热情绪。幼师,幼师,美丽的幼师!

幼师!幼师!前进的幼师!做中教,做中学,随做随习。活教材,活学生,活的教师。大自然、大社会是我们的工作室。还要有手脑并用,文武合一。建设我们的新国家,教导我们的小天使。幼师,幼师,前进的幼师!"

1940年10月1日,江西省立幼稚师范学校开学。这时,学校的建筑、设备都还未及完成。用陈鹤琴自己的话来说:"开学实际上等于说是全校师生集体劳动生活的开始。"师生一起筑路,编草苫盖屋顶,开荒种菜。学校里的138名学生大都是十七八岁的文弱女孩子,在家很少劳动。很多人根本不会使用斧子、锯子,便跟着木工师傅一边学一边做。清脆的歌声和富有节奏的劳动号子洋溢在风中,此起彼伏。

"幼师"校园没有围墙。在一条通往校园的土路上,周围是郁郁葱葱的松林,入口处,放置着木制校牌,上面写着:江西省立实验幼稚师范学校。在另一条路上,两棵松树上端横悬着一块白色的大横匾,上面绘着一头充满稚气、生机勃勃的红色小狮子。校园中央竖立两块大牌,"做人、做中国人、做现代中国人"和"大自然、大社会,都是活教材"。学校编级的方法颇有特色,第一届参加建校的学生被编为两个班:光明级和创造级;第二届为服务级;第三届真理级;以下分别为建设级、互助级、劳动级、力行级、清廉级;专科部则为大公级和格致级。

在"幼师",除了日常作息有统一的规定外,没有"禁止"或"不准"内容的"校规",学校从未处罚过学生。在校中,陈鹤琴十分重视学生的仪表整洁、朴素,尽管抗战时期物资匮乏,却仍想尽了一切办法使每名学生都有两件校服,一件是用黑、白两色粗棉纱纺织成的灰色土布,被学生戏称为"蚂蚁布"做的旗袍;一件是用深蓝土布做的工装背带裤。由会裁剪的同学自己动手,在背带裤胸前口袋上缝上小狮子的标识,在灰色旗袍上镶上黑色花边。每个班级都用一种花作为班花,创造级是红色的小玫瑰花;光明级和服务级分别是菊花和兰花。他自己也穿着整齐笔挺的浅色服装,在上衣的小口袋里插着一朵小野花,鹤发童颜、和蔼可亲。

"幼师"的学生来自四面八方,有的是从沦陷区逃难而来,也有慕"活教育"之名专程前来求学的,还有地方保送的,其中有的曾是抗日军队的女兵、大户人家的童养媳。同学们遍及东南各省,来自不同家庭。"幼师"的教师都有相当的教育背景与经历,具有较高学术造诣和丰富教学经验。陈鹤琴提倡老师要做学生的朋友、知心人。他常与学生们在一起劳动、谈心。由他亲自讲授的儿童心理学课程,深受欢迎。当学生遇到困难时,他总会想尽办法帮助解决,就像对待自己的子女一样。

在陈鹤琴面前,学生们毫无拘束,活泼蹦跳。校园里,学生遇到陈鹤琴说一声:"校长好!"陈鹤琴慈祥地微笑、点点头,有时还会笑容满面地拍拍学生肩膀,询问学业和生活情况;有时也会与学生一同走上一段路,拉拉家常聊聊天。对于有过失的学生,陈鹤琴从不当面批评,他会笑眯眯地用眼神注视学生,轻声讲话、交流。他的笑容使犯错的学生感到惭愧并铭记在心。陈鹤琴说:"言行只是你意识中一个方面的反映,如果重新让你再做一次,你会是另外一个样子。"

1941年3月的一天,是陈鹤琴的50大寿。晚上8点,礼堂里灯火辉煌,师生们喜气洋洋,有说有笑,手上拿着自制的花环、花篮。庆祝会开始,师生代表分别献上祝寿词,然后,大家一道高唱校歌。接下来,师生们上台表演拿手节目。白天的时候,有一个班级的女孩子商量送礼物的事,大家身上都没有钱,买不成什么像样的东西。有人从山上捡回了一顶破旧竹笠,心灵手巧的女孩子们将采回的野花、树叶、青草插满竹笠,做成一顶美丽的花冠。当陈鹤琴戴上这顶花冠,台下的学生们兴奋地鼓掌。陈鹤琴又一次表演看家节目《我是小兵丁》,只见他扛着拐杖,神气十足地行进。兴奋之下,他不顾50岁年龄,居然打起筋斗和"麻雀跳",全场气氛达到高潮。

1941年11月,陈夫人俞雅琴带着四个孩子一路颠簸,风尘仆仆从上海,经香港辗转来到泰和。陈鹤琴带着孩子们在山林中转,指着一座座用竹篾作墙,树皮、草帘盖顶的房屋,如数家珍,这是教室,那是宿舍、礼堂、办公室、图书馆、诊疗室、附小和幼稚园。当孩子们走进父亲亲自设计的一座竹木结构的新屋时,发现其中有一间房的墙壁没有抹泥,也没有粉刷。父亲说:"这是我给你们安排的第一课,"接着他指着请来的泥瓦匠师傅说,"你们好好向师傅讨教!"两个儿子跟着泥瓦匠干起活来。

1943年春,"幼师"增设"专科部",以培养幼稚师资和研究人才,另附国民教育实验区,从而形成较完整的幼稚师范教育体系。陈鹤琴提出了"活教育"三大目标:

目的论:做人,做中国人,做现代中国人;课程论:大自然、大社会,都是活教材;方法论:做中学,做中教,做中求进步!

1944年5月,形势进一步恶化,曾经被称为最吃硬的湘桂线吃紧,泰和危在旦夕。在泰和的各大机关、学校纷纷撤离、疏散,国民党教育部也将转移。"幼师"也接到"撤退"的命令,迁往赣州。

1945年1月,日军再次发动赣江攻势,赣州城内一片恐慌。几乎所有在赣州的机关、学校都在紧锣密鼓地安排撤退和疏散。"幼师"随难民一起撤退,一个月后,"幼师"终于结束了40多天颠沛流离的逃难生活,将新家安顿在了广昌县甘竹乡的龙溪村,也称饶家堡,一个风光秀丽、景色宜人的小山村。"幼师"师生分别住在各祠堂的空房内,搭木架通铺睡成长排;上课时,学生们每人只有一块木板和一把小竹椅,人坐在竹椅上,木板放在膝盖上当桌子,条件十分艰苦。

当时,"幼师"开设的主要课程有《幼儿启蒙》《幼儿心理学》《幼儿图画》《幼儿教育学》和音乐课、体育课等。上音乐课和体育课时,常有许多村民围观:从泰和带来的三架风琴弹奏出悠扬悦耳的旋律,学生们又舞又跳;体育课上,学生们生龙活虎为一个球争抢得难解难分,使得村民们感到新奇、兴奋。除了上课,师生们还参加修路、种菜、栽花、打扫卫生等劳动。菜园里栽种了葱头、金菜花、西红柿等引进的"洋"品种蔬菜,村民们眼界大开。在"幼师","活教育"被广泛应用于教学、实践和生活的各环节;"三大目标"作为最重要的办学宗旨和目标,受到全体师生的尊崇。要求教师"教活书,活教书,教书活";要求学生"读活书,活读书,读书活""教学做合一""手脑并用",实验精神和敬业、乐业、专业、创业的作风成为师生们自觉的行动。学生们还开展"拜干娘"活动,与当地老百姓打成一片。

由于地处偏僻,村子里缺医少药,许多村民患病不得医治。陈鹤琴一方面将学校医务室扩大,另一方面向当地的国际红十字会组织申领到许多药品,为患病的村民免费治疗。同时,学校还组织师生去驻扎在甘竹镇上的第六后方医院慰问伤兵;在村中开办民众夜校,教村民识字、写字、唱歌、打算盘;"幼师"附设的幼稚园主动接纳当地儿童入园接受早期教育;还将生活困难、家境贫困、有劳动能力的几位村民安排在校园工作;为生活困难的乡亲向当局请求救济等等。每逢春节、元宵等传统节日,"幼师"总要牵头与村民一道举行联欢活动,唱歌、跳舞、演文明戏,形式多样,给山村带来了新的气象。

1945年8月,日本宣布投降,抗战胜利的消息传到龙溪村。8月20日,陈鹤琴收到即将受命出任国民党上海市教育局局长的顾毓琇发来的电报,要他前往上海办学。9月7日陈鹤琴启程返沪,临行前,许多村民和师生敲锣打鼓,一路鸣放鞭炮,一直送到几里外的甘竹街。

江西国民政府省府会议做出"国立幼师系中等学校的性质,不得迁出省外,并入省立南昌女师为幼稚师范部"的决定。

陈鹤琴提出了"活教育"理论,重视科学实验,主张中国儿童教育的发展要适合国情,符合儿童身心发展规律,呼吁建立儿童教育师资培训体系。编写幼稚园、小学课本及儿童课外读物数十种,设计与推广玩具、教具和幼稚团设备。一生主要从事于一系列开创性的幼儿教育研究与实践,有《家庭教育》等著作。

(本文根据柯小卫所写《中国第一所公立幼稚师范学校创办始末》一文编写)

春风永驻　教泽长存

——涂闻政及其南昌乡村师范办学事迹

涂闻政，字细生，号得之，江西丰城人，1896年2月诞生于丰城县剑光镇，父亲为私塾教师，家境清贫。在亲友资助下，他考入江西省立第一中学。因成绩优异，提前保送进南京高等师范深造，师从人民教育家陶行知。大学毕业前夕，东渡日本考察，深感教育为立国之本，从而立下教育救国之志。

1928年和龚寿山一起创办江西南昌乡村师范学校，翌年任该校校长，直至新中国成立。新中国成立后在省人民政府参事室工作，1955年5月因病无治，在丰城家中去世，终年57岁。

1921年，涂闻政先生于南京高师毕业，他婉辞留校任教之雅意，决心回赣办教育。先后任教于抚州省立三师、清江省立五师、南昌一中、二中、女职等校。于此时期，他正酝酿，探求实现教育救国抱负的道路，故嘤鸣求友，关注教改动态，共图开辟新程。

适时，陶行知又为中华教育改进社起草发表了《改造全国乡村教育宣言》，提出要"筹集一百万元基金，征集一百万位同志，提倡一百万所学校，改造百万个乡村"和"发展乡村教育，普及农民教育，改造乡村社会"的主张，并认为只有培养具有"农夫的身手，科学的头脑，改造社会的精神"的乡村教师，才能完成这个任务。为了造就这样的乡村教师，特于1927年3月在南京创办了晓庄师范，作为实验乡村师范教育的阵地。根据陶先生的主张、构想，晓庄重视以劳动身手为培育重点，倡导"教学做合一"新教育方式，彻底改革旧式师范传统教育教学方法。这种教育方法和办学形式生机勃勃，产生了积极的效果和深远的影响，尤其予涂先生以深刻的启示。他素对中国教育只为有产阶级造就人才，甚至偏向官僚贵族子弟服务，而置广大劳动人民教育于不顾的现况深为慨叹。慨叹不足，发而为议论，故著有《中国教育走错了路》之文。

1928年春，民国政府全国教育会议因对乡村教育制度确立新规，江西教育厅长陈礼江即派督学龚寿山（就三）等赴晓庄参观学习，回省后报准筹办江西乡村师范，并奉委为校长，涂先生为教务主任。经过慎重选址，勘定城郊南行24华里，莲塘北上3华里之间的乌龙冈为校址，经过数月紧张的筹建，于这年10月开始招

生、开学。

乡师草创，白手起家，限于条件，初招甲、乙、丙三类班学生百二十人，暂借附近庵堂寺庙为临时校舍。即墨山邓村之"聚隆号"旧当铺、"杨公庙""慧云庵"以及冈麓北侧之"华严寺"分别为教学和生活之所。为了加速建校，实行半工半读，全体师生上午上课，下午在乌龙冈参加集体建校劳动：平基地、辟操场、开马路（由冈上至冈下与南莲公路接通），时仅年余，即建起砖木结构单层教学学舍和宿舍各一幢。

在荒秃黄土冈上艰苦劳动建校，确是"筚路蓝缕，以启山林"。龚校长往返昌京，仆仆风尘，运筹擘划，劳苦经年，以致心力交瘁，肺癌侵袭，咯红不止，开学不到三月，即卧床不起，校务悉由涂先生代行。1929年秋间，龚不幸赍志以殁。厅令涂先生继长。他承先启后，继续坚持既定的办学方针和晓庄的办学模式，矢志不渝地走陶氏发展乡村教育救国道路。从此"廿载育才唯报国，一心治校浑忘家"，终于使江西乡师不断发展、逐步完善，成为江西第一所培育新型乡村教师的摇篮。

先生决心为创造良好学习环境，完善学校规模而筹建礼堂与膳厅，他苦心孤诣，募集资金。于1933年间，建成了可容千人的礼堂和膳厅各一座。从此，结束了"读书坐露天，用膳跑华严（寺）"的境况。校舍建筑平面造型也使原先"凹"字形变成了"口"字形，加上宿舍先倚其北侧，膳厅今立其南旁，门前面对大操场与沉碧湖，则组成了一幅"回"画字形的图案。学校面貌焕然一新，学习环境清幽如画。

涂先生致力江西乡师的教育改革。首先在学制上创新。他摒弃了旧制师范学校单一的学制，采取了修业年限参差、多科学制并存的办法，按不同招生对象、不同修业年限、不同培养目标，不拘一格地造就乡村小学师资。开创之初，分设甲、乙、丙三类招生，即甲类招收初中毕业生，乙类招收初中水平的小学教师，二者的修业年限均为两年；丙类招收高小毕业生，修业四年。1930年，第一届甲、乙两类班学生毕业，此后，乙类班即停止招生。1932年，即因乙类停招而将甲类改称一部，丙类改称二部，学制、修业年限暂仍其旧。到1934年招生时，一部改为修业三年，二部改为修业五年，招生对象则照旧；同年开始招收女生，又突破了旧制师范的规格，并开创了本省中等学校男女同校同班的先河。1936年以后，又改一部为乡师部，二部为简师部。乡师部招初中毕业生，修业三年，简师部招高小毕业生，修业五年。1939年迁驻遂川时，又增开了劳作师资部（班），还陆续开办了短期师资训练班，主要是为了培训在职教师。

其次是着意改革课程的设置。在以课堂系统理论教学为主的基础上，加强实践性的教学，使文化基础课、教育理论课与农业生产知识技术课各占适当比例。即除设置普通师范学校必修课程（外语理化课时稍有调整外），增设了农业生产知识技术课。如："农作物栽培学""园艺学""养蜂学""养鸡学""水产养殖""农业经济与合作"和"工艺劳作"等科。这些特开学科的教材、讲义，除个别有课本外，大多数由教师按学校教学计划标准、教学要求自行选编。为了贯彻理论与实践相结合，又特办了农事试验场和工艺制作场。学生分给土地、农具与工具，以利于从事农艺和工艺的实践。工艺制作在工场学习、实践，先后开有铁工、木工、泥工、藤工、石膏工等工艺科目。一般教具、模型、标本都可以制作。既在课堂上学习理论知识，又在农场、工场实习技术操作。为使学生适应将来工作上对于教育行政管理的需要，涂先生编印了《教育公牍与应用文》一书，供学生学习使用。凡此学工学农特设的科目，旨在培养乡村教师成为博识多能的多面手，成为改造乡村、建设乡村的小通才。这就是乡师的办学宗旨。正如他在校歌歌词中开宗明义所揭示的："什么是我们的目的？什么是我们的使命？我们要做个合格的教师，我们要教育那可爱的人民，我们要复兴民族，我们要改造农村，艰苦诚毅，奋勇前进，将我们的心，我们的力，我们的血，我们的汗，来达到这目的，负起这使命；同学们！将目的认清，将使命完成，一致携手前进！前进！如兄如弟，亲爱精诚，表现我们'伍农冈'的精神。"

为了贯彻办学宗旨，乡师坚持面向农村，坚持以劳动教育为必修科。从劳动建校开始即坚持教育与劳动生产相结合，理论与实践相结合，学校与社会密切联系。突出劳动教育，强调"手脑并用"，倡行"教学做用合一"教法。"手脑并用""教学做用合一"是改革传统教育教法体系、创立新的教育做法的一种尝试，也是师承和发展陶行知教育思想与晓庄教学模式的一种探索。传统的教育教法漠视双手参加学习的作用，是从书本到书本的视听教学体系，也就是"读死书，死读书"培养书呆子的教学体系；强调"手脑并用"，是要使视、听、触动感觉融为一体，感知、思维、实践三者紧密结合，从书本理论知识的形式中解脱出来，以科学的知识技能技巧武装学生的手和脑，培养训练学生手脑并用的探索、创造才能，在教学中动手动脑，促进手脑相长，使学生智能获得充分、完善的发展，使教育教学质量迅速稳步地提高，造就"动手又动脑，发明又创造"的"手脑双挥"，以至"心灵手巧"的一代新人。

"教学做用合一"就是贯彻"手脑并用"教育教学观的具体实施方法。它着重加强"做"的效"用"，要"用"、应"用"、实"用"，要"用"必须"做""实践"，也就必须动"手"。具体地说，就是"在做中教，在做中学，学以致用，用以治学。"这个"用"就发展了晓庄的教育教学方法。新教育教学方法体系的建立，加强了德智体美劳全面发展的培养教育。

涂先生着意建设重视农事、重视劳动的校园环境。如将上述临时校舍赋予新的命名,即将杨公庙改名"秧工里",慧云庵改名"惠农里",聚隆号改名"聚农里",而乌龙冈则改名"伍农冈"。涂先生还特地撰书了"愿与农为伍,须将校作家"的联语,张之于校门。联语既表达其心声,亦为其实践之写照。他以校为家,终生不渝。

校园中的各种标语、格言,如:"学校即社会,生活即教育""人生两个宝,双手与大脑""动手又动脑,发明又创造""以教人者教己,在劳力上劳心""吃自己的饭,滴自己的汗,靠人靠天靠祖上,不算是好汉""和马牛羊鸡犬豕交朋友,对稻粱菽麦黍稷下功夫",这些标语张贴的触处皆是,教人耳濡目染,口诵心维,潜移默化,身体力行。这也是师承陶行知教育思想的体现。在此环境之中,师生们生活劳动在一起,同吃同住,同甘共苦,弦诵一堂,亲密无间。

重视理论和实践相结合,要求在课堂上讲授理论知识,在农场、工厂学习操作,在实验室进行试验,印证书本理论,使书本知识化为实际技术技能,化为物质成果;在教学实习中,实践教育专业理论、锻炼教学能力。此外,还广泛开展课外劳动、课外活动和社会活动。课外劳动如修路、建校、绿化、美化环境等;课外活动如组织读书会,搜集善本书、进步书报,让学生自由阅读,开阔视野、活跃思想、增长知识、锻炼能力,又如演讲会、讨论会、文艺会演,各科成绩展览、观摩制作标本、绘制图表、编写班报等极大丰富了校园文化活动;社会活动诸如举办夜校扫盲、识字,举办各科作品展览、菊花会、校内外体育竞赛等,向社会传播现代文化。举办这些活动,都要请各界人士参观指导。关于参加校外体育竞赛,有值得一提者:1929年全省运动会时,乡师学生参加了表演项目。他们头戴斗笠,肩扛锄头,手持镰刀,赤脚束腰,跳舞、唱歌(锄头、镰刀舞、歌),挑土、担草竞走。歌声嘹亮,舞姿健美,全场为之欢声雷动。在那轻视劳动,轻视劳动人民的旧社会,乡师此番表演,确是别开生面,令人耳目一新。自是,江西乡师名闻全省。这次独具乡土特色,代表农民劳动身手、淳朴精神面貌的表演,也给乡师带来个"乡巴佬""土包子"的外号。1932年在全市运动会上,乡师二部(三)班的管文彬夺得万米冠军时,人们听说他是乡师的,又有人议论:"看他脸黑手脚粗,真是个土包子!"

为了提高教育教学质量,贯彻"手脑并用""教学做合一"教学观点、方法,学校还鼓励教师们各显身手,创新教法。早期(1932年间)教师就曾试行过"研讨制",亦即"自学辅导制"(当时教务主任周邦道主持)。由教师根据教学要求、教学进度、教材重点,编写一套提纲、一批题目,发给学生,并开具必读书目和参阅资料,由学生自学、讨论,做出答卷,教师及时批阅、指导,以培养自学能力,收到一定效果。它类似美国著名女教育家柏克赫斯特在20年代初期试行的"道尔顿制"。不同的是,不废除课堂教学,而是作为课堂讲授的补充,不放任自流。由于学科较多,课业负担较重,"研讨制"只试行了一段时期,而且不是全面铺开,并未形成制度。

乡师倡立的"教学做用合一"的教育教学方法,不仅是陶氏晓庄形式的发展,也融入了幼教专家陈鹤琴"活教育"的精神。陈与陶同是南京高师教授,又同为新教育体系的倡导者。"教学做用合一"的"用",也重在"活学活用"。

乡师学生,大都来自农村,出身寒微,既勤劳,又俭朴,学校规定的校服也都是大布、土布的。1934年学生去京(宁)沪一带参观教育时,穿的就是"蚂蚁布"(一种白兰棉线交织成的土布)。他们佩上"南昌乡师"的校徽,曾使码头工人误认为是"士兵"。涂先生就是勤劳俭朴的带头人,他平素褐衣布履,粗蔬淡饭,与学生同堂会食,遇事躬亲作表率。每日黎明即起,率领师生参加早操锻炼,跑步、唱歌(朝会歌,词曰:"起来,起来,我伍农冈的学友们,天已亮了,天已亮了,振起我们的精神,洒扫我们的阶庭;起来,起来,我伍农冈的学友们,钟已响了,钟已响了,吸取知识的营养,充实我们的力量。")。白天,他深入课堂听课,研究教学,深入食堂,检查卫生;入夜,巡视自修,检查寝室。偶有疫流行,则更查医验药,关怀学生健康,无微不至。他还经常与学生促膝谈心,谆谆教诲,循循善诱。先生事事以身作则,师生也就翕然景从。乡师勤劳淳朴、亲爱精诚的好校风,蔚然以成。

百年大计,教育为本,学校育人,教师为本。尤其是师范学校,为未来教师的摇篮,师范学校教师即教师的教师,尤为重要。涂先生素来尊师重道,敬贤任能。他对教师的选聘,重在真才实学,不凭背景与关系,只要学有专长,教有经验,教学认真负责,足以为人师表者,必争而罗致之。为求聘好教师,不惜三顾茅庐,有时甚至五顾六顾。倘有高就,亦殷切挽留,情词恳挚,态度真诚,实在挽留不住,则复期以未来。由于他待人以诚,凡受聘者,无不潜心教学,爱校如家。故乡师教师阵容,历来较为整齐。早期就有如周邦道(东南大学毕业,教务主任兼教育科教师、曾获国民党首届1932年高等考试总分第一。因得受任国民党铨叙部考铨处处长、教育部督学、江西教育厅长等。新中国成立前夕去了台湾省,现从事教育史论著述)、罗庆光(耿霞东大毕业,教务主任兼教数理,后任吉安中学、扶园中学等校校长)、袭德煌(叟耘,两江师范毕业,训育主任兼博物学教师,为省市知名教师)、顾敦诗(原栖霞乡师主任教师、教务主任、训育主任)、卢润孚(金陵大学农学系毕业,总务主任兼教生物,后任中正大学农学院教授)、张安国(后任华中师院、中正大学教授)、钱颂平、刘以炎(以后均调任大学教授)、李珍彝(日本留学生,后任南昌女师校长)、国文教师如崔骥(吹雯、少溪,20年代进步学生,30年代任教乡师时,深受学生敬爱)、生物教师如徐钧(养蜂学教师,为本省著名养蜂学家)、万人杰(任教乡师最久,数十年如一日,曾任劳作师范校长)、农学教师如陈昌嵩(陶行知得意门生,乡师农场的开创者,劳动积极,苦干实干精神深深影响学生)、喻锡璋(金陵大学农学士,乡师农场的发展、完善者)。抗战期间任教者如潘衡(教育科教师,后任万安师范校长)、方步沄(国文教师,后任华中师大教授)等;后陆续聘任者如章士美(农学教师,后任农大教授)、余心乐(国文教师,后任江西师大教授),马希贤、马巨贤、邓志瑗、王筍香、燕鸣、康庄等(以后均调任高等院校任教授、副教授)。此外,乡师毕业以后又在本校任教的后起之秀有李兹高(后任南师校长)、邓淮山(曾兼任附小校长,后任劳作师范校长、南昌大学总务处行政领导)、吴震春、毛宗统(兼训育主任)、易总霁(后任南昌八中、十二中、十八中等校校长)、熊扬荣(后任市业余大学教务长、南昌二十中党组书记)等。

学校图书仪器、教学器具、标本模型等是学校重要物质基础之一,尤其是图书仪器。涂先生非常重视,按期添置。平时积极充实,战时更着意保全,故得安好无恙。图书卷帙浩繁,数以万计,如《四部备要》《万有文库》等大部头的古今图书,当时一般中专,甚至高校也不多有。

由于他的办学观点与教育方法正确,教师教学认真,学生学习勤奋,教育教学质量历来也是较高的。如1935年(二部第四届)毕业生参加全省中学、中师会考,全部及格,总平均成绩名列前茅。毕业生既有扎实的专业理论基础和文化基础知识,又有较强的实际工作能力,而且博识多能,尤其是有热爱乡村教育事业的思想和吃苦耐劳的精神,颇受社会欢迎。也受到当时书报的揄扬,使江西乡师与晓庄师范、栖霞乡师鼎立媲美,并称为全国著名的有代表性的三所乡村师范。

1933年初,美国有个经济、教育考察团来华,曾专程到伍农冈考察,对于乡师的办学方向和成绩、艰苦的创业精神和事迹,倍加赞赏,慨然捐助巨款作为学校发展基金。就在同年,教育厅通令各地省立学校不以数字排列,改冠地名命名,以便指称。江西乡师因而改名“江西省立南昌乡师”从此打破了唯一的独立的地位。

为了加强学校与社会的联系,探求发展乡村教育的渠道,涂先生立足校内,面向社会,办好学校,推动全省乡村教育事业的发展。为此,作了深入的研究,采取了一系列的措施。如前所述,为近校乡村(不论平时在伍农冈,还是战时在迁驻地都同样)举办成人义务教育,如在伍农冈上熊村和墨山杰家楼村办农民夜校识字班,由学生轮流执教,先使其脱盲,进一步教学基本文化科学知识;联办特约小学,如在昌时的敷林、灌溪、燕坊小学,由乡师毕业生任教,受乡师业务辅导。战时在遂川,学校专门成立了推行校外教育的组织,名为“推广处”,后称“辅导处”,最后改名“地方教育辅导委员会”。其主要任务是:一是开展各种活动,如“互敬互学”“即知即传人”的识字活动及抗日救国宣教活动;二是办青年文化补习夜校;三是辅导地方小学,办师资训练班等,都收到良好效果。涂先生历来要求学生学会做社会调查,以了解社会,热爱社会,培养改造社会的志趣,锻炼改造社会的能力。涂先生根据学生的调查报告资料、收集到的歌谣分类整理成编以资参加阅,并在此基础上组织成立编选组选编出版了《江西民间歌谣选集》,并将采集者署名于其后。他精选了几百首反映山水林泉、农事生产生活的诗词加以注释出版,题名《田园诗选》。涂先生倡导学术研究,主持出版定期刊物,或亲任主编,或令教师任之。最早有小型文艺性的《旸谷》月刊,国文教师崔骥主编;有综合性校刊《伍农》,以后分别改名《乡铎》《南昌乡师半月刊》。刊物主旨在阐明发展乡村教育的要义,探索发展乡村教育的途径,介绍国内外新兴教育理论、教育方法,研讨创新乡村教育教学方法;抗战时期更成为宣传抗敌救亡、鞭挞敌顽的阵地,并对当年标榜教育救国的有关学术团体(或学派)起着联系沟通的作用(如晏阳初的河北定县平民教育实验区;梁漱溟、王贻柯的山东邹平村治学院,或称"村治派";黄炎培、江问渔的上海中华职业教育社,或称"职教派"等)。涂先生常为校刊撰写文章,有时还把有实践意义的文章印成单行本发行,藉以推动教育的改革和发展。如发表了《中国教育走错了路》《乡村实验小学的设立及其任务》《江西普及保学的补救办法》等,对40年代本省各县设立区乡中心小学和简易师范学校、小学实行层级辅导制,师范实行分区辅导制等都起到了大力促进作用。

　　涂先生治学严谨,嗜书如命;手不释卷,认真读书;读书治学,目的明确。他从书中探求改造社会、复兴民族的真理。"学以致用,用以治学"是他师承和发展"教学做用合一"的教育教学方法之内容,他也亲身实践着"以教人者教己"。他酷爱藏书,尽管生活并不怎么宽裕,但他总是省钱买书。他购藏的古今图书四千余册,其中《四部丛刊》就多达两千余册。战时避乱,书也随迁。新中国成立后,却慷慨地捐献给了国家。

　　涂先生从书中探索强国富民之道,力图解决发展乡村教育物质基础的关键问题——发展农业生产。他确认,只有发展农业生产,改变农村的贫困面貌,改善农民的苦难生活,才能加速发展乡村教育的步伐。他撰写了《救济中国农村之根本办法》,提出"私有土地公营制",并满怀希望地上书国民党政府。可结果却只是"准予备案",希望终成泡影。尽管这样,涂先生并没有灰心丧志,仍旧锲而不舍地潜心研究,将精力转向汉文字的改革问题。他认为繁难的方块汉字,是普及大众文化的一大障碍,也是影响中国文化科技进步的原因之一。要发展科学文化,提高全民族的科学文化水平,改革难写难认的方块汉字,是不容忽视的当务之急。1943年,他即专注于汉字改革的研究,设想逐步实行汉字简化,并提出一个简化、缩写方案,他将一些常用词语、熟语、成语、专名词等缩写成一个字形,读音则仍读那几个单字的音节。

为了完善师范学校建制,办好附属学校作为教育教学实习园地,也为贯彻"教学做用合一"精神,涂先生极为重视附属小学的建立,他选择了学校周围的小兰、墨山、淡溪三处,根据教育学原则精心安排,结合当地情况适当布局:小兰村子较大,人口较密集,设附小兰本校(部),淡溪、墨山次之,各设分校(部)。小兰本校开单式班,试验单式教学;淡溪分校设复式班,试验复式教学;墨山分校设单级班,试验单级(全校只一个班而包容多个年级)教学。根据旧中国的乡村小学现况而言,复式班、单级班的结构最多,又是最难办、最难教的。故其教学实验,具有普遍意义和示范作用,对乡村小学教师来说,这是个硬功夫、硬任务。这里不妨顺便介绍一下,当年涂先生选任了教学能力较强的张振国(首届乙类毕业生)负责墨山分校单级班的教学。他教得很出色,省教育厅曾请他专门开过训练班,培训、提高单级班教师水平,还赴各地讲课、传经。小兰本校,也搞过许多教学实验,如吴震春主持试行的"良友制",是培养学生团结友爱精神,锻炼互教互学能力的好办法,他的总结文章发表于《江苏教育》,影响波及全国教育界。附小有优秀教师把关,有定期的实习教师(应届毕业生)相助,有师范部的教育专业教师辅导,条件优越,成绩优良,因参加全市小学毕业会考夺魁而名动全市,声闻遐迩。后来增办了伍农附小,直至新中国成立以后,师范部集中市内,才划归南昌县管辖。

抗日战争爆发之后,为了免遭战火之灾,保护教学秩序和学校财产的安全,涂先生身系学校安危,带领全校师生员工,开始了艰难跋涉的搬迁。1945年日寇无条件投降的喜讯传来,他又不顾当时顽敌尚未撤离,受降秩序尚未稳定,个人安危毫无保障的情况,急率两名工作人员奔赴伍农冈,从敌人手中收回保存较好的校舍,从而避免了可能出现的真空时期的许多损失。

抗战中,五度动迁。为护校、迁校,他跑遍赣中、赣南,慎选地址。计1937年8月,首迁丰城白马寨,甫一年,由于日寇逼近南昌,复于1938年秋再迁遂川西庄。1943年下半年三迁万安船头坑。由于驻地分散,窑头与剡溪之间,相距十里之遥,管理颇感不便,1944年夏,回迁永丰藤田,直至1945年底1946年初,始迁回南昌伍农冈原址。尽管历尽劫波,但学校财物安然无恙,特别是学校规模,日益发展,教学工作,迄未中断,在遂川驻地时,不仅坚持了乡师、简师的建制,还应地方需要,开办了多期师训班,附属小学也分另办了秀溪本部和上溪头分部。1943年秋为解决教职工子弟升学问题,还开办了附属中学。尤应称道的是,学校迁到哪里,抗日救国宣传就扩大到哪里,文化科学知识也普及到哪里。学校每迁一地,师生们就广泛宣讲抗日道理和形势,激扬民众的抗战热情。

新中国成立前夕,并来的社师部军事教官开具告密进步师生之黑名单,胁迫涂先生在上签字欲以上报,涂先生坚决拒绝签字并予严正警告"你要认清形势,不得胡来,倘若一意孤行,必将自食其果",终始其阴谋未能得逞。

先生忧国忧民之念愈深,弘扬乡教之心愈切。授课、讲演之间,爱国爱乡之情溢于言表,尤其抗战烽火引燃,日寇亡我日亟之后,每每痛切而慨言之。于时,进步书刊,流传入校,可以自由阅读,国民党当局虽严申禁令,学校却从未禁止。在中国共产党号召团结抗日的影响下,广大青年热情投入抗日洪流。1937 年下半年,南昌乡师亦有十余名学生投奔了新四军,他们是邓迈、周正、周峰(瑾瑜)、罗天(时瓒)、李祖白、万元鹏、张芝美、欧阳豪,殷德林、蔡方升等。幸存的三位,邓迈曾任师级政委,后在国防科工委工作,20 训练基地及 21 训练基地政委,已离休;周正,曾在国家体委工作,已离休;周峰,曾任杭州市市长、杭州市政协主席。对于他们的革命行动,涂先生是默许的。抗战期间毕业的进步学生在解放战争时期不少参加了反饥饿、反迫害、反内战等政治斗争,如在南昌市的熊明垣、熊宗豪等。

乡师毕业生,大多献身于乡村教育事业本职,默默从事教书育人的平凡而艰苦工作;也有不少积极为改造乡村,建设乡村服务的;还有许多成为教育系统工作骨干及担任行政领导任务的。如 1932 年(丙类首届)毕业的陈北海,教书育人半世纪,育才无算。具有深厚国学基础,尤精翰墨丹青。诗书画类板桥风格,常以作品举行个人书画展,或送省市参展,博得好评。现为新余市政协委员、中国书协江西分会会员,新余市书协主席及老年人书画协会名誉主席,新余诗社顾问,盖负一方众望。客岁七月,且膺新余市委、市教委局特开八秩庆典之荣。

1934 年(丙类一一即二部第三届)毕业生黄贵祥,勤于学术研究,勇于探索,为促进文盲识字教育,寻找科学根据,经年累月,反复实验,总结出 1504 个文盲字汇,科学地开创了文盲识字标准,出版了《文盲字汇研究》,1947 年被列为《教育丛书》,并获得社会科学学术奖。新中国成立后,国家教育部用为文盲识字标准课本。1948 年又参与合编第二次《中国教育年鉴》,主编《中学教育》篇。新中国成立后曾任南京市教育局中教科长、南京教育学院教务长,1979 年任南京晓庄师范学院校长、书记,直至 1985 年离休。现任南京市师范教育研究会理事、江苏省陶行知思想研究会理事,主持陶研工作,主编《陶行知纪念文集》。毕生献身教育,继承和弘扬陶氏教育思想、教育事业。他的论著、文艺作品甚多,不及备叙。

抗战胜利后,学校全部重返伍农冈,也可说是涂先生与全体师生员工同舟共济战胜艰危的一曲凯歌。重返后投入全面整顿恢复的工程,其劳瘁又概可想见。

1947 年,国民党当局削减教育经费,紧缩开支,下令社教师范与劳作师范并入南昌乡师,三位一体,从此改名为"江西省立南昌师范"并任命涂先生为校长。学校合并后,下分社师部、劳师部、校本部,各以原社师令公庙、原劳师胶皮巷为分部地址,校本部仍在伍农冈。1948 年则改称一部、二部,然仍分散教学,管理极其困难,殊有尾大不掉之慨!是年秋,学校隆重举行纪念建校 20 周年活动。先生在为此而作的《廿年甘苦话南师》的纪念文辞中,全面系统地总结了办学经验,提出了进一步发展的蓝图。由于蒋介石内战日亟,国事蜩螗,使并校以来的工作一直难于开展,虽蓝图美好,然步履艰难。尽管如此,先生仍一如既往,忠于职守,坚持领导正常教学,并动员全体师生,坚守岗位,全力护校,迎接解放。1949 年 5 月 22 日,南昌终于解放,6 月,军管会派员接管,他将学校全部档案、文卷、财产物资交接清楚后离校。7 月,投入"八一革大"研究部学习。于是时,才正式、系统地接受马列主义学说,使其思想、视野为之大开,衷心为之窃喜,大有相见恨晚、"朝闻道,夕死可矣"之概。学习结束,且即促其三个子女投入"八一革大"学习。然后赶赴省人民政府参事室工作。1951 年又奉派去清江荣军学校任教。1955 年 5 月,因凤疾痔疮大患,药石无灵,竟不幸而归道山,春秋五十有七。临终,嘱其家人将祖房"楠大厅"献于政府作为办学之所。从其送子革命、献宅办学,足徵其对中国共产党和人民政府拥戴之诚。

先生毕生献身教育,志在化育农民、改造农村、复兴民族,其所执着追求的目标"藏万卷书,行万里路,育万名才,种万株树",虽未能全部实现,但他已看到教育事业在新中国成立后获得高度重视与蓬勃发展,看到农民解除了千年封建枷锁的束缚,看到人民大众意气风发地投入祖国宏伟建设,看到中华民族复兴的日子已来临,由衷地感到无限欣慰!综上所述,窃以为先生之志节可风,先生之业绩可传。

（此文曾载于江西省政协文史资料研究委员会编《江西文史资料选辑》总第三十一辑,1989 年第 2 期）

从教一生　桃李天下*

——鸿儒巨匠余心乐

　　余心乐,江西武宁人,生于民国癸丑年二月廿日亥时,即公元 1913 年 3 月 27 日。原名余水松,字后斋,别号天泰。其父名修坤,字广安,一生务农。其母聂毛子,与修坤生有三女一男。

　　余先生自幼天资聪颖,能过目不忘。七岁在家乡私塾读书,师从晚清秀才聂达才,深得达才先生喜爱。饱读诗书的聂先生想起了《千家诗》中北宋著名理学家、诗人程颢的诗句"时人不识余心乐,将谓偷闲学少年",故更其名为余心乐,寓意自己有这样一位学生心里非常快乐。从此余心乐就成为他的常用名。余先生九岁可以自行阅读《道德经》《庄子》《论语》等诸子著作;12 岁进入县城沈健小学,开始写文章作诗对对子,因才思敏捷成绩拔萃被誉为"神童"。

　　据一个在初中、高中两度为余先生学生,后又与先生共事于武宁师范半年,曾为武宁县政协副主席的张罗回忆,1927 年秋,余先生以全县第一名的成绩考入设在修水三都的江西省立十五中学读初中。当时十五中学的国文老师喻颂虞,批改学生作文时发现他的文章立意深远,用典精辟,字字珠玑,竟不敢相信是年不及弱冠的少年所写,因而在其文章后批语:"非宿儒不能有此佳作。"次日喻老师专门出了一道题目,坐在旁边看他作文,只见他略加思索后,便下笔千言,一气呵成。喻老师接过文章看后,满脸喜悦。随即在黑板上写道:"余遇余心乐,余心乐! 余心乐!"后来有个同学以这句话作上联,用"史载史可法,史可法! 史可法!"对成下联送给他看,他谦虚地笑了笑说:"我怎能跟前贤相比。"

　　1930 年,他考入江西省立南昌一中读高中,因品学兼优名列前茅而得到校长吴自强和任课教师的器重,当时在一中和武宁县都称他是武宁第一才子。1933

---

　　* 本文摘编自《心中永远的丰碑——追忆恩师余心乐先生》

年,他又以优异的成绩考入当时全国最高学府——南京中央大学中文系,得到名师亲传,特别是国学大师黄季刚先生的熏陶,走上了语言文字学研究的道路,治学愈益勤奋,学问日益精进。

1937年大学毕业,先生怀着教育救国的理想,回到江西从事教育工作。先后任教于私立鸿声中学、南昌九县联立洪都中学武宁分校、江西省立南昌第一中学(校址从南昌迁于广昌县白水镇)、江西省立十三中学(校址在吉安青原山,专收沦陷区流亡学生)。1942年抗战时期,赣省各界在吉安举行公祭孔子盛典。事先报上登出公告,征集公祭祭文,应征者甚多。一篇古朴典雅、情文并茂的《祭孔文》脱颖而出,各界代表一致称好,以为出自名家大儒之手,孰料乃20余岁青年余心乐所作。众人无不折服,皆呼之为"江南才子"。

抗战胜利以后,先生被邀担任武宁县私立振风中学校长。因不满有人在校内搞"三青团"活动,未放暑假就不辞而去。然后又任教于南昌乡村师范、江西省立武宁师范。1949年新中国成立以后,先生又任教于南昌师范、江西中等师资进修学校。

1953年,全国高等学校调整,先生调江西师范学院(1983年改为江西师范大学),先后任中文系讲师、副教授、教授。1978年开始任汉语史专业硕士生导师,长期从事汉语史研究和教学,在文字、音韵、训诂、语法、词汇、现代汉语语音等方面,都有很深的造诣,在学术界享有很高的声誉。担任过中国语言学会第一届理事、中国训诂学会第二届理事、江西省语言学会首任会长、江西省社联常务理事、江西省高校古籍整理领导小组组长、江西中小学教育研究会会长,1982年被评为江西教育系统劳动模范,1985年获全国优秀教师称号,1992年作为有"突出贡献专家"享受国务院颁发的政府特殊津贴,成为师大文学院第一批终身教授。撰有《汉字改革讲话》《汉语语法提要》《成语故事选》《语文知识手册》《文字学纲要》《古代汉语》《古代汉语常用词》《现代汉语》《汉语修辞》《古汉语虚词词典》《论语注译》等著作十余部,发表论文有《照三归端证》《上古汉语声调探讨》《汉语诗歌韵部的演变》《论通用字》《声训略说》《反训例释》《方位词在古汉语中的动词功能》《江西方音辩正》《赣西北方言词考释》《读〈经传释词〉札记》等40余篇在国内外有影响的论文。

1989年,带完最后一届研究生,时已76岁高龄的先生犹准备开始撰写《说文段注疏证》一书。先生常说,当年章太炎先生在日本讲授《说文》,曾有此夙愿,但因投身孙中山领导的国民革命而未能如愿。其后季刚先生亦欲疏证《段注》,可惜英年早逝,未了心愿。先生自己也曾为《段注》一书倾注了毕生精力,但无奈年事已高,疾病缠身,亦未遂愿,抱憾而终。然而,这正是先生一生最大的乐趣和最执着的追求。在不断跋涉、辛勤耕耘的道路上,他不断留下了自己的脚印,播下了生命的种子,创造了自身的价值,也照亮了整个世界。在人类生命的长河中,每一个人的生命虽然是短暂的,然而先生留给后人的一切,却是永恒的!

第二章

名人辈出 德厚才馨

从江西一师走出来的画坛巨匠——傅抱石

傅抱石,原名长生、瑞麟,号抱石斋主人。生于江西南昌,祖籍江西新余,现代著名画家。1921 以第一名免试资格升入江西省立第一师范学校,1926 年毕业,留校任教于附小,至 1931 年。

1904 年 10 月 5 日傅抱石出生于江西南昌的一个修伞匠人家。1911 年,入私塾附读,原名傅长生。后因家境贫寒,中途辍学,11 岁时到瓷器店当学徒,为解决生计,同时自学书法、篆刻和绘画,以此作为谋生的手段。1917 年,14 岁的傅长生以扎实的自学功底考入南昌江西省第一师范附小,插班进四年级学习,改名傅瑞麟,得以重新进入学校读书。1921 年傅瑞麟高小毕业,以第一名免试资格升入江西省立第一师范学校。

在一师读书期间,他开始美术创作和研究工作。在踏上艺术道路的初始,傅抱石首先把用于谋生的刻字转移到了艺术状态的篆刻上,一本赵之谦《二金蝶堂印谱》成了他最初的范本和教科书。他不断模仿学习赵印章,达到真伪难辨的程度,连教他刻字的师傅也为之赞叹。从此,南昌城里不断有"赵之谦"的印章出现,好事者常常津津乐道,而傅抱石也多了一条养家的生路。第一师范中的"印痴"成了南昌城里的知名人物。

在第一师范的这段时间,傅抱石不断地去旧书店,开始读一些古代画史画论方面的著作。当他读到记述石涛《瞎尊者传》(陈鼎著)中的一句"我用我法"时,傅抱石顿开茅塞，并对石涛"搜尽奇峰打草稿"的思想欣赏不已。为了表达自己对石涛的情有独钟，他不仅刻制了"我用我法"的印章，并自号"抱石斋主人傅抱石"。他用很多的时间去读史论著作，并开始研究画史画论中的一些具体问题，从顾恺之的《魏晋胜流画赞》到石涛的《苦瓜和尚画语录》，他都一一涉猎。1925年，年仅22岁的学生傅抱石完成了他的第一部著作《国画源流述概》。

1926年，傅抱石从江西省立第一师范学校毕业，并留校任教于附小。他又开始了《摹印学》的写作，全书分总论、印材、印式、篆法、章法、刀法、杂识七部分，把自己多年来治印的体会融于其中。对史论的兴趣，为他未来在绘画上的成就奠定了厚实的基础，形成了他艺术人生中的一个显著的特色。1929年，傅抱石为编写教学讲义又完成了《中国绘画变迁史纲》一书。在这本书里，傅抱石提出了"研究中国绘画的三大要素——人品、学部、天才"，还提出了"提高中国绘画的价值"和"增进中国绘画对于世界贡献的动力及信仰"的思想，反映了他对于中国艺术的一些独特的思考。期间他还助北伐军攻克南昌，聆听北伐军政治部主任郭沫若的演讲。

1931年，傅抱石任教于南昌省立一中。这年夏天，他得黄牧夫印谱，以半月的时间整理出四千余方。《中国绘画变迁史纲》由上海南京书店出版。

1932年，傅抱石获国民党江西省政府资助，以考察和改良景德镇瓷器的名义公派赴日留学。1933年赴日本，进入东京帝国美术学校研究部，攻读东方美术史，兼习工艺、雕刻，并将日本梅泽和轩著的《王摩诘》译成中文。1934年5月，在日本东京举行"书画篆刻个展"，作品有《渊明沽酒图》《瞿塘图》《笼鸡图》及书法篆刻等170余件。6月，译日本金原省吾教授著《唐宋之绘画》。1935年3月，所编《苦瓜和尚年表》在日本发表。5月，论文《中华民族美术之展望与建设》发表。7月，学成返国，任教于南京中央大学艺术系。8月，所著《中国绘画理论》一书出版。10月，发表论文《论顾恺之至荆浩之山水画史问题》。

在日本留学时，傅抱石专门拜访了因"四一二"政变而流亡日本的郭沫若，彼此建立了亦师亦友的深厚友谊。早在任职一师附小的时候，傅抱石就聆听过郭沫若的报告，印象深刻。傅抱石在史论研究中经常向郭沫若请教，在绘画创作上也不时得到郭沫若的批评，而郭沫若也在这种交往中不断地发现傅抱石的艺术天分和才华，每见傅抱石的得意之作都为之题咏，并为傅抱石在日本的首次画展题写了展名，给予了极大的鼓励。可以说郭沫若广博的学识和在日本的影响，为傅抱石在日本的发展给予了很大的帮助。

1936年2月，傅抱石编译的《基本国案学》一书出版。7月，在江西南昌举办书画个展，展出作品100余件，发表论文《论秦汉诸美术与西方之关系》及《石涛年谱稿》。8月,译作《郎世宁传考略》发表。11月,编译《基本工艺图案法》。1937年3月,《石涛丛考》发表,《中国美术年表》出版。5月,《汉魏六朝之墓砖》一文发表。7月,著《大涤子题画诗跋校补》,发表《石涛再考》《民国以来国画之史的考察》及译文《中国文人画概论》。10月,完成《石涛画论之研究》《石涛生卒考》《六朝初期之绘画》诸论文。1938年—1940年,在郭沫若先生主持之政治部三厅任秘书。经常往来于株洲、衡山、衡阳、东安、桂林等地,做抗日宣传工作。1939年4月,辗转到达四川重庆,寓居西郊金刚坡下,自署居处为"金刚坡下山斋"。5月,所编《中国明末民族艺人传》出版。6月,完成《中国美术史——古代篇》,作《关于印人黄牧父》。1940年4月,发表重要论文《晋顾恺之画云台山记之研究》,作《云台山图卷》,郭沫若先生为题四绝。8月,政治部三厅改组,随郭沫若先生退出,回中央大学艺术系任教。时该校已迁重庆沙坪坝。9月,著《中国篆刻史述略》,《木刻的技法》一书出版。1941年1月,发表《读周栎园"印人传"》一文。4月,再画《云台山图卷》。5月,完成《石涛上人年谱》。1942年3月,作《大涤草堂图》,徐悲鸿先生为之题塘:"元气淋漓,真宰上诉。"8月,郭沫若先生为傅抱石的画作《屈原》《陶渊明像》《龚半千与费密游诗意》《张鹤野诗意图》等作品题诗。9月,在重庆举办"壬午个展",展出作品100件。《大涤草堂图》《对牛弹琴图》《初夏之雾》及郭沫若先生题诗之《屈原》《陶渊明像》等作品均在此次个展中展出。1943年在重庆举行个展,随后在成都举行个展。1944年金刚坡时期,精品倍出,代表作《夏山图》堪称精品,在重庆中苏文化协会举办"傅抱石画展"。在昆明举办"郭沫若书法、傅抱石国画联展"。1945年2月,作《掌阮图》《晋贤图》《石涛诗意图》《大涤草堂图》等;参加民主运动,在中国文学艺术界"对时局宣言"上签名。3月,作《萧清暮雨》等图。10月,作《金刚坡麓》《虎溪三笑》及册页《九张机》等画。1946年10月,迁回南京,继续执教于中央大学艺术系;在南京与徐悲鸿、陈之佛等举行联展。1947年8月,演讲稿《中国绘画之精神》发表。10月,在上海"中国艺苑"举办"傅抱石画展",展出作品180余幅,且多钜制,人物、山水各居半。1948年1月,精心之作《石涛上人年谱》一书出版,在南昌举行个展。

1949年开始以毛主席诗词为题材的国画创作。作品有《七律·长征》《沁园春·雪》《清平乐·六盘山》等。作品参加"南京市第一届美术展览会"。1951年6月,当选为南京市文联常委。7月,著《初论中国绘画问题》。1952年全国高校院系调整,任南京师范学院美术系教授。1953年7月,发表论文《南京堂子街太平天国壁画的艺术成就及其在中国近代绘画史上的重要性》。9月,"全国第一届国画展"在北京举行,《抢渡大渡河》《更喜岷山千里雪》参加展出。1954年4月,为中国人民保卫世界和平委员会作《东方红》。1955年3月,在江苏省文联举办的

"星期文艺讲座"上,主讲《中国古代绘画》;在北京"第二届全国美展"上展出《湘君》和《山鬼》两幅人物画。1956年1月,增补为第二届全国政协委员,参加全国政协二届二次会议。8月,在北京"世界文化名人雪舟等杨逝世450周年纪念会"上,作《雪舟及其艺术》学术报告,后全文发表于《人民日报》。10月,中国美术家协会南京分会筹委会成立,被推选为主任委员。1957年2月,开始筹建江苏省国画院,为主要负责人。5月至8月,率中国美术家代表团访问罗马尼亚、捷克斯洛伐克,作画50余幅,后出版写生画集二种。7月,《写山要法》一书出版,该书根据日本高岛北海原著《写山要诀》编译。8月,在北京"中国人民解放军建军30周年纪念美术展览会"上,展出与亚明合作之军史画《大军南下,横渡黄泛区》。12月,所著《山水、人物技法》一书出版。1958年4月,《白石老人的艺术渊源》一文在《文汇报》发表。7月,所著《中国的绘画》一书出版。12月,《傅抱石画集》出版,郭沫若先生作序并题签。自选1942年至1957年作品《桐荫读画》《万竿烟雨》《兰亭图》《丽人行》《平沙落雁》《西风吹下红雨来》《暮韵》《抢渡大渡河》等40幅;在北京举办"江苏省国画展",展出新作《蝶恋花》《雨花台颂》。1959年6月,"中国画展"在巴基斯坦卡拉奇开幕,展出山水画《春》《夏》《秋》《冬》及《罗马尼亚一车站》;到湖南长沙、韶山写生,后出版写生画集《韶山》,收入《韶山全图》《毛主席故居》组画。7月至9月,在北京与关山月合作,为人民大会堂绘制巨幅国画《江山如此多娇》,毛泽东亲为题句。10月,参加全国先进工作者群英大会。1960年1月,《春到钟山》《水乡吟》《新松恨不高千尺》在南京展出。3月,江苏省国画院正式成立,任院长;《中国古代山水画史的研究》一书出版。4月,中国美术家协会江苏分会正式成立,当选为主席;江苏省书法印章研究会成立,任副会长。8月,当选为中国美术家协会副主席,全国文联委员。9月,率江苏省国画家在国内六省十几个城市旅行写生,行程23000余里,画出了许多优秀作品。后举办了画展,出版了《山河新貌》画集。1961年2月,于《人民日报》发表论文《思想变了,笔墨就不能不变》。3月,于《人民日报》发表《白石老人的篆刻艺术——齐白石作品集·印谱序》。5月,"山河新貌画展"在北京举行,《待细把江山图画》《西陵峡》《黄河清》《枣园春色》《陕北风光》《红岩村》《山城雄姿》等名作展出。6月至9月,到我国东北地区旅行写生,作《镜泊飞泉》《天池林海》《林海雪原》《煤都壮观》《松花湖》等图,后出版写生画集。1962年2月,《郑板桥集》前言《郑板桥试论》在《人民日报》发表。8月,在"南京市美术展览会"上展出《天池飞瀑》。10月,在"江苏省肖像画展览会"上展出《屈原》《杜甫》两幅作品。10月至次年4月,赴浙江休养、写生,后出版了《浙江写生画集》,收入《新安江印象》《三潭印月》《虎跑》《九溪》《龙井初春》等作品。1963年1月,与何香凝、潘天寿合作国画多幅。3月,为中国驻缅甸大使馆作大幅《华山图》。11 月,回江西,访井冈山、瑞金等革命老根据地,以后陆续创作了《黄洋界》《茨坪》《长征第一桥》《革命摇篮叶坪》等画。1964 年 1 月作《井冈山》。3 月,著文《在更新的道路上前进》。9 月,当选为第三届全国人民代表大会代表,出席大会。1965 年 1 月,"全国美展"华东地区作品在京展出,大幅《虎踞龙盘今胜昔》参加展览。9 月,去上海,拟为上海虹桥机场大厅作画。同月 29 日,脑溢血,病逝寓中,享年 61 岁。

傅氏画论摘录:

中华民族美术的建设是在先负起时代的使命,而后始有美术的可言;是在造成统一的倾向,而后始有"广大""庄严""永远"的收获。(《中华民族美术之展望和建设》,《文化建设》1935 年 5 月;《文集》第 100 页)

美术是民族文化最大的表白。若是这句话没有错误,我们闭目想一想,再过几百年或几千年,有些什么东西,遗留给我们几百年几千年后的同胞? 又有什么东西,表白现时代的民族文化? 中华民族美术史上的这张白纸,我们要不要去写满它? 这许多疑问,为中国美术,为中国文化,换句话,即是为民族,岂容轻轻放过! (《文集》第 102 页)

美术家,是时代的先驱者,是民族文化运动的干员! 他有与众不同的脑袋,他能引导大众接近固有的民族艺术。(《文集》第 103 页)

中国绘画的精神,乃源于广大的国土和民族的思想,它最重要也是最特殊的世界各国所没有的一点,便是对作者"人品"的极端重视,这在三千年前的周代已发挥了鉴戒的力量,再从此出发,逐渐把画面的道德意识融化了作者个人,把画面所再现的看作作者人格的再现。因此,不管花卉也好,山水也好,工笔的也好,写意的也好,总而言之是"点"与"线"交织而成的心声。(《中国绘画在大时代》,《时事新报》1944 年 4 月 25 日;《文集》第 296 页)

中国人的胸襟恢廓,我看和这山水画的发展具有密切的关系。大自然界给予我们的教育是活的,伟大而无异议,而以南京为中心的江南山水,更足以洗耳恭听涤身心。绘画思想上,写实和自然的适切配合,再根源于前期传统,就非常灿烂地开辟了另一境界。(《中国结画思想之进展》,1940 年;《文集》第 231 页)

中国抽象代数鼻祖曾炯*

——"曾·兰"定理享誉全球

曾炯

抽象代数是 20 世纪 20 年代中期发展起来的新的数学学科,它使代数学的研究逐步转向对代数结构的深入探索,对现代数学发展有重要而广泛的影响。在抽象代数"王国"中有一位重量级人物,他就是南昌人曾炯。

曾炯于 20 世纪 20 年代留学德国,师从被爱因斯坦称为"有史以来最伟大女数学家"的艾米·诺特。1934 年,曾炯获德国哥廷根大学博士学位,是江西最早获得博士学位的数学家。曾炯还是我国最早从事抽象代数研究的学者,虽然 42 岁便英年早逝,但他生前研究、后被美国数学家改进后推出的"曾－兰"定理(Tseng—Lan Theorem)却享誉全球。

出身贫寒渔家　7 岁学会珠算

新建县长堎镇文化广播电视站站长胡啟鹏告诉记者,曾炯 1898 年出生在新建县生米街斗门村,父亲曾繁文以捕鱼为生。曾炯自幼聪慧,7 岁随父捕鱼,学会珠算,从此与数学结下不解之缘。

那个年代捕鱼为生极为不易,曾炯一家几乎是吃了上顿没下顿。生在这样一个家庭,读书是一种奢望,但曾炯有一位堂姑父名为雷恒,是晚清进士,当过翰林,见曾炯聪颖好学,主张送他读书。就这样,曾炯有了书读。他先在村里读私塾,然后又进入南昌市高桥小学,但由于家境越来越艰难,他不得不辍学,到丰城煤矿当了童工。生活的希望似乎就此破灭了,但曾炯没有放弃,他咬牙苦干,期待有朝一日能重新走进课堂。

1917 年,曾炯考上江西省立第一师范学校(简称"一师")。重返课堂,曾炯格外珍惜,他的勤奋在学校是出了名的。休息日,别人看戏、下馆子,他总是找一个僻静的地方看书;夜深了,他却还在灯光下温习功课。

学生时代走上街头宣传爱国救国之理

曾炯发奋苦读,但他并不是"两耳不闻窗外事"的书呆子,他还有一颗炽热的

---

* 本文选编自 2015 年 1 月 12 日《南昌晚报》

爱国心。据《江西历代杰出科技人物传》介绍,"五四运动"时期,曾炯曾多次与学友走上街头宣传爱国救国之理。他上街演说,反对军阀战争,反对"二十一条"。曾炯曾多次遭到反动势力爪牙的殴打,一次,他身穿的粗布大褂都被撕成了碎片。

曾炯不仅对国家饱含一腔赤诚,对父母也非常孝顺。一次,在演讲比赛上获得了 10 元银币的奖金,他不动一文,全部交给母亲,并托付母亲拿出 4 元给邻居孤老。

考取德国柏林大学

在"一师"期间,曾炯对数学的兴趣越发浓厚,数理化成绩都非常好。"一师"毕业当了几年小学教师后,曾炯考上了武昌高等师范学校数学系。

在武昌高等师范学校,曾炯虔诚地问学求知。刚从日本留学归来的数学博士陈建功在数学系任教,曾炯刻苦钻研的精神大大感动了他。陈建功认为曾炯大有前途,便鼓励他出国深造:"现在德国哥廷根大学是世界数学的中心,有机会你一定要去那里。"

铭记导师的教诲,曾炯更加努力学习。1926 年,曾炯考取了江西庚子赔款赴欧美留学生,被德国柏林大学录取。按照师范毕业生的规定,出国前他在九江省立第六中学等学校完成了两年教学任务后,才于 1928 年秋赴德国。

师从"最伟大女数学家"诺特

哥廷根大学,世界著名学府,诗人海涅在该校学习过,自然科学家洪堡也在该校学习过。1929 年的春天,这里来了一个黄皮肤、黑眼睛的中国人,他的名字叫曾炯。

在柏林大学学习一年后,曾炯转入哥廷根大学数学系,他的导师就是被爱因斯坦称为"有史以来最伟大女数学家"的艾米·诺特。据说师生第一次见面有这样一段对话:诺特:"你很像日本人,是吗?"曾炯回答:"不,我是中国人!""呵,对不起,大家都说日本留学生最用功。""学习如同逆水行舟,不进则退,我愿跟世界各国的同学们比一比!"

也许是曾炯的自信打动了诺特,她非常看重这名中国学生。1933 年,因纳粹排犹,诺特被迫移居美国,临行前还一再嘱咐曾炯要完成学业。当年,曾炯发表重要论文《论函数域上可除代数》,并在题注中写道:"在此谨向导师诺特致以诚挚谢意,在她的鼓励之下,本文作者开始进行这一工作,在本文撰写过程中,她孜孜不倦的教诲和帮助,使得作者最终得以完成本文。"

20 世纪 30 年代获 1.6 万英镑学术奖金

据《江西历代杰出科技人物传》记载:"1934 年,曾炯以优异的成绩获得哲学博士学位(当时哥廷根大学数学系是哲学院的一部分),为江西最早获得博士学位的数学家。"当年下半年,他得到中华文化教育基金会资助,到德国汉堡大学深造,著名数学家 E·阿廷(Artin)对他颇多勉励。为表彰曾炯对世界数学做出的贡献,欧洲跨国性科学基金组织"万国科学基金会"还发给他 1.6 万英镑奖金。当年在大会上,诺特发表讲话:"我要对我亲爱的学生孩子曾炯说,中国的留学生最用功,学得最好!"

曾炯靠中国"匹夫"的志气,夺得了同时代别国人未能夺得的荣誉,德国的学者们、师友们都特别器重他,哥廷根大学要他长期留校任教,德国一位美貌女郎还提出要与他成婚,曾炯都婉言谢绝了。因为他心中放不下万里之遥饱受战火摧残的家乡,他要回到祖国的怀抱。

回国后被推荐至浙大数学系任教

1935 年 7 月,曾炯回到祖国,被推荐至浙江大学数学系任教。当时,浙大校长是竺可桢,数学系主任是苏步青,数学系教授有陈建功等。曾炯任数学系副教授,讲授包括抽象代数在内的代数方面的课程。

在浙大,曾炯严格要求学生是有名的。倘若学生在学习上没有下够功夫却想过关,那是绝对办不到的。他相信严师出高徒,这种思想也渗透到对家族晚辈的教育中。为了让侄儿不至于"死于安乐",曾炯安排他到杭州的一家印刷工厂当了两年学徒工。后来,这个侄儿同时考上了初中和师范学校,曾炯又主张他读师范学校,因为"读师范比读普通中学更艰苦,利于造就人才"。曾炯认为,艰苦奋斗能开拓智慧,磨炼意志,倘不争气,再好的条件都是白搭。

42 岁因胃出血逝于西康

抗日战争爆发后,曾炯回到南昌避难。1937 年 10 月,曾炯带着新婚妻子赶到西安,任教于国立西北联合大学数学系。1939 年,西康省(旧省名,包括今四川省西部及西藏自治区东部地区)办了一所"国立西康技艺专科学校",受校长李书田之邀,曾炯到该校任教。曾炯带着妻子登山渡水,长期折腾,落下了胃病。战火纷飞,缺医少药,曾炯到西昌后不久,胃穿孔大出血,不幸于 1940 年 11 月逝世,年仅 42 岁。曾炯去世后,竺可桢先生在日记中写道:"中国代数后起之秀将乏人矣!"数学大师陈省身也在回忆文章中写道:"他回国后没有充分发展他的才能,是国家的损失!"

胡启鹏告诉记者,就在曾炯逝世前不久,国立中正大学在江西泰和创立。新任校长胡先骕广纳人才,充实办学力量。"他听说曾炯在数学方面很有造诣,又是南昌老乡,就想请他到正大数学系任教,可惜聘书还没有发出去,曾炯就已逝世。"胡启鹏说。

曾炯是中国最早从事抽象代数研究的学者,在抽象代数领域做出了重要贡献。1936 年,他在《中国数学会学报》上发表了一篇论文,提出一个定理,但由于战乱关系长期不为国外同行所知。直到 1952 年,美国数学家 S·兰才看到这个定理,并将它改进后重新推出,在全球数学界引起轰动。人们一直误认为 S·兰是这个定理的首创者，直到 20 世纪 70 年代，该错误才得以纠正，数学界遂把该定理称为"曾－兰"定理（Tseng—Lan Theorem）。

江西工人运动的先驱——陈赞贤

　　陈赞贤（1895—1927），字子襄，江西南康人。1921 年考入南昌省立第一师范学校。

　　陈赞贤生于农民家庭，高等小学毕业后入江西陆军讲武堂学习。以后回家乡当小学教员，创办了东山小学，任校长。1919 年"五四运动"爆发后，领导南康学生和民众游行示威，开展爱国运动。1921 年考入南昌省立第一师范学校。1922 年春，曾赴广西参加孙中山领导的北伐军队，任少校书记。随军入江西，后因病回家。1923 年任小学校长，被选为南康市教育会副会长。1925 年组织各界人士集会，声援"五卅运动"。同年加入中国共产党，参加国共合作后的国民党，负责筹建南康县党部。同年底，逃脱反动当局的追捕去南雄，任该县总工会委员长，领导工人进行反封建把头斗争。1926 年被中共党组织派入国民革命军第二军五师，任政治部宣传科科长。7 月，随军参加北伐战争。曾秘密去赣州策动赖世璜师起义，改编为国民革命军第十四军。9 月，被任命为南康县县长，建立了中共南康第一个支部，在全县实行了改革腐败旧制的新政策。10 月，调任中共赣州特别支部书记，兼赣南 17 县工农运动指导员。11 月，领导成立赣州总工会，被选为委员长。同年底，发动组织了钱业、中药业、洋货业工人罢工。他创办了赣南工农干部训练班，培训了一批工农运动骨干，组织了"青年干社"，培训青年积极分子。在他领导下赣南地区的党组织得到很大发展，工农运动发展得轰轰烈烈，坚决抵制了国民党新右派的阻挠破坏。

　　据《赣州地区志》记载，1926 年 7 月，陈赞贤到广州向中华全国总工会领导人刘少奇汇报工作，刘少奇任命他为中华全国总工会特派员，回江西工作。同年 8 月，陈赞贤和朱由铿在赣州创建了赣南的第一个中共组织——中共赣州支部。不久，陈赞贤又被中共组织派到国民革命军第五师任政治部宣传科科长。1926 年 9 月 6 日，国民革命军十四军（即赣军主将赖世璜部）攻占赣州后，陈赞贤调任南康县行政委员长（县长），积极地秘密发展党员，建立中共南康支部，开展工农运动，支援北伐战事。同时，他还大刀阔斧地改革旧政，废除苛捐杂税，雷厉风行地禁烟、禁赌、禁娼,使社会风气为之一新。南康人民特为他挂匾,称赞他"德在民生",并誉称陈赞贤是"铁面县长"。

为加强和领导赣南工农革命运动,1926年10月,陈赞贤调任中共赣州特别支部书记,同时兼任国民党赣南党务及17县工农运动指导员。在特别支部领导下,赣南各县相继建立了党的组织,发展党员,宣传革命道理,推动工农运动,声援北伐战争。同年11月,赣州总工会成立,陈赞贤当选为委员长。赣州总工会一成立,立即发动全市工人开展以保障职业、增加工资、改善待遇、实行八小时工作制为中心内容的斗争。为了推动罢工运动继续高涨,在总工会领导下,又举行了全市钱业店员的大罢工并取得胜利。这是赣州历史上第一次由中国共产党领导的大罢工。赣州的工人运动开展得轰轰烈烈,素有"一广州、二赣州"之称,受到张太雷、宋庆龄等称赞。

1927年2月,陈赞贤参加了江西省第一次工人代表大会,当选为江西省总工会副委员长。3月1日,他在赣州体育场召开的盛大欢迎会上,传达了省第一次工人代表大会精神,表示坚决与反动势力做斗争,为工人阶级谋利益。3月6日晚,被国民党新右派的爪牙绑架,逼他签字解散赣州总工会。他铁骨铮铮,义正词严地怒斥,当场被惨杀。陈赞贤身中18弹,高呼:"打倒新军阀!""工会万岁!""中国共产党万岁!"壮烈牺牲,时年31岁。他的被害震动全国,赣州人民举行公祭三天,武汉举行了40万人追悼会,全国各地工农和革命团体纷纷通电哀悼,称赞他是为革命英勇牺牲的工人领袖。

真的猛士　江西女师学生——刘和珍

刘和珍,女,民国时期北京学生运动的领袖之一。1918年秋以优异成绩考入江西女子师范学校。后就读于北京女子师范大学,她积极参加学生爱国运动,带领同学们向封建势力、反动军阀宣战。1926年在"三·一八"惨案中遇害,年仅22岁。鲁迅先生为之写了《记念刘和珍君》一文,其中"真的猛士,敢于直面惨淡的人生,敢于正视淋漓的鲜血"和"沉默呵,沉默呵!不在沉默中爆发,就在沉默中灭亡"的句子已成为广为传颂的名言,以此来追忆这位始终微笑的学生。

刘和珍出生于贫民家庭，自小养成吃苦耐劳、好学上进的品德。1918 年秋以优异成绩考入江西女子师范学校。时值"五四运动"前夕，她受到革命思潮影响，经常阅读《新青年》等进步书刊，认识到新的女性肩负着改造旧中国、旧制度的责任，积极投身于反帝、反封建的实践之中。"五四运动"爆发以后，她不顾学校当局的阻挠，起而奔走呼号，组织同学走上街头讲演，号召抵制日货，开始了她的革命生涯。

当时，江西女师校规森严，她与进步同学一起同南昌学生联合会联系，成立了女师学生自治会，学校被迫取消了不合理的校规，但带头人之一的刘和珍，则受到了"记大过"处分。1921 年，刘和珍继续带领同学们向封建势力公开宣战，在江西首倡女子剪发。女师很快掀起剪发高潮，三两天内剪发者不下百人，学校当局认为她"首倡剪发，有伤风化"，被勒令退学。同年冬，刘和珍等人在南昌发起组织了进步团体"觉社"，并主编《时代文化》月刊和《女师周刊》。

1923 年秋，刘和珍从江西来到北京，考入国立北京女子高等师范预科，后升入北京女子师范大学英语系。学习期间，她经常到北京大学旁听李大钊讲授的《社会学》《女权运动史》等课程，回校后广为传播。她也是鲁迅先生作品的忠实读者。由于她思想进步，成绩优异，善于团结同学，深受同学们的尊敬和信赖，被大家推选为女师大学生自治会主席。

女师大的校长杨荫榆由于极力维护封建礼教而引起进步师生的不满，于 1924 年 11 月爆发了"驱杨运动"，这就是中国妇女运动史上著名的"女师大风潮"。刘和珍作为女师大学生自治会主席，是这次风潮的主要组织者和参加者。

1924 年 11 月，女师大校长杨荫榆无理拒绝学生提出的关于辞退不称职教员的要求，并声称要处理刘和珍等为首人员，引起学生强烈不满。

1925 年 5 月 7 日，北师大召开"五七"国耻纪念会，杨荫榆图谋主持大会，被刘和珍、许广平等人拒绝，遂恼羞成怒，决定开除刘和珍、许广平、浦振声等六人，引起学生激愤，女师大风潮愈演愈烈。此时她愤慨地对张静淑说："开除我不要紧，可是杨荫榆不走，学校就不能改进。"刘百昭还打算派军警押送刘和珍回南昌，刘和珍听到消息后说："这事倒极有趣，押我回去，我又来，其将奈我何。"

1925 年 8 月 10 日，北洋军阀政府教育部宣布解散女师大，她受同学们的委托起草驱杨宣言，撰文揭露反动文人陈西滢的无耻抵赖，有理、有力、有节。

在教育总长章士钊的唆使下，刘百昭竟然率领军警闯进学校，并派武装军警和流氓打手 400 余人三次打进女师大，断电、断水、断炊，逼迫学生离校。刘和珍亲率学生誓死抵抗，并通电各界："此身可死，此志不渝，苟威武之再加，决誓死以殉校。"终因寡不敌众，被拖出校门，关在一潮湿小屋内，仍坚贞不屈。

女师大"停办"以后，在鲁迅等著名教授的支持下，于西城宗帽胡同继续开课，刘和珍等20余人，联名呈文，向京师地方检察厅公诉章士钊等人。北方革命运动不断紧张，段祺瑞政府要员纷纷逃离北京，章士钊也逃往天津，经过艰苦斗争，女师大仍回石驸马大街旧址复校，学生们整队从宗帽胡同回校。

1925年11月30日，女师大学生返校，发表复校宣言。于1925年12月11日正式开课，在刘和珍主持下，300余人召开大会庆祝斗争的胜利。

1926年1月13日，女师大新校长到任，鲁迅代表校务维持会表示欢迎，同时也表示校务维持会卸职。刘和珍在这种情况下，"虑及母校前途，黯然至于泣下。"

1926年3月12日，日本军舰驶入中国大沽口挑衅，继而纠集列强各国向中国政府发出最后通牒，进行无理要挟。北京各界无比愤慨，刘和珍说："外抗强权，内除国贼，非有枪不可。""军阀不倒，教育事业就搞不好，打倒军阀后，我再当教师不迟。"

3月18日上午8时许，林语堂教授接到刘和珍的电话，以学生自治会的名义请准停课一日，准备去天安门参加向国民大会请愿的集会。这天，刘和珍正患病，时时呕吐，她不顾病痛，进行动员和组织工作。她把标语小旗分发给同学们，发表了简短而激昂的演说，然后高擎校旗，带队出发。

女师大的同学来到天安门，国民大会尚未召开，主席台上悬挂着前一日请愿被刺伤代表的血衣。会后，正午12时，两千多群众开始示威游行，刘和珍担任女师大队伍的指挥。

铁狮子胡同段祺瑞执政府门前的卫队荷枪实弹，如临大敌，几个士兵对手擎校旗的刘和珍指指点点。把枪口瞄准了前来的学生。枪声响了，一场枪击案开始了。

顷刻间，刘和珍身中数弹，卧于血泊之中。同去的张静淑、杨德群急扑过去救助，她说："你们快走吧，我不行了，不要管我了。"依然是那样温和地关切着同学。一排枪弹射过来，张静淑、杨德群倒在她的身边。有士兵冲过来，复用木棒猛击刘和珍。刘和珍烈士牺牲时年仅22岁。

鲁迅先生在参加了刘和珍的追悼会之后，亲作《记念刘和珍君》一文。追忆这位"始终微笑的和蔼的"学生，痛悼"为中国而死的中国的青年"，歌颂"虽殒身不恤"的"中国女子的勇毅"，赞扬她是一位具有"干练坚决、百折不回"气概的"真的猛士"，是"为了中国而死"的青年。

第三章

桃李竞秀　芳香满园

一路花香一路歌

——记国家级骨干教师郭爱香

郭爱香,1964 年 1 月生,1983 年毕业于南昌师范学校,现任南昌师范附属实验小学教育集团副理事长,享受省政府特殊津贴专家,省劳动模范,省德育先进个人,南昌市学术技术学科带头人第一批次人才,市委宣传部文教宣传"四个一批"拔尖人才。全国小学语文特级教师活动中心委员,江西省教育咨询委员会第一届委员,江西省教育学会特级教师分会副理事长,省电化教育教材审查委员会委员,南昌市"十一五""十二五"教育科研客座研究员。2004 年被评为江西省特级教师。2017 年被评聘为江西省首批中小学系列教授。

学术成绩

郭爱香坚持在教学中研究、在研究中教学。她常说教师不仅是课程的实施者,更应是课程的研究者、开发者。在进行日常教学的同时,她积极参加教育科研,执着教改。早在 1994 年,她就参加了省"小学作文系列训练"教改实验,取得好成绩;1998 年参与并主持"九五"教育部重点课题教改实验,2001 年结题,获省级优秀课题,并通过全国专家组验收,撰写的论文获国家一等奖;2001 年主持人民教育出版社电子音像出版中心的子课题,与人合作主编的拼音教学光盘已正式发行……

郭爱香始终站在教改最前沿,大胆创新,带头贯彻"新课标"精神,进行基础教育课程改革。在南昌市学科带头人培训班上作了《浅谈教育教学课题的选题》的汇报;在南昌市小学语文学科教研活动中,为全市小学语文教师进行教材分析;她被聘为江西师范大学教育科学学院中小学骨干教师省级培训兼职教师,并为省级骨干教师作了《小学语文教育科研的选题》《小学语文行动研究》《小学语文实验研究》等讲座……

教研不已,笔耕不辍。1996年以来,郭爱香先后撰写了论文30余篇,其中被省级刊物选用12篇、市级刊物选用5篇,并有10多篇论文获奖。1998年以来,在每次的专业学术年会上,她都有论文交流。为了论证观点,她不顾路途遥远专程向专家请教;为了赶上研讨会,她修改论文通宵达旦。她执教的课获省电教优质课一等奖,设计的教案获全国教学设计方案二等奖,两次参加市作文教案比赛获一等奖。近几年来,她三次参加省电教教材和写字教材的评审;两次参加省电教馆组织的专家组到全省进行电教示范校的评估检查工作;参加省教育厅基地办组织的专家组进行基地校的评估工作。多次参与编写教辅材料,有30多万字出版。

成长故事

在寒冷的冬天,郭爱香出生在南昌西郊的道教圣地——西山。大概是父母期望女儿的人生像鲜花一样盛开,所以给她起了个名字叫"爱香"。中学时代,她曾想当一名列车乘务员,也曾渴望成为一名军人,但最终被南昌师范学校录取了。从此,教书、教研、教改成了她的生命之旅,她用对学生、对事业的热爱,领着学生们在语文的天地里尽情地徜徉,种下了一路的美丽,也收获着一路的花香。

1983年她从师范学校毕业,分配到一所乡村中学——石埠中学,教60多个比她小不了几岁的初一学生。学校没有围墙,所有的房子都是平房,所有通往学校的路都是黄泥路,晴天满面尘,雨天一脚泥。但农村学生的淳朴、天真,让她很快适应了这份乡村中学教师的工作,让她初为人师便深深地读懂了"教师"的含义。正当她教书教得有滋有味时,另一份职位——乡政府妇女主任向她伸出了橄榄枝。最终,她还是选择了教师,因为不舍,因为爱。

1989年,她调到了南昌师范附属实验小学。刚到附小,她确实有些紧张,就像"刘姥姥"走进了大观园。她忘不了1990年的一次班队会。学校以年级为单位,进行队会比赛。她是组里面最年轻的老师之一,比赛的任务落到了她的肩上。可那时,从"乡下"来的她还不会上队会课,真想放弃。不会就学!她鼓足劲,开始阅读《辅导员》杂志,查找大量资料,和学生一起确定主题,分配任务,向有经验的老师请教。当学生都走了,她一个人在空荡荡的教室里来回演练、揣摩。终于,在比赛中,她班的队会得到全体老师的一致好评,还被安排在全省少先队辅导员培训会上进行表演。这次比赛让她懂得,用"心"做事的人,可以收获不一样的美丽。

由于工作踏实出色,在教完两届毕业班后,学校安排她担任一年级的年级组长,任教一(7)班的语文、兼任班主任工作。她努力做好班级每一件事,上好班上每一节课,还要认真做好年级组的工作。她们年级的工作做得有声有色,活动也是多种多样。她曾带着全组教师和部分学生,到新建县石岗镇的一个村小开展手拉手活动。活动过程中,得知一位二年级的小女孩,由于家庭困难辍学,她当即组织教师请当地学校安排辍学女孩进课堂,同行的学生深受感染,也赞成帮扶。帮扶活动一直持续到这个辍学女孩顺利地完成了小学学业。她们全组也得到了学校的表扬,组里的凝聚力也更强了。年级组长这个职务,她一干就是七年,和她同组的教师相处融洽,大家都感到心情愉快。

2000年,她的岗位有了新变化:担任学校副校长岗位,分管教学、教科研。工作内容更繁杂了,担负的事务更繁忙了,但感恩生活、尊重岗位、热爱事业的心没有变。她还是那个不轻言放弃、不怨天尤人、认真对待每一项工作、真诚对待每一个人的她。

从教30载,她从未有过"跳槽"的念头,从未有过放弃的想法。听说自己的同学不少早已腰缠万贯,她只是微微一笑。她知道,自己的理想在校园,在三尺讲台,在调皮可爱的孩子们身上。于是,在静静的校园里,她默默地耕耘,收获着别人无法体验的欢愉。她常常会和周围的人说起这样一段话:"每个人都有自己的一座山,找到那座山就应该坚定不移地攀登上去。坚持登一座山的人一定会到达顶峰,坚持干一项事业的人一定会干出色,坚持一种生活信念的人一定会充实,会快乐。我的那座山就是我热爱的教育事业,我在我深爱的校园里收获的是桃李满天下,我很快乐。"

教育故事

育人,首先要尊重人,要爱学生。用自己的热情去爱护、温暖、滋润每一颗幼稚的心灵,用自己的微笑去点亮每一个幼小心灵的智慧之光,用自己的爱去激发每一个学生的学习兴趣与生活的热情。郭老师的育人方法充满尊重和赏识的阳光。

1994届(7)班有一位调皮、学习困难的学生。郭老师接这个班时对全班说的第一句话是:"我们班没有差生!"她用微笑管理班级,用微笑接待每一个家长,用微笑赞赏学生的点滴进步。对待这位调皮的孩子,她的关爱更多。她利用大量的下班时间无偿为他补习,孩子犯错误,她就一遍一遍地和他谈话,从不责难。就是在这种人文关怀中,这位同学对自己、对集体、对学习有了新的认识。他不断进步,成绩直线上升。多年后就读大学时,他在给郭老师的信中写道:"在我这一生中,对我帮助最大的人有两个。第一个是我的母亲,赋予了我生命;第二个便是您,是您的爱改变了我,让我终身受益⋯⋯"

尊重的阳光洒向每一位学生,温暖每一位学生,无论美与丑、聪明与调皮、父母有权还是无权、家中富裕还是贫穷。郭老师对学生的尊重是建立在无私而平等的爱的基础上的。在她的班上,有父母离异的孩子,有家境贫寒的孩子。她总是主动找他们谈心,鼓励他们。在生活中关心他们,帮他们解决困难,使这些孩子用健康的心态面对生活。她曾教过的 1997 届的一位小男孩,家长常年不在孩子身边,没有任何管束的他常常不完成作业。于是她坚持每天晚上七点半打电话给这个孩子和他聊天,时不时地问一问,今天的作业有没有遇到困难,要不要老师帮助指导。积极的心理暗示让孩子一放下电话就自觉地去完成作业。几个月后,孩子每天都在电话铃声响起之前完成作业。在郭老师的鼓励下,这个以前在课堂上连发言都不敢的孩子还参加了学校的演讲比赛,出人意料地获得了二等奖。毕业前夕的告别会上,孩子满含热泪地向郭老师深深地鞠了一躬。

2003 年,她教六(8)班的语文。授课之余,她常布置一些动手实践、沟通亲情的题目。有一次她布置了一项让学生回家给家长削水果的作业。作业做完后,她收到了家长的一封信,信中介绍了孩子给他们削水果的过程,信中有这样一段话:"老师的这种行为教育方式非常好!非常具有针对性和时效性。对孩子讲行'孔融让梨'的教育和'破冰网鱼'的孝顺教育是非常需要的,也是及时的。"

既教书,也育人。真心关爱孩子们的成长,用尊重对待孩子,用爱教育孩子。爱人者,人恒爱之;敬人者,人恒敬之。正是对学生的尊重,德育与智育、师生关系进入"湖光山色两相和"的美好境界,使她赢得了学生、家长及同行的尊重和信赖。

教育创新

尊重课堂,尊重教与学的规律,探索教学新方法、新策略。一直以来郭老师就是这样不断超越自我,努力做一名适应时代发展的好老师。

20 世纪 80 年代,素质教育的春风吹进了校园。一时间,素质教育在各个学校轰轰烈烈地开展,但在课堂教学中仍未脱离应试教育,有的时候甚至愈演愈烈。当很多教师仍着迷于应试教育时,郭老师开始考虑如何把素质教育落实在课堂教学中;当很多教师仍习惯于"满堂灌"的教学方式时,她开始尝试互动式的教学模式。作文讲评课,她把学生的习作抄在大白纸上,和他们一起探讨、分析,让孩子们直接参与习作的修改;一次执教《长征》,她自制教具,找来中国地图,用红纸剪成箭头,标注红军长征的线路,学生们学得兴趣盎然⋯⋯

为了提高课堂教学质量,她努力践行大语文观下"养成教育与课堂教学融为一体,平等交往与相互建构连成一线,生成资源与主体预设构成一片,自主学习与引导点拨同行一路"的课堂教学理念。面向全体,突出学生的主体地位,重视学生活动的权利,不断转变自己的角色。在课堂上,尊重学生的人格,重视学生的个性发展,与学生平等对话,关注每一位学生在课堂上的心理状态,让课堂成为师与生共同成长的"场",形成了"真实、平实、朴实"的教学风格。

一次教《海上日出》时,一个学生说"夺目"的意思是"把眼睛夺出来了",全班哄堂大笑,这位学生也满脸通红,低下了头。她走到学生跟前亲切地说:"你说得真生动,换个说法会更好,试试吧!"当这位学生说出"就是光亮很强,很耀眼"时,她带头鼓掌。这个课堂上小小的插曲在年幼的孩子心中刻下了深深的烙印。在一次日记里,他写道:"我感谢老师的鼓励,是她的鼓励,让我懂得了只要多些勇气,很多事情我都能做到。"

课堂上,郭老师始终是教学过程的组织者,学生感悟中的点燃者,生生交流中的引导者,学生练习中的辅导者……她从"教"转换为"导",在指导、引导、辅导中,为学生导学、导读、导悟、导思、导疑。一次上《詹天佑》一课,她让孩子们交流自学课文四、五自然段的感受。一个孩子说:"我读出了詹天佑的六心,即信心、耐心、苦心、决心、恒心、虚心。"她兴奋地听着,在赞赏孩子的回答后,马上进一步引导:"我觉得还有'一心'最重要,是这'六心'的基础。"学生们不约而同地喊出"爱国心"。

课堂上她让学生们"当家做主",课堂时间充分回归给学生。她所教的学生思维活跃,敢想、敢问、敢说。课前学生们养成了预习收集资料的习惯,课上大部分时间是学生们自学、讨论、交流,她的点拨也能使课堂充满勃勃生机。学生都爱上她的课,每次下课总是被学生们围在中间,孩子们不让她走,渴望与她继续探讨课堂上各类有趣的问题。

"周虽旧邦,其命维新。"尊重课堂,尊重教学规律,让她的课堂教学收放自如。尊重教育科研规律,崇尚真实和实践,追求创新和卓越。她的教育科研之路虽然艰辛,却也累并收获着、快乐着。

早在1994年,郭老师参与省教研室"小学作文序列训练"课题研究。几年的作文实验,她摸索了一套"一重三积累,二次作文法",即重视习作的过程,积累生活、积累语言、积累技法,改中成文。每单元的习作训练,在单元学习前,布置学生积累语言,亲历、收集、观察生活,提炼习作题材;单元学习中,结合课文积累语言和技法;习作成文后,重视作中的自改和互改,二次成文。这些做法,与今天新课程习作所倡导的"开拓思路、作中评改"理念是吻合的。

2000年,郭老师参加了全国骨干教师培训班,在华东师范大学集中学习了三个月。教育系为学员们安排了叶澜、袁正国、郑金洲、钟启泉、熊川武、李晓文等诸多名师授课,还有顾明远、杨福家、于漪等教育大家精彩的报告。叶澜的《新基础理论》,袁正国主译的《教育研究方法导论》,郑金洲的《教育通论》成了每天必读著作,每天晚上她都上学校图书馆看书、查找资料、复印资料,拼命地吸取教育理论知识,学习教育科研方法。再加上全国九个省同学的研讨、交流,使她感到"上了高度,戴了眼镜,拿了工具"。即站得高了,看得远了,掌握了教育科研的方法,觉得自己正在朝研究型教师的方向迈进。

华师大的学习,使她真正懂得了什么是教育科研,知道了什么是自变量、什么是因变量,怎样下操作定义,如何用教育科研的眼光来观察教学,在教学工作中发现问题、从问题中提炼课题……从此,她在科研路上愈行愈远、屡屡出新,成了学校教育科研的领头雁。

近几年,郭老师所在的学校由一个校区发展成了三个校区,短短几年新聘教师100多人。如何提高新教师的教育教学能力呢?她结合学校实际,确立了以《一课多磨促青年教师专业发展》为题的课题研究,以课题研究为抓手,促进了学校青年教师迅速成长。她先后主持的在中央电化教育馆立项的《利用信息化主题学习提高学生合作学习能力》、在中国教育学会中小学整体改革专业委员会立项的《依托多种学习场,建立学习共同体,实现教师共同愿景》、在全国"十一五"教育部规划课题组立项的《小学六年级语文同步教学》、在南昌市教育科学规划办立项的《新课程小学语文、数学学科教学策略与培训模式研究与实验》《自主识字教学策略与实验》、在新基础教育课程教材开发的研究与实验总课题组立项的《电子音像教材开发的研究与实验》等课题均已顺利结题。她也光荣地成为全国教育科学十五规划国家重点课题《教育信息化理论与实践》江西省课题指导组成员、南昌市教科所兼职研究员等。

"路漫漫其修远兮,吾将上下而求索。"教育是科学,科学的价值在于求真;教育是艺术,艺术的生命在于创新。郭老师就是这样一位孜孜以求、在教育实践和教育创新之路上不断探索前行的人。其实教育也是事业,教育还是未来。郭老师早已把教师这份职业当成了事业,并把事业当成毕生的追求,播撒着一路的馨香和希望,演奏着一曲动人的生命之歌……

心有大爱为人师

——全国优秀教育工作者黄少珍

黄少珍,女,1987－1989 年就读于南昌师范学校民师班,本科学历,南昌市昌北二小校长,小学数学特高级教师。2006 年 9 月被评为"江西省首届优秀校长",2007 年 8 月被评为"全国优秀教育工作者",2008 年荣获"南昌市五一劳动奖章",被评为"江西省首批数学学科带头人",2009 年荣获"江西省教育系统巾帼建功标兵""南昌市名师"称号,并当选南昌市第十一届妇女代表大会代表及镇人大代表,荣获"南昌市优秀妇女干部""南昌市优秀教师"等光荣称号。多篇论文在公开刊物上发表并获国家、省级一、二等奖。

教育事迹

黄校长品德高尚,廉洁奉公,有爱心、感召力、人格魅力和亲和力,深受教师、学生、家长的喜爱。担任校长多年,以校为家,一心扑在事业上。她具有坚定的理想信念,强烈的敬业奉献精神,正确的办学思想,先进的教育理念,扎实的教育管理专业知识,很强的教育管理能力和锐意改革、不断创新的意识。2006 年 4 月 17 日被区教办树立为"校长身边的榜样",在全区教职工大会上作了题为《感悟学校管理,体验成功快乐》的经验介绍。2006 年 7 月 14 至 15 日区教办在梅岭召开校长研讨会,黄校长作为区典型在会上作了办学经验介绍,教办领导号召全体校长向黄校长学习,并引起了兄弟学校校长的共鸣,黄少珍校长成为我区教育战线上的一面旗帜。

黄少珍担任校长工作多年,坚持全面推行素质教育。以"关爱每一个学生的成长和发展"为办学宗旨,以"开拓创新,乐于奉献,争创名牌学校;善谋思变,发展教育,争创四个一流"为办学思想,以"志存高远,爱国敬业,为人师表,教书育人,严谨笃学,与时俱进"为办学目标,她以高尚的品格,公平、公正,廉洁、民主的工作作风,带领校务班子团结奋斗,共同进步,走发展创新的办学之路。她善谋实干,为学校办了许多好事、实事,在教职工中有很高威信,深受广大教职工的信任和爱戴。

以德立校,以人为本,这是黄校长历来所倡导的。学校设立了"校长信箱""师德师风"举报箱。校长在严格要求老师的同时,无论是对老师,还是对学生,都不忘人文关怀。如老师生病、住院,校长会及时送上安慰;老师生日,校长会及时送去祝福。通过广播、墙报、宣传栏、班队会、学科教学,将德育工作层层渗透,将社会主义荣辱观作为学校德育工作的重点,请市"八荣八耻"宣讲团范爷爷到学校讲座。将开展未成年人思想道德建设与日常学习相结合,开办家长学校以求家庭教育与学校教育一致。学校还成立了综治办,定期请法制副校长讲课。还开设了心理健康咨询室,及时疏导师生心理问题,确保师生身心健康。

黄校长发自内心的点滴关爱,以人为本,无私奉献的精神,汇聚成强大的爱心洪流,温暖了老师、孩子和家长的心,他们盛赞学校的优质服务,给学校送锦旗、牌匾,把昌北二小爱的故事到处传播。东华理工学院的一位中层干部,开始抱着试试看的态度把孩子放在昌北二小试读,一年多时间过去了,他被老师的敬业精神和对孩子的关爱感动了。他给校长写来了一封感谢信,高度赞扬了学校的管理和教师的责任心,并预祝学校在黄校长带领下走向新的辉煌!《现代教育报》、江西五套、江西教育电视台先后对黄校长的办学思想、爱心教育、奉献精神予以了报道,在当地引起了很大反响。

昌北二小在南昌教育界声名鹊起,连家仔市内火车站,半边街的家长也把孩子送到该校就读。短短几年时间,昌北二小学生人数就翻了一番。这变化是多么喜人啊!"一位好校长就是一所好学校",黄校长用自己的成绩验证了这句名言。

办学理念

她十分重视教师职业道德建设,经常组织教师学习贯彻"江西省中小学教师职业道德规范",并牢记"八不准",教师教书育人,爱岗敬业,无私奉献,具有良好的职业操守。为提高教师业务水平,校长除亲自对学校教师进行校本培训之外,还采取"请进来,送出去"的方式培训教师。她先后选送了20多位教师参加省、市级骨干教师培训,还邀请了省教育学院饶玲教授、市优秀教师聂水兰、全国模范教师刘莉莉到校培训教师。

在她的带动下,经过培训后的教师综合素质的均有所提升,教师钻研业务蔚然成风。学校有多名教师论文获得国家、省、市区各级奖励,优质课也先后在省、市区夺魁。2005年9月,正值昌北二小"新校落成十年庆典"之际,黄校长主编了《心灵的感悟》教育专集,书中收录了学校教师的优秀论文、教案等。黄校长亲自作序,将自己几十年来对教育的感悟和理解融入其中,受到领导、教师和家长的好评。黄校长还十分注重资源共享,充分发挥中心校的优势,通过讲座、开课日,将优势教育资源向全区辐射,为村办小学培养了一大批青年教师,他们的论文、优质课先后在市、区获奖。

黄少珍校长注重校园文化建设,学校成立了"艺术团""书画社"等皆在实施特色教育,创建校园文化的社团。"红领巾"广播站的小记者活跃的身影,小播音员甜润的童音,都给人带来爽心悦目的感觉。漫步校园中,姹紫嫣红的花朵,青翠欲滴的松柏,彰显个性的班级风采展,弘扬正气的宣传栏,催人奋进的格言警句无不让你感受校园文化丰富的内涵。多彩的校园文化形成,丰富的群体活动,结出了累累硕果。学生网页制作、电脑绘画获全国三等奖,学校获全国信息技术创新与实践"先进单位",合唱节目获省"金色童年"赛歌会表演铜奖。学生的书法绘画作品也多次获市级奖项,取得了令人满意的效果。

黄少珍校长作为开发区的唯一代表,参加了省市级校长培训,以及国家级骨干教师培训。她懂管理、重研究,有较高的学术水平,具有指导教师进行科研的能力。她的多篇论文获国家、省、市、区级奖项,并多次在专业学会上宣读,有的还在专业刊物上发表。例如,她撰写的《昌北二小——一颗冉冉升起的新星》,发表在2005年第12期《南昌教育》上;她指导的学生参加"奥赛"和"华赛",她也获得了"优秀辅导教师"称号;她的数学优质课获区一等奖,还为全市、全区教师作了《讲读新一轮课程标准》的讲座,多次被评为区"优秀教育工作者"、区"优秀校长"、市"优秀教师"。

她率先在学校开展了"小学数学教学中的小组合作学习"实验课题研究,填补了经开区在课改和课题研究方面的空白,并参加了南昌市关于教育部"十五"规划重点课题的子课题"新课程理念下的课堂教学改革"研究。她身为校长,尽管学校工作繁忙,还亲自撰写了省、市级课题计划及实施方案,带领全体教师投入到教育科研中来,实现由"教书匠"向"研究型教育专家"转型。在她的努力下,省教育学院已将昌北二小列为其在昌北地区的第一个教改实验基地。

主要业绩

黄少珍同志担任校长以来,学校工作蒸蒸日上,一步一个新台阶。学校先后获得"南昌市德育示范学校""南昌经济技术开发区教育先进单位""南昌市教育经济工作先进单位""南昌市教育先进集体""全国中小学信息技术创新与实践先进单位""南昌市诚信教育先进单位""南昌市广播体操比赛二等奖""南昌市中小学田径运动会小学组团体第四名""南昌经济技术开发区防非典先进单位""南昌市文明楼院""南昌经济技术开发区综治先进单位""南昌市文明单位""江西省'金色童年''六一'赛歌会表演铜奖""南昌市普法先进个人"等荣誉称号。

《农村小学数学教学现状的调查及思考》被评为南昌市教育学会一等奖,并发表在《全国创新论文集》上。

《昌北二小——一颗冉冉升起的新星》发表在 2005 年第 12 期《南昌教育》上。

《小学数学教学中的小组合作学习"实验课题研究报告"》被评为江西省教育学会小学数学专业委员会第十届年会二等奖、南昌市教育学会小学数学研究会第五届年会一等奖,并在大会上交流。

为全市、全区教师作了《讲读新一轮课程标准》的讲座。

在全区教职工大会上作了题为《感悟学校管理,体验成功快乐》的校长经验介绍。

在学校开展了"新课程理念下的课程教学改革"课题研究。

群芳争艳香满园

——部分教育教学一线优秀校友简介

李小琴

李小琴,1988 年毕业于江西省南昌师范学校,在小学从教 18 年,先后担任少先队大队辅导员、校工会副主席,2006 年 8 月调入安义二中任校工会副主席,2008 年 8 月任校工会主席。工作 20 多年,他始终热心教研,爱岗敬业,教书育人,为人师表,潜心研究教育,一直把自身素质和学生素质的提高当作不懈努力的方向,先后获得"安义县首届十佳青年""省巾帼建功积极分子""安义县优秀教师""南昌市教案一等奖",辅导学生参加江西省"金色童年"大奖赛获银奖等。

刘荔

刘荔,南昌师范学校 1993 届毕业生,小学特高级教师,教育部跨世纪园丁工程"中小学骨干教师国家级培训班"成员,荣获"全国优秀教师""江西省优秀班主任""江西省教育系统巾帼建功标兵""江西省第二批小学语文学科带头人""南昌市优秀教师""南昌市第二批学科带头人""南昌市教育系统教师诚信之星""全国教育科学'十五'教育部规化课题——新课程师资实验先进工作者""江西省保护野生动植物教育项目优秀项目教师""江西省'小学作文'教改实验先进个人""南昌市'新课程小学语文数学学科教学策略与培训模式研究与实验'先进工作者"等荣誉称号。参加各类学科竞赛多次获奖;多次主持或参加国家级、省级、市级课题研究,其中主持的省级课题《低段古诗"反复诵读,引导想象"教学策略的研究》并被评为江西省优秀课题;指导多名教师参加全国、省、市教学竞赛获奖;撰写的论文多篇在刊物上发表,并参与编写十余本教辅书籍。

徐承芸

徐承芸,中学高级教师,江西省教育厅教研室语文教研员,江西省小语会秘书长,全国小语会理事,全国青语会常务理事。曾获江西省师德标兵、南昌市师德标兵、江西省首批学科带头人、江西省优秀教研员等荣誉称号。在全国各教育期刊发表论文50余篇;主编《追梦的岁月——65位教师诉说教育故事》,编著《每天进步一点点——答小学语文青年教师一百问》,独著《好妈妈:懂比爱更重要》;受聘于人民教育出版社、北京师范大学出版社,担任小学语文教材培训专家,赴全国各地讲学,参与编写"新世纪版"义务教育课程标准实验教科书及教师教学用书,参与编写江西省省编地方教材《人杰地灵诵江西》和江西省地方扫盲教材《语文与生活》。

杨舸

杨舸,中学高级教师。1994年8月南昌师范学校毕业分配至南昌市育新学校工作,曾任班主任、少先队总辅导员、团总支书记、副教导主任,2005年6月至今任南昌市滨江学校副校长。曾荣获"全省首批中小学学科带头人""全省师德先进个人""全省十佳少先队辅导员""南昌市第三批学科带头人""东湖区首届名师""东湖区首批学科带头人""东湖区优秀青年园丁""东湖区优秀教育工作者"等光荣称号。曾在全国、省、市、区各级教学竞赛中获得一等奖20余次,承担多项国家级、省级重点课题研究。近年来发表、交流、获奖的论文论著达26项。

付培兵

付培兵,小学特高级教师,南昌市小学数学学科带头人,南昌市小学数学名师,南昌大学师德先进个人,江西省小学数学骨干教师,江西省小学数学学科带头人,南昌师范学校1998届毕业生。付老师热爱教育事业,治学严谨,在学科领域内,教学能力和水平得到了同行的公认。自2008年以来,参加小学数学优质课教学观摩比赛先后获市一等奖(两次)、省第一名、华东六省一市一等奖。2011年教师节前夕受到了时任省长鹿心社的亲切慰问。近几年,在省市教研室的安排下,付老师先后在临川十小、婺源县紫阳一小、东乡县白港小学、南师附小、南昌市北湖小学、莲塘一小等地上观摩课十余节,为广大小学数学教学工作者提供了诸多有益的启示,扩大了学校在外界的知名度,传递了正能量。2010年第3期《小学数学教育》"教坛新秀"栏目对付老师进行了专题报道。

胡节

胡节,中学高级教师。1998年毕业于南昌师范大专班。她以勤学、善思、苦干的工作态度行走在教育教学之路上,成为一名师德高尚、业务精良的小学语文教师。1998年至2006年,胡节在江西省南昌师范附属实验小学任教期间,曾被评为南昌市优秀教师和南昌市优秀共产党员,曾获全国第五届青年教师阅读教学大赛二等奖、江西省小学阅读教学大赛一等奖、南昌市小学语文教学竞赛一等奖。2006年至今,她任教于上海市虹口区第三中心小学,期间,她被评为上海市优秀园丁,曾获上海市中小学中青年教师教学评选活动一等奖。现在,她是上海市虹口区小学语文骨干教师,还曾荣获上海市虹口区"十佳青年教师"和"十佳优秀共产党员"的称号。

钟事金

钟事金,小学语文高级教师,1998年毕业南昌师范学校,现任教于江西师范附属小学。南昌市第二批优秀青年骨干教师,南昌市小学语文学科带头人,江西省第二批优秀青年骨干教师。在省市教学竞赛中取得多项佳绩:荣获南昌市中小学教师教学基本技能竞赛一等奖、江西省首届中小学教师教学基本技能竞赛三等奖;2009年5月执教的《秋思》荣获南昌市古诗文教学竞赛一等奖;2009年8月执教的《学弈》荣获江西省优秀教学资源一等奖;2010年南昌市园丁杯笔试一等奖、课堂教学二等奖;2012年南昌市首届小学语文教师素养大赛一等奖;2013年南昌市优质课竞赛二等奖、江西省小学语文素养大赛笔试一等奖。

曹进

曹进,1990年毕业于南昌幼儿师范学校,小学特高级教师,南昌市学科带头人,国家中级育婴师,现任中共江西省委机关保育院院长兼党支部书记。曾获中国"宋庆龄幼儿教育提名奖""江西省五一巾帼标兵""江西省三八红旗手""江西省第六届省直十大杰出青年提名奖""江西省第八届省直优秀青年""江西省幼教工作先进个人""省委办公厅优秀党务工作者""省委办公厅优秀工作者""南昌市优秀教师""南昌市三八红旗手"、教育部十一五课题"分享阅读"总课题组教育科研先进个人。她参与完成省部级课题五项,在公开刊物上发表文章五篇,多次担当招聘教师及教学竞赛的评委,并多次参与命题和教材的编写。2010年曾被江西省教育厅选派参加了在北京师范大学举办的教育部第二期全国幼儿园园长高级研修班学习。

陈婷

陈婷,1989年7月毕业于南昌幼儿师范学校,现任江西省八一保育院副院长、南昌市舞蹈家协会理事会副主席、小学特高级教师,曾获南昌市学科带头人、宋庆龄幼儿教育提名奖。主持和参与省级课题研究两项,编著出版书籍两部,历年撰写的教案和论文、案例多次获奖或由专业刊物收录刊发。

许露

许露,1993－1996年就读于江西省南昌市幼儿师范学校,中国民主促进会深圳市委员会会员,深圳市人民政府教育督导室第四届兼职督学,龙岗区第三届兼职督学,深圳市学前教育专业委员会会员。1996 年 7 月于南昌市幼儿师范学校进修艺师班专业,现任龙岗区龙岗街道南联幼儿园园长,小学高级教师。曾先后获得中共深圳市委、深圳市人民政府颁发的"第二届深圳优秀外地来深建设者"称号、"深圳市优秀兼职督学""龙岗区优秀校园长""龙岗区先进教育工作者""深圳第 26 届世界大学生夏季运动会龙岗区教育系统大运工作文明之星""龙岗街道城市文明巾帼文明形象大使""龙岗镇十佳女职工""龙岗街道三八红旗手"等称号。积极参加幼儿素质教育研究,整合课程探究教学的研究,本人撰写的论文《读懂幼儿教师的心》获全国第二届园长大会优秀论文二等奖。并参与深圳市人民政府督导室《深圳市幼儿园等级评估指导手册》的编委工作。受聘南昌高等专科学校、江西科技师范学院"国培计划"江西农村幼儿园教师国培项目客座教授。

刘奕

刘奕,现任南昌市红谷滩红岭幼儿园园长,1995 年毕业于南昌市幼儿师范学校,之后深造取得教育经济管理硕士学位。南昌市学前教育学科带头人,省级骨干教师,"刘奕名师工作室"负责人,完成多项省级以上课题,多篇论文发表在报刊上,多次受邀担任"幼儿园教师国培计划"授课专家。具有最前沿的学前教育理念,确定了红岭幼儿园"以科研为引领,以课题创特色,以特色促发展"的办园理念,打造"科艺整合"特色,获得广泛好评,幼儿园于 2015 年 3 月被评为省级示范幼儿园。

李桃

李桃,2010 年毕业于南昌师范高等专科学校学前教育与特殊教育系,2011 年考入南昌市育智学校。李桃同志努力钻研教材,大胆改革创新,现已成长为教学骨干,撰写的多篇论文获省、市科研成果一等奖;2011 年参加江西省特殊教育举办的教师基本功大赛,荣获一等奖;2013 年在南昌市特殊教育录像课大赛中荣获一等奖。

陈友国

陈友国,1997 年 6 月毕业于江西省南昌师范学校,中学一级教师,南昌市青云谱区教研员。曾获"南昌市青年骨干教师""江西省青年骨干教师"等荣誉称号。在杂志、报刊发表论文、随笔数十篇。

李白

李白,2007 年 6 月毕业于南昌师范高等专科学校外语系,现在南昌市西湖区教育科技体育局工作。在 2008 - 2009 年南昌市中小学德育工作中,工作突出,成绩显著,被评为"德育工作先进个人"。荣获南昌市第七届"优秀少先队辅导员"、

2009 年"西湖区优秀班主任"、2012 年西湖区劳动模范(先进工作者)、2011 年"全省优秀少先队辅导员"等荣誉称号。

梁艳

梁艳,2006 年 6 月毕业于南昌师范高等专科学校外语系。2008 年在青云谱区小学课堂教学竞赛中获一等奖;2010 年在"和谐中国第三届全国校园明星才艺展示活动"中,荣获优秀指导教师奖;2011 年在第一届"青云杯"教学竞赛中荣获二等奖,同年荣获"希望之星"英语风采大赛南昌赛区优秀指导奖;2012-2013 学年被评为"优秀班主任";2013 年在青云谱区第二届中小学教师"班班通"优质课比赛活动中荣获一等奖;2014 年在南昌市举办的小学英语"南昌好课堂教学设计说课展示"活动中,荣获一等奖,同年荣获第十二届"全国中小学信息技术创新与实践活动"决赛教学实践评优赛小学组二等奖。

李朝

李朝,1993 年 7 月,从南昌师范学校毕业分配至百花洲小学任教,1997 年调至育新学校任教小学美术至今。曾获省级教学竞赛一等奖四次,为南昌市小学美术学科带头人,南昌市东湖区师德标兵。

王金琦

王金琦,2012 年毕业于我校美术教育专业,自参加工作以来,一直担任小学教学工作,忠诚于教育事业,始终以一个优秀教师的标准严格要求自己,师德高尚,爱岗敬业,勤奋努力,成绩卓著,深受学生的爱戴、家长的欢迎和社会各界的广泛赞誉。工作期间主要获得以下荣誉:荣获永修县国学经理诵读比赛优秀指导奖;荣获永修县青少年书信文化活动优秀辅导老师;荣获八角岭垦殖场优秀班主任;荣获九江市青少年书信文化活动优秀辅导老师。

金慧芳

金慧芳,2010 年 7 月毕业时通过江西省中小学教师统一招聘考试考入安义县石湖小学。在五年的从教生涯中,时时以一个优秀教师的标准要求自己,以一个共产党员的标准要求自己,勤勤恳恳、兢兢业业、热爱学生、团结同志,在平凡的岗位上做出了不平凡的业绩,深受学生、家长、同事、领导的好评,他在多年的教育教学中,多次得到上级政府的各种奖励,也得到了各级领导的认可与好评。工作期间主要获得以下荣誉:2013 年 9 月,被评为乡优秀班主任、乡十佳优秀教师;2014 年 6 月,撰写的论文《新模式下小学美术教学探索》荣获安义县三等奖;2014 年 9 月,撰写的论文《小学美术教学中人文素养的培养》荣获安义县三等奖;2014 年 11 月,撰写的论文《提高数学课堂教学的有效策略》荣获南昌市一等奖。

刘婉君

刘婉君,2010年6月毕业于南昌师范高等专科学校,现工作于安义县长埠镇中心学校。获2011年安义县第二届职工青年组长跑二等奖;2013年江西省小学生数学素养测试赛授予优秀辅导员奖;2013年、2014年被安义县长埠镇评为优秀班主任称号;2014年指导"六一"文艺节目获得二等奖。

杜志修

杜志修,2011年毕业于南昌师范高等专科学校体育系,现任教于广州市太极拳协会。国家三级武术裁判,太极拳一级指导员,国家武术六段,荣获第十届香港国际武术节男子太极剑、武术套路第一名,荣获第一届澳门国际武术节男子太极拳第一名。

徐海华

徐海华,2012年毕业于南昌师范高等专科学校体育系,9月分配到芦田乡洞源小学,从事一年级数学的教学工作。2013年3月,因工作需要提升为教导主任,工作中一直深受单位领导的高度重视。2013-2014学年度被评为鄱阳县"优秀教师"称号。2014年在鄱阳县中小学优质课竞赛中荣获体育组三等奖,在芦田乡中小学生乒乓球比赛中指导学生获三等奖。2013年3月在芦田乡第六届新秀杯优质课竞赛中获一等奖。2012-2013学年度被评为芦田乡"优秀教师"。2012年10月在芦田乡中青年小学数学优质课竞赛中获二等奖。

陶肆妹

陶肆妹,1995年毕业于南昌幼儿师范学校,现在南昌县泾口第一小学工作,任泾口一小校长,近几年来先后评为"全国优秀教师""市优秀教师""县最美乡村教师""县十大杰出女性""县优秀教师""县优秀班主任""县学科带头人",并获多次奖项。

万盈盈

万盈盈,2002年7月毕业于南昌师范高等专科学校英语专业,于同年12月分配到南昌市站前路小学,担任小学英语教学工作。2008被评为小学英语高级教师,在小学英语教育岗位上工作13年有余,所撰写的论文多次被评为区、市、省、国家一二三等奖,执教的录像课被评为省一等奖,指导学生参加"星星火炬"英语风采大赛,进入全国总决赛获一等奖,被评为优秀指导老师。

王乐

王乐,1997-2002年期间就读于南昌师范学校。2005年6月在江西师范大学取得教育学学士学位,2007年6月在华中科技大学取得教育学硕士学位,2007年8月加入南昌师范高等专科学校学前教育与特殊教育系工作至今。现为校学前教育与特殊教育系专职任课老师、讲师、学前教育活动设计教研室主任。主要从事学前教育、教育教学心理方面的研究。至今共发表论文八篇,主持及参与省级课题七项,市、校级课题两项。先后获得校级教学成果奖、优秀共产党员、"三育人"先进个人、优秀班主任等多项殊荣。

舒春秀

舒春秀,1992 年毕业于南昌师范音乐班,现任南昌市南京西路小学副校长,小学特高级教师,江西省第二批中小学骨干教师,南昌市第四批小学音乐学科带头人。获国家教育部、国家环保局授予的"全国绿色学校创建活动优秀教师""全国少先队社会实践教育百家好领导""南昌市德育工作先进工作人""东湖区优秀教育工作者""东湖区优秀副校长""东湖区优秀共产党员"等荣誉称号。

蓝云

蓝云,1995 年毕业于南昌师范音乐班,现任豫章小学教务处副主任。2003 年江西省基础教育课程改革师资培训暨音体美课改实验交流会展示活动中主讲《(人音版)一年级(谁在叫)》在会上展示交流;多次被授予"全国中小学信息技术创新与实践活动"决赛优秀指导老师、"江西省音乐骨干教师""江西省优秀辅导员""红铃铛爱心使者"。2003 年 10 月录像课《谁在叫》在中国教育技术协会小学协作研究会第十四届年会"三优"评审中获一等奖;2003 年 6 月南昌市市中小学第四届"园丁杯"优质课小学音乐学科一等奖;2001 年 12 月市中小学音乐教师教案评选一等奖;2002 年 12 月在省中小学艺术节比赛中指导学生参加合唱比赛获一等奖,老师获指导优秀奖;2005 年 7 月全省辅导员风采大赛个人全能一等奖;2006 年 2 月被评为东湖区第一批教学新秀等。

罗诚

罗诚,1998 年毕业于南昌师范音乐班,现任青云普区实验学校副校长。2005 年代表江西省参加第四届全国中小学音乐教师基本功竞赛获二等奖,2006 年全国艺术人才选拔声乐专业青年组铜奖,2008 年撰写的论文获全国"十一五"规划课题《器乐》论文评选二等奖,2008 年获江西省首届中小学音乐学科课堂教学一等奖、说课评比一等奖,并获江西省"教学能手"荣誉称号。

涂圆圆

涂圆圆,1998 年毕业于南昌师范音乐班,现任南昌大学钢琴专业教师,在钢琴演奏及教学上孜孜不倦的努力取得令人瞩目成绩。在《江西社会科学》发表《传播学视阈下的中国流行音乐文化回顾与思考》和《民族音乐学视野中的流行音乐研究》论文;出版了国家级专著《钢琴演奏技巧与教学艺术探究》;在《大舞台》中文核心期刊中发表论文《肖邦钢琴音乐的风格特点》。获第一届中国作品钢琴大赛高级组第一名,江西省"珠江杯"钢琴大赛专业组第一名,江西省文化厅主办的2010第二届钢琴艺术节钢琴大赛"优秀指导教师奖"。2010年被南昌市妇女联合会授予南昌市"三八红旗手"荣誉称号,2011年在由香港国际音乐家协会主办的"李斯特纪念奖"香港国际钢琴公开赛中荣获一等奖,并获得"国际优秀钢琴导师奖"等多项荣誉。

夏露

夏露,1998年毕业于南昌师范音乐班,现任羊子巷小学教师。荣获2004年全国音乐教学设计大赛优秀奖,2008年辅导学生参加第二届中国少儿合唱比赛获二等奖,2009年辅导学生参加全省合唱录像比赛获一等奖,2010年辅导学生参加全国艺术展演获一等奖,2011年辅导学生参加第四届中国少儿合唱比赛获二等奖,获得区以上各项奖励40余项。

胡家洗

胡家洗,1998年毕业于南昌师范音乐班,南昌市安义县乔乐中学工会主席(副校级)。自费参加英语培训,深钻教材,十几年来铸练成家喻户晓的优秀初三英语老师,并获得"安义县首届名班主任"称号,获"江西省骨干班主任""江西省中小学工会工作先进个人",2002—2010年连续九年获全国中学生英语能力竞赛南昌赛区优秀指导老师奖,2008年获南昌市中小学第三届网上"优秀新课标教案"评比一等奖等。

李茂

李茂,2001年毕业于南昌师范音乐班,现任南昌市妇女儿童活动中心副主任。组织学生参与排演大型情景剧歌舞《社区是个温馨的家》获全国"四进社区"文化展演金奖并在中央三套播出;爱岗敬业,扎实开展教育管理工作,带领学生参加各类比赛并获多个奖项;转换角色,开创妇女儿童事业的新天地。曾在全国、省、市各级教学竞赛中获奖30余次;获得全国小学信息技术与课程整合教学能力大赛一等奖,江西省中小学音、体、美学科新课标、新教材现场教案评比一等奖等各级各类奖项40余个;创作舞蹈《小蚂蚁》参加江西省"金色童年"六一晚会获一等奖;曾获"全国少先队社会实践教育优秀辅导员""全省校外教育先进个人""市三八红旗手"等多项荣誉。

万军

万军,2005年7月毕业于南昌师范高等专科学校,现工作单位是南昌县幽兰镇第二小学。2013年12月在江西省小学生素养南昌赛区活动竞赛中辅导学生荣获一等奖,2014年11月指导学生参加南昌县成语听写比赛荣获二等奖,2013年11月参加南昌县"澄湖杯"获得三等奖。2013年5月论文《如何促进小学生投入学习》获得江西省教育科学研究所二等奖;2013 年 12 月论文《班主任如何做好自己的本职工作》在第九届全国万校小学教师论文竞赛中荣获二等奖。曾两度被南昌县教育局评为"优秀教师";2014 年 11 月被南昌县教育局评为"优秀少先队辅导员"。

刘燕

刘燕,2010 年 7 月毕业于南昌师范高等专科学校,现工作单位是抚州市临川区罗湖镇华溪中心小学。自任教以来,不断钻研科学育人的方法,探索教育规律,以不怕苦累的实际行动感召学生,以朴实端庄的人民教师形象教育学生,做到了为人师表,修德修才。曾参加 2013 年全区小学品德教师教学能力竞赛,荣获一等奖;在 2013 – 2014 学年度教育教学工作中取得优异成绩,被评为全区优秀教育工作者;2014 年执教的《她是我的朋友》,在全区"优质课堂与现代教学技艺运用是我研究"优质课评比活动中,荣获一等奖;在临川区组织开展的联片教研活动中,于 2014 年 11 月 28 日在华溪中心小学上了一节题为《比尾巴》的观摩示范课,得到与会教师的好评;在 2011 年度各方面表现突出,被评为"区先进青年";在全国青少年五好小公民"美丽中国我的中国梦"主题教育活动中,荣获征文指导二等奖,是全校师生学习的楷模。

王仪娟

王仪娟,1996 年 7 月毕业于南昌师范高等专科学校,现工作单位是南昌市青山湖区京东学校。2009 年 9 月被南昌市教育局授予南昌市第二批中小学优秀骨干教师称号;2010 年 9 月 10 日被青山湖区政府授予青山湖区首届"名师"称号;2010 年 11 月获江西省小学数学骨干教师称号;2011 年 1 月荣获南昌市第四批小学数学学科带头人称号;2014 年 6 月主持的省级教育教学课题《建立父母档案培养自主精神》顺利结题,并被评为省级优秀课题。

周峰

周峰,2011 年 7 月毕业于南昌师范高等专科学校,现工作单位是新余市暨阳学校。2012 年 10 月《探究指纹的秘密》教学设计获得中国教育学会科学教育分会 2012 年优秀教学设计一等奖;2014 年 7 月在第五届全国中学理科实验教学及小学科学教研优秀论文评选活动中,作品《浅谈小学科学实验设计的改进》荣获三等奖;2012 年 12 月,《浮力》一课获全市小学科学实验优质课评选二等奖;2013 年 4 月,参加江西第三届"赣教杯"小学科学教学能手竞赛,说课《浮力》、设计《浮力》、课件《浮力》都荣获二等奖。每年都指导学生参加市级青少年航空模型、火箭模型等比赛,取得了四个一等奖、五个二等奖,四个三等奖,本人也因此获得优秀辅导员称号。在学校里也被评为"优秀师徒""教学之星""师德标兵"等称号。

赵晖

赵晖,1990 年 7 月毕业于南昌师范高等专科学校,现工作单位是南昌县振兴路小学,是南昌市优秀教师、南昌市优秀青年教学骨干,获国家、省、市级论文等竞赛和指导教师参赛多项奖励。热爱学生、关心学生,特别注意学生的个别教育,效果良好,因此深受学生喜爱。《小马过河板书设计》荣获"我最满意的一份板书设计"大赛一等奖(小学语文教学编辑部,2013 年 12 月),荣获南昌市优秀教师(南昌市人事局,1995 年 9 月),论文在江西省小学语文"实践与感悟"主题优秀成果评选活动中荣获一等奖(江西省教育学会,2010 年 12 月),评为南昌市优秀青年教学骨干(南昌市教育委员会,1997 年 4 月),指导其他老师参加南昌市第三届小学语文教师素养大赛荣获一等奖(南昌市教育学会小学语文教学研究会,2014 年 10 月),论文在第九届全国万校小学教师论文竞赛中荣获二等奖(中国教育学会小学语文教学研究会,2013 年 12 月)。

第四篇 04

青春颂歌

第一章

硕果累累——校园文化建设优秀成果

"五四"青年文化节 省级校园文化品牌

豫章师范学院在"德厚才馨"的校训指引下,传承勤奋、严谨、求实、创新的优良学风,坚持"育人为本、德育为先"的学生教育工作理念,以培养"学会做人、学会学习、学会思考、学会做事"的应用型师资为根本目标,狠抓学风和校风建设。每年3月至5月开展"五四"青年艺术节系列活动,持续时间长达两个月,至今已举办20届,"五四"青年艺术节现已被共青团江西省委确定为省级"一校一品"校园文化品牌活动。

(一)工作目标与思路

"五四"青年艺术节系列活动旨在贯彻党的教育方针和我校"育人为本、德育为先"的教育工作理念,建设优良的校风、教风、学风。为凸显师范教育特色、弘扬百年南师精神,我校"五四"青年艺术节系列活动始终践行"三个坚持"原则——坚持创新育人,提高学生的创新素质;坚持文化育人,推进校园文化建设;坚持实践育人,营造学校学术氛围。

坚持创新育人,以自主创新思想为中心展开活动。将活动建立在各专业知识和需求的基础上,让学生了解学科前沿,走近专业科学领域,增强学生创新意识。通过各类专业知识能力竞赛丰富发展学生个性,培养学生独立思考、自由探索、勇于创新的好习惯。

坚持文化育人,建设以"学高为师,身正为范"为核心的校园文化。在各类比赛中,关注学生对理论基础的掌握,营造"勤奋、严谨、求实、创新"的学风,以坚实基础培养高端师资人才。在各项活动中,平衡学生在德、智、体、美各方面的素质,在全面发展中实现个性成长。

坚持实践育人,增强理论与实践相结合的学生素质。用不同类型的实践活动激发学生的兴趣与创造力,引导学生以积极的心态、蓬勃的活力在实践中发现问题、思考问题、解决问题,在实践中运用真知、发现新知、增长实干。

二、实施方法与过程

(一)活动内容

"五四"青年艺术节系列活动包括团体项目和个人项目,其中团体项目包括大合唱和健美操两项,个人项目包括"春之声"校园歌手大赛、十佳书法能手大赛(三笔字)、中文(英文)演讲、手抄报、绘画、电脑绘画、器乐、板报、舞蹈、中文(英文)课本剧(童话剧)、手工制作、诗歌朗诵等12项,主要分为三大类:

1. 集体合作类项目

为培养各级学生的集体协作能力,扩大活动的覆盖面和影响力,各系(部)积极参与校级比赛。首先进行系(部)一级的选拔赛,以班级为单位,每个班级都需参与。在"五四"青年艺术节期间,课余时,各教室、各场地都能听到各种悦耳的歌声,整个校园就像一个音乐厅。演唱的歌曲有校歌以及各种爱国歌曲。还有一项就是大众健美操,每到年初,由体育系健美操教练专门召集各系(部)健美操爱好者学习健美操基本动作及编排后,再由他们召集各班级文艺骨干学习健美操要领,带领班级同学进行健美操训练及自主创新编排,参加系(部)健美操选拔赛,然后冉参加校级健美操人赛。这两个项日极大地提高了各系(部)、各班同学们的集体荣誉感和凝聚力。

2. 职业技能类项目

"三字一话"是教师的基本职业技能,为检验广大同学课堂学习及课余练习的效果,"五四"青年艺术节中的十佳手法大赛、中英文演讲、手抄报、绘画、板报等都紧扣教学技能目标,给学生一个展示竞争的平台,以赛促学,不断总结提高,营造了一个积极、健康、向上的教学技能培养氛围。

3. 娱乐爱好类项目

"春之声"校园歌手大赛、器乐、舞蹈、课本剧、手工制作、科技创意等娱乐爱好类项目,深受广大同学的喜爱,不断引起青年艺术节的新高潮。手工制作、科技创意大赛,融娱乐与技巧于一体,比赛结束后将进行作品展示,作品一年比一年有新意,让同学在比赛中获得肯定,营造好你追我赶的比超良好氛围。作品展示后,将由作者送给辛勤耕耘在讲台的教师,让教师收获并切身感受到学生的比赛成果。

(二)活动情况

一年一度的"五四"青年艺术节是全校上下极其关注,广大师生热情参与的校园品牌活动,一直以来都受到学校党团组织的高度重视。学校各相关部门的大力支持,及各级团学组织的全力配合,逐渐深受同学们的喜爱,至今已成功举办20

届。当然,"春之声"十佳歌手大赛仍旧是每年青年艺术节开幕式的重头戏,而艺术节末的汇报演出暨表彰大会也是艺术节中的亮点。

我校"五四"青年艺术节由校团委统一进行指导监督,并根据相关考核文件对各系(部)在艺术节期间的参赛项目结果进行考核,最后在"五四"青年艺术节闭幕式上对各系(部)进行表彰。我校青年艺术节,整合了全校团学组织的雄厚力量,集中地向广大学生展示了百年豫章的校园文化。"五四"青年艺术节期间,活动内容丰富多彩,时间充足。整体上突出了各个专业需求的特色,有代表性地体现了学校文化底蕴。活动不仅能锻炼活动组织者的策划组织能力,更是给我校学生提供了交流、展示的平台,开阔了同学们的视野,丰富了同学们的校园文化生活。

三、工作成效及经验

(一)组织严谨

在"五四"青年艺术节开幕前期,由校团委组成青年艺术节组委会,负责执行策划和监督管理。各系列活动必须服从活动策划组的统筹安排,高度重视青年艺术节,认真落实好组织工作,务必取得活动的圆满成功。

(二)形式多样

在活动形式上,充分运用了师生喜闻乐见的形式,有涉及合唱、体育、书法、演讲等专业性强的活动,也有晚会、知识竞赛、作品展等综合性活动。

(三)参与面广

全校有近6000人次的师生参加了青年艺术节活动,各种学生社团协会亦参与了青年艺术节,有200人次的学生在各类比赛中获奖。

(四)影响力大

通过青年艺术节,特别是围绕2012年"学习贯彻落实党的十七大精神和胡锦涛同志在北大师生代表座谈会上的重要讲话精神"等鲜明的主题开展了内容健康、格调高雅、丰富多彩的校园文化活动,全面检阅了我校校园文化建设取得的成果。这些活动不仅浓厚了校园文化氛围,开拓了广大师生的视野,极大丰富了广大师生的课余生活,为青年学生提供了展现自我、锻炼能力、查找差距、拓展素质的舞台;也让广大师生在参与活动中受到了文化艺术美的熏陶,并形成强烈的情感共鸣,增强了时代责任感和学习紧迫感,有力促进了我校良好校风、教风和学风的形成。

(五)获奖成果多

通过"五四"青年艺术节选拔,同学参加各级比赛获奖成果颇多。参加江西省高等学校大学生电子电脑大赛智能机器人赛专科组比赛,获团体一等奖,个人一、

二、三等奖各一项;参加第十二届"未来伙伴杯"中国智能机器人大赛获两个一等奖;全国第七届大学生艺术展一、二等奖各一项;全国普及组健美操推广大赛(江西分站赛)暨江西省大学生健美操竞标赛五级专科组第二名,四级专科组一等奖;江西省第二届大学生书法大赛硬笔组优秀奖、三等奖各一项;江西省首届手语联赛一、二、三等奖各一项,团体总分第一名,优秀组织奖。

　　总之,在"五四"青年艺术节系列活动过程中,顺利实现了内容丰富、文明竞赛、成效显著的预期目标。"五四"青年艺术节系列活动能够顺利实施,学校领导的重视和科学的学生工作理念是前提,充分整合资源和有效分工合作是关键,贴近学生、贴近实际、贴近学习是根本,"以学生为本"、情系学生、服务学生的宗旨是保证。(本文展现成果获2012年全省高校校园文化建设成果三等奖)

同心讲学团活动　思想教育新模式

　　一、活动主题与思路

　　南昌师专积极推进新时期高校思想引领工作科学化水平,党的十八大后迅速成立了　支由26名学生党团员和10名教师党员共同组成的志愿宣讲十八大精神讲学团——南昌师范高等专科学校"同心讲学团"。主要宣讲党的十八大精神、中国特色社会主义伟大成就、富裕和谐秀美江西建设及南昌市核心增长极建设成就、学校优秀文化传统和新时期取得的成就,旨在号召大家同心同德,同心同向,为实现中华民族伟大复兴的中国梦奋勇前进。现在,同心讲学团已成为党和国家政策、省情、校情、井冈山精神等爱国主义教育及专业发展教育的党、团员志愿宣讲团,为我校思想政治教育的重要平台和阵地。

　　二、实施方法与过程

　　围绕一个目标:宣讲十八大精神做到入脑入心。

　　建立两支队伍:一是教工宣讲团,二是学生讲学团。

　　依托三个阵地:一是学校礼堂,二是各系党员活动室,三是教室。

　　实现四个覆盖:宣讲活动实现对全体学生、全体教职工、学校天安物业后勤管理人员、学校基建工地人员的四个全覆盖。

　　2012年12月5日,同心讲学团在3104教室举行了首场报告会,徐鹏鹏等四位同学结合身边的故事、家乡及省市近些年取得的发展成就,分别以《十八大是我生命的赞歌》《把爱写在党旗上》等为题进行了宣讲,引起了全场听众的强烈共鸣。南昌师范高等专科学校副校长张海涛同志在首场报告会上宣布学校同心讲学团成立,并做动员讲话。

同心讲学团成立以来,采取在学校进会堂、进课堂、进宿舍,在城乡进街道、进社区、进厂矿等形式多样的宣讲方式,宣讲党的十八大会议精神、中国特色社会主义伟大成就、和谐秀美江西建设及南昌市核心增长极建设成就、学校优秀文化传统和新时期取得的成就,宣讲成员注重利用生动活泼的具体事例,让宣讲内容更加贴近生活,贴近实际,深受广大学生、群众的欢迎。

三、取得的主要成效

(一)社会反响强烈,扩大了我省宣讲十八大精神的影响

学校同心讲学团作为全省首个大学生十八大精神讲学团,突出了时代特色,彰显了当代党、团员大学生的风采,受到了省内外多家媒体的关注,江西教育电视台、南昌电视台、《江西日报》《南昌晚报》《信息日报》、人民网、中国共产党新闻网、江西人民政府网、搜狐网、新浪网等进行了宣传报道,极大地感召了各地大学生踊跃投入到十八大精神宣讲活动中,起到了抛砖引玉的示范作用,产生了非常好的社会效果。

(二)教育效果突出,创新了我省高校党团员教育新机制

在学校内,宣讲活动的对象包括学生、老师、物业管理人员、食堂工作人员、学校建设工程工地的工人等等,通过宣讲使大家更好地领会了党的十八大精神,增强了大家同心同德、同心同向、为实现中华民族伟大复兴奋勇前进的动力与信心。在听了宣讲报告后,学生叶琳说:"宣讲团成员站在学生的角度,通过生动的事例,促进我们学习、贯彻、落实党的十八大的精神要义。让我更加有亲切感,也让我更好地了解到党的十八大精神的实质。"截至目前,同心讲学团已进行百余次现场宣讲,取得了良好的社会效果。

(三)党员、团员经受锻炼,提高了自身政治素养和服务意识

讲学团成员加深了对十八大精神及党和国家大政方针的深入研讨,提升了自身的政治素养,师生党员、团员在工作、学习中的榜样作用更加突出,积极投身到实现中国梦的实践中去,踊跃参加校内外各项社会实践活动,其中徐鹏鹏、陶娟、郑丽珠、盛田田、涂琦云、熊思甜、熊悦七名同学参加了由中共南昌市委宣传部、南昌市文明办、南昌市教育局、南昌广播电视台、南昌日报社联合举办的"中华经典诵读·豫章诵"大赛,她们朗诵的《清贫节选》节目获得了二等奖。讲学团成员中的教师党员和学生党、团员在学校教学质量月活动、青年教师技能大赛及学生"五四"青年艺术节中都取得了突出成绩。

四、经验与启示

(一)用通俗易懂、群众喜闻乐见的方式宣讲十八大精神及党和国家的大政

方针

　　党的十八大是全国人民政治生活中的大事,如何用通俗易懂的方式宣讲十八大精神,使十八大精神入脑入心,普及到群众当中去是一个重要课题。南昌师专立足"从群众中来,到群众中去"的理念,发动广大党、团员深入基层、深入一线,采用生动活泼的形式开展宣讲,更加贴近老百姓、贴近生活。

　　(二)坚持贴近群众、贴近生活,走群众路线,是我们做好各项工作的根本工作路线

　　我校大学生十八大精神讲学团的一系列活动,得到了广泛热烈的反应,启示我们在今后的思想引领工作中将更加注意贴近实际、贴近生活、贴近群众,只有这样,才能真正发挥基层党、团组织战斗堡垒的重要作用。

　　(三)加强政治引领,大力支持学生社团开展创新活动,满足大学生成长成才的需要

　　加强政治领导,规范完善高校学生社团管理办法,加强社团骨干队伍建设,加大对学生社团建设的投入,不断推动支部工作和学生工作创新。(本文展现成果获 2013 年全省高校校园文化建设成果三等奖)

谱同心同德之曲　走同向同行之路

　　掬一泓清泉流水滋润心灵,创一流文化品牌激荡梦想。为贯彻落实党的十八大和十八届三中、四中全会精神,传承和发扬豫章师院百年师范文化,全力推进校园文化建设,凝心聚力,引领全校团员青年"思想上同心同德、目标上同心同向、行动上同心同行"坚定不移跟党走,朝着学校"进位升级、特色鲜明、全省一流"的发展目标迈进,学校团委于 2012 年 12 月 5 日国际志愿者日探索创建了"同"系列校园文化品牌。

　　一、"同"系列的灵感来源与整体思路

　　豫章师院打造"同"系列校园文化品牌,灵感源自学习践行十八大精神,号召大家同心同德、同心同向、同心同行,为实现中华民族伟大复兴的中国梦而努力奋斗,提升青年学子的凝聚力和向心力。用"同"系列统领学校共青团工作,用"同"字为校园文化建设铸魂,用"同"文化为教学服务,为学校培养一专多能、市场抢手的人才。

　　"同"系列校园文化品牌创建初期只有同心讲学团、同德成才网、同向读书会、同行生态社,但现在已发展成为统领学校校园文化系列活动的核心,从提高青年

大学生的思想政治内涵、文化素养,打造校园新媒体,开展生态公益活动等各个方面,严格贯彻落实了习近平总书记系列重要讲话精神,引领在校大学生培育践行社会主义核心价值观,大力推进校园文化建设,并坚持长效推进,制度化、长期化地开展形式多样的蕴含丰富政治内涵的"同"系列校园文化品牌活动,全面打造学校思想政治教育和服务学生成长成才的重要平台和阵地。

二、品牌活动高层次、多形式有效开展

(一)围绕思想引领,开展"同心杯"系列活动

致力于引领团员青年坚定理想信念,坚定不移跟党走,认可并拥护中国特色社会主义理论、道路、制度,始终保持政治定力。

一是创建同心讲学团,打造学生自我宣传教育品牌。同心讲学团是十八大后迅速成立的江西省首支大学生志愿宣讲十八大精神服务团,主要宣讲党的十八大精神、社会主义核心价值观、富裕和谐秀美江西建设及南昌市核心增长极建设成就、学校优秀文化传统和新时期取得的成就。豫章师院同心讲学团设校、系、班三级,共有成员 500 余名,由教工培训团进行专业指导,校级同心讲学团成员除在校园内开展全覆盖宣讲之外,还赴新干县逸夫小学、金川敬老院等基层、豫章中学、南昌地铁公司等地进行百余次现场宣讲。如今,同心讲学团已成为豫章师院学生自我宣传教育的优秀品牌。

二是举办"同心杯"思想引领系列活动。学校团委开展了"同心杯"与信仰对话报告会、奋斗的青春最美丽分享会、团组织生活、大学生骨干培训班、"校园自强之星"寻访、"专业之星"评选等系列活动 50 余场(次),参与学生 6000 人(次)。同学们自觉参与活动,入脑入心,进一步促进加强思想内涵建设。

(二)围绕红色基因,开展"同德杯"系列活动

致力于挖掘江西红色资源,引领团员青年知党史团史校史,晓党情团情校情,激活和传承红色基因、英雄基因,培养团员青年的民族感、责任感和爱国爱团爱校的主人翁精神。

一是创建同德成才网,打造新媒体育人的创新点。同德成才网由学校团委网站改版而成,与学校共青团官方微博、官方微信,成为"三位一体"的豫章师院青年思想引领网络平台。同德成才网下设新媒体运营中心,统筹全校共青团系统新媒体工作,动员全校广大青年学生将先进性和担当精神延伸到网上,积极发布"豫章师院好新闻",传递"豫章师院好声音";积极参加团中央推出的"阳光跟帖"行动,用文明语言和理性态度发表网络评论,营造理性、平和、有序的网络舆论氛围;围绕中国梦、社会主义核心价值观、学校建院升本等内容,主动在网上发出和传播正能量的新闻、视频、微博、微信视频等作品,努力营造"同心、同德、同向、同行"的网

络育人氛围。"网"聚好青年、"网"聚正能量,豫章师院同德成才网已成为学校对外传播、信息交流的重要窗口。

二是开展"同德杯"红色基因系列活动。学校团委开展了"同德杯""五四"青年艺术节、红五月社团文化月、传统文化教育周、红色教育讲座等系列活动 42 场次,参与面覆盖了全校师生,通过活动激活了师生红色基因,换发校园生机活力,使党的宝贵精神财富彰显出了新的时代价值。

(三)围绕文体娱乐,开展"同向杯"系列活动

致力于通过各种文体娱乐活动,提升团员青年的文化、艺术、体育素质,培养团员青年的团队精神、个性精神、娱乐精神。

一是创建同向读书会,打造引领读书的时尚聚点。同向读书会以读书活动为载体,积极为同学们搭建交流读书体会的平台。同向读书会要求入会成员对学习有着浓厚兴趣,责任心强,有团队意识和创新精神,积极进取,谨记"大学之道,在明明德,在亲民,在止于至善"的古训,与书本为伴,与经典为友,与文字对话。定期在全校范围内开展读书竞赛活动,每学期初引荐书目供同学们阅读并开展"说书"比赛。同向读书会成了豫章师院陶冶在校学生道德情操、开拓青年团员视野的重要平台。

二是举办"同向杯"文休娱乐系列活动。学校团委开展了"同向杯"三走体育活动、四环赛、智娱大赛、新生风采大赛、迎新晚会、女生文化节等系列活动 23 项,参与面覆盖全校学生,通过活动丰富了在校学生的课余生活,展现了大学生青春风采。

(四)围绕实践技能,开展"同行杯"系列活动

致力于开展各种社会实践活动和职业技能训练比赛,引领团员青年认知社会,培养各种职业技能专长,培养社会所需的复合型人才。

一是创建同行生态社,打造生态文明的教育样板。豫章师院同行生态社是一个优秀公益团体,主要负责在校内外进行环保公益活动,宣传环保理念,实践绿色环保校园,为江西绿色崛起、建设美丽校园奉献自己的一份力量。自 2013 年成立以来,同行生态社在校园内开展多次生态环境保护活动,同时与江西师范大学合作成立"微爱公益服务团",彰显当代大学生的环保与公益意识,取得良好的社会效应。

二是举行"同行杯"实践技能系列活动。学校团委开展了"同行杯"校园主持人大赛、大学生辩论赛、志愿服务活动、社团文化节、课外学术科技作品竞赛、创业设计大赛等系列活动 16 项,参与面覆盖了全校学生,通过活动提高了师范生的基本技能,学生把所学知识内化于心外化于形,并进行创新和提升。

三、品牌效果全方位、多角度立体展现

（一）覆盖面广，参与度高

到目前为止，"同"系列校园文化品牌活动的团队成员共有800余人，参与活动的校内师生达到几万人次以上，校外人士达到3000人次以上，"同"系列校园文化品牌活动成为南昌师专具有示范性、标志性、覆盖面广、参与度高的独具特色的校园文化活动。

（二）宣传面广，关注度高

自创立始，"同"系列校园文化品牌活动的开展，受到了省内外多家媒体的关注，江西教育电视台、南昌电视台、《江西日报》《南昌晚报》《信息日报》、人民网、中国共产党新闻网、江西人民政府网、搜狐网、新浪网等进行了宣传报道，累计报道次数超过80次，团省委更是将"同"系列校园文化品牌作为高校品牌活动的典型案例在全省范围内进行推广，其他高校纷纷组队前来我校进行相关交流学习。

（三）成效面广，结果度高

"同"系列校园文化品牌活动不仅大大丰富了学生校内文化生活，更是在校外获得了骄人成绩。2014年，"同心同行"暑期"三下乡"社会实践服务队及其成员囊括了全省三下乡社会实践活动所有奖项。校团委被评为全国先进单位，是我省唯一一个获此殊荣的高职高专院校。近三年，"同"系列校园文化品牌活动培养了许多优秀人才，在各类技能竞赛中成绩斐然，其中获全国性技能竞赛一等奖33项，二等奖6项，三等奖2项；全省高校技能竞赛一等奖50项，二等奖30项，三等奖43项，团体一等奖5项，二等奖70项。同心讲学团成员还负责校史馆的讲解工作，接待了来自全省各地的领导、专家、学者，受到了一致好评。因掌握过硬的专业技能，学校的毕业生广受用人单位的青睐，近三年毕业生最终就业率都达到98%以上，在全省同类院校中名列前茅。（本文展现成果获2015年全省高校校园文化建设成果一等奖）

走出网络　走进操场　走进图书馆

为认真贯彻落实"倡导全民阅读、创建学习型社会"的要求，积极引导和鼓励同学们走进图书馆，养成"多读书、读好书、读整本书"的良好习惯，进一步创建书香校园，促进优良学风校风的形成，营造良好的育人环境，学校全面深入开展了大学生读书活动。

一、深入宣传动员，营造浓厚氛围

（一）学校隆重举办动员大会

为了使全体学生了解本次读书节活动、积极参与读书节活动，学校专门召开了动员大会，安排各班班主任、班长参加，贺瑞虎校长作了热情的动员。

（二）校系班开展多种形式宣传互动

校园网首页上建立了读书节活动专题网页移动链接，设立活动介绍、活动动态、典型宣传、好书推荐等栏目进行宣传。学校还在主干道与教学楼等处通过横幅、电子显示屏、橱窗宣传了读书节活动。

学校成功举办首届"大学生读书节"活动动员大会

各系相应成立了领导小组，并组建了系级读书会，在学校总体方案的基础上根据自身特点制定了方案。

各系各班召开动员会和主题班会传达了学校动员大会的精神，并出了一期读书节活动主题黑板报。

通过这一系列宣传与动员，在学生中广泛地形成了多读书、读好书的氛围。

二、层层推进，精心组织实施

（一）校、系、班分别制定活动方案

学校制定了总体方案，各系结合自身专业特点制定本系活动方案，分别成立领导小组；各班组织学生选择自己感兴趣的书籍，汇总了本班同学的读书书目表，每个学生制定了自己的读书计划。同学们根据自己的读书计划有序地开展了读书活动，做了读书笔记，在此基础上开始着手撰写读书心得与体会。

（二）多部门参与，多种方式开展活动

1. 为使同学们掌握读书分享会的组织和实施方法，学工处组织了全校性的读书分享观摩会，邀请了各系分管领导、辅导员、各班班主任、班长参加观摩。

2. 为深入推动本次读书节活动，激发同学们的读书热情，图文信息中心联合北京世纪超星信息技术发展有限责任公司举办了一场"走进图书馆，点燃读书激情"座谈会，使我校学生了解了当代大学生读书的特点；教师和学生代表也分享了自己的读书经历与体会，并向大家推荐了优秀书籍。

3. 团委也结合读书节活动推出"三走"系列活动，引导学生走出宿舍、走下网络、走向操场，促进学生的交流与发展。

三、形式多样，活动成效突出

（一）各系各班开展丰富多彩活动

在前期个人读书的基础上，各系各班在教室、寝室、图书馆、运动场、英语角、演播厅等地广泛开展系列活动，包括晨读、书签制作、手抄报评比、读书征文、图书交流、读书分享会等，还结合读书节活动举办了演讲、辩论、诗歌朗诵、知识竞赛、话剧表演、经典电影展播、艺术歌曲演唱会、心理情景剧比赛、社

我校举行首届"大学生读书节"读书分享观摩会

我校举行"走进图书馆，点燃读书激情"座谈会

团户外教学活动、"同向杯"书香动感校园系列体育活动等。

（二）校级读书分享会体现读书活动成效

在学期末，为了促进各系学生之间的交流，总结本学期的读书节活动，学工处组织了全校性的读书分享活动，对已开展的活动进行了回顾，让各系学生代表进行了分享和交流。大家通过此次分享活动感受到同学们的精神面貌朝气蓬勃、阅读面广泛深入、阅读理解能力全面细致、语言表达清晰流畅，达到了开展读书节活动的目的。

贺瑞虎校长出席学校首届大学生读书分享活动

各系同学为大家带来精彩的读书分享

首届教学标兵涂巧慧老师、赖南燕老师进行点评和好书推荐

阅读之星风采展示

第二章

优秀品牌——同系列校园文化活动

围绕思想引领　开展"同心杯"系列活动

致力于引领团员青年坚定理想信念,坚定不移跟党走,认可并拥护中国特色社会主义理论、道路、制度,始终保持政治定力。2015 年编写的高校校园文化建设成果《谱同心同德之曲　走同向同行之路》荣获江西省高校校园文化建设一等奖。

一、创建同心讲学团,宣讲中国好故事

同心讲学团是豫章师范学院积极推进新时期高校思想引领工作,十八人后迅速成立的一支由 26 名学生党、团员和 10 名教师党员共同组成的志愿宣讲十八大精神讲学团。

同心讲学团主要宣讲党的十八大精神、中国特色社会主义伟大成就、富裕和谐秀美江西建设及南昌市核心增长极建设成就、学校优秀文化传统和新时期取得的成就,旨在号召大家同心同德、同心同向、同心同行,为实现中华民族伟大复兴的"中国梦"奋勇前进。现在,同心讲学团已成为党和国家政策、省情、校情、红色教育、井冈山精神等爱国主义教育及专业发展教育的党、团员志愿宣讲团,成为南昌师专思想政治教育的重要平台和阵地。

自 2012 年成立以来,同心讲学团受到了学校党政领导的高度重视和亲切关怀,讲学团成员除在校园内开展全覆盖宣讲之外,还赴莲花县琴亭镇凫村小学、新干县金川镇逸夫小学、进贤县张公镇敬老院等基层、南昌市豫章中学、南昌地铁公司等地进行现场宣传,彰显了当代大学生的风采,取得了良好的社会效果。宣讲成员注重利用生动活泼的具体事例,让宣讲内容更加贴近生活、贴近实际,深受广大学生、群众的欢迎。通过宣讲提升了讲学团成员的政治素养和演讲才能,强化了团队合作意识,促进了自身综合素质和能力的提升。

如今,同心讲学团依然延续一套精准的工作组织体系,并不断改革创新。实现六个进(在校园进会堂、进课堂、进宿舍,在城乡进街道、进社区、进厂矿),提倡宣讲成员深入到更多需要的地方进行宣讲。同心讲学团成员不仅注重利用生动活泼的具体事例,让宣讲内容更加贴近生活、贴近实际,并且善于抓住每个故事的细节动之以情,晓之以理,深受广大学生、群众的欢迎。2013年编写的《开展同心讲学团活动,构建思想引领新模式》高校校园文化建设成果荣获全省高校校园文化建设三等奖。

二、"同心杯"与信仰对话报告会

作为"我的中国梦"主题教育实践活动的重点工作项目,团中央每年都会在全国高校开展"与信仰对话·飞Young中国梦"名家报告进校园活动,分别邀请知名专家、各级党政领导、省级团组织负责人、商界精英科技名家、文体明星及其他社会名人以及优秀青年榜样走进校园与大学生对话。校团委根据团中央的统一部署也开展"同心杯"与信仰对话报告会,陆续开展相关法律、创业讲师团报告,不断推进思想引领工作,为青年学生追求崇高精神、确立人生信仰树立方向,全面提升我校师生的思想政治素养。

三、"同心杯"团组织生活

"同心杯"团组织生活以理想信念教育为核心,以团员青年成长成才为目标,以主题团日活动为主要形式引导广大青年团员坚定对中国特色社会主义的信心,进一步加强团组织阵地建设,扩大团组织有效的覆盖面,增强其吸引力、凝聚力和生命力。主题团日活动是新形势下团组织生活的一种创新模式,融思想性、教育性、知识性、趣味性于一体,近年来开展的主题团日活动有"清洁校园·从我做起""学习习近平总书记的系列重要讲话精神""学习践行社会主义核心价值观"等,通过不同主题形式让团员青年提高思想素养,深刻地意识到自己作为一名新时期的共青团员肩负的历史光荣使命与责任。除此之外,"同心杯"团组织生活还包括团课、民主生活会等各种形式的活动,如:三走活动、主题演讲、知识竞赛等。通过一系列活动不断加强我校内涵建设,提高青年学生的综合素养。

四、"同心杯"大学生骨干培训班

学校每年都会举办"同心杯"大学生青年骨干培训班,培养对象为大学生骨干、共青团干部、青年积极分子,以专题培训、挂职锻炼、课题研究、青年会谈、社团活动等方式开展培养。至今已培养学员3200余人,向"井冈之星"江西省大学生骨干培养学校推荐优秀学员16人。

坚持立德树人,把社会主义核心价值体系融入培养过程。大学生骨干培训班引导青年坚持实事求是,注重调查研究,不断提高应用马克思主义立场、观点和方法分析问题、研究问题、解决问题的能力,既将马克思主义理论内化于心,外化于形，又自觉地做中国特色社会主义的坚定信仰者。

五、"同心杯"校园自强之星寻访活动

寻访"中国大学生自强之星"活动由团中央和全国学联主办，中国青年报报社和中国高校传媒联盟承办，新东方科技教育集团协办，每年举办一次。时任团中央书记处书记卢雍政指出，"中国大学生自强之星"克服了种种人生磨难，诠释了中华民族自强不息的精神，给大学生以教育和启迪。他希望广大青年学生牢记党中央殷切希望，以大学生自强之星为榜样，把爱国主义作为始终高扬的光辉旗帜，把勤奋学习作为人生进步的重要阶梯，把深入实践作为成长成才的必由之路，把奉献社会作为不懈追求的优良品德，努力成长为中国特色社会主义的合格建设者和可靠接班人。

学校积极响应团中央和全国学联的号召，自 2008 年始每年举办一次"同心杯"校园自强之星寻访活动。启动以来，受到学校各级团学组织和在校学生的持续关注，每年学校会评选出 10 名左右同学为校园自强之星，并推选 1～2 名校园自强之星参加全省乃至全国自强之星的评选。

围绕红色基因　开展"同德杯"系列活动

致力于挖掘江西红色资源，引领团员青年知党史团史校史，晓党情团情校情，激活和传承红色基因，培养团员青年的民族感、责任感和爱国爱团爱校的主人翁精神。

一、成立同德成才网，打造红网新媒体

2014 年初，南昌师专校团委网站正式改版为同德成才网，与学校共青团系统新媒体微博、微信公众号一同打造全新的宣传阵地。开展学习十八届四中全会精神和习近平总书记系列重要讲话精神主题活动，开设学习专栏传递党和国家政策，打造南昌师专思想引领工作的红网工程。

二、"同德杯""五四"青年艺术节

自 1993 年起我校连续举办 24 届"五四"青年艺术节，开展时间为每年 3－5 月，分为团体赛和个人赛。团体赛为合唱比赛和健美操比赛两项；个人赛项目分为"春之声"校园歌手争霸赛、十佳书法能手大赛(三笔字)、手抄报、电脑绘画、绘画、手工制作、黑板报、中文宣讲、英文演讲、诗歌朗诵、器乐、舞蹈、课本剧(小品)、科技创意大赛等 14 项。

"五四"青年艺术节的举办得到了全校师生的广泛关注和积极参与，各团总支、校级学生组织高度重视，精心组织、认真实施、扎实推进，两个月的时间里，校园内掀起了"五四"热潮，参与活动的学生每年达万余人次，全面覆盖整个校园，江西教育电视台、南昌电视台、《江西日报》《南昌晚报》、中青网等媒体纷纷进行宣传报道，每届累计报道次数超过 30 次。通过各项活动的开展，提升了我校学生专业素养，引导学生积极学习和践行社会主义核心价值观。2012 年编写的《凸显师范教育特色　传承百年南师精神》，荣获全省高校校园文化建设三等奖。

三、"同德杯"红五月社团文化月

"同德杯"红五月社团文化月是为弘扬爱国主义精神、丰富校园文化生活、推进学生社团进一步蓬勃发展、充分发挥学生社团对于学生思想内涵建设的重要作用而举办的一系列具有特色的社团文化活动。自 2010 年以来我校共举办五届"同德杯"红五月社团文化月，开展的时间为每年的 5 月至 6 月。活动的类别主要为：语言类、志愿服务类、体育类、手工制作类和新媒体类等。

四、"同德杯"传统文化教育活动

传统文化在一个民族生存和发展的整个过程中起着非常重要的作用，每一个民族都因其有着独特的文化特征有别于其他民族，它是民族精神的重要体现。每年我校都会开展"同德杯"传统文化教育活动，如一年一次的传统文化教育周、高雅艺术进校园、经典诵读比赛活动等等，这些活动就是为了继承和弘扬中华民族的历史文明，推动校园文化建设，促进学生对我国传统文化的了解，增强学生对优秀传统文化的认同感。

五、"同德杯"红色教育活动

"同德杯"红色教育活动旨在以红色作为时代精神内涵的象征、呼唤有志青年传承红色基因，报效国家、奉献社会。我校每年都会在 6 月份举办红色文化的宣传教育活动，比如开展红色主题演讲、朗诵、组织参观方志敏烈士陵园、八一起义纪念馆等，用一系列活动促进我校大学生继承革命传统，铭记历史、缅怀先烈、珍爱和平、开创未来。红色教育将以红土地教育下一代，以哺育人才建设红土地，在烈士鲜血染红的土地上滋养绿色生命，实现可持续发展。

围绕文体娱乐　开展"同向杯"系列活动

致力于通过各种文体娱乐活动，提升团员青年的文化、艺术、体育素质，培养团员青年的团队精神、个性精神、娱乐精神。

一、成立同向读书会,共建书香美校园

同向读书会以读书活动为载体,在全校范围内开展读书竞赛活动,定期推荐经典书目供同学阅读,提高学生的阅读量,学期末开展"说书"比赛,举行百科知识竞赛、创业知识专题讲座等,推动全校青年团员养成良好的读书习惯,为同学们搭建交流读书体会的平台,通过与书本为伴、与经典为友、与文字对话,陶冶学生的思想道德,开阔视野。

二、"同向杯"三走体育活动

活动以健康第一为指导思想,以"走下网络、走出宿舍、走向操场"为主题,充分发挥团学组织作用,以寝室团小组、班级团支部等为主要参与单位,通过广泛开展各类大学生课外锻炼活动,大力倡导"每天锻炼一小时,健康工作五十年,幸福生活一辈子"的理念。努力帮助和促进大学生增强体质,提高体育锻炼自觉性,提升身体素质,减轻学生对网络的依赖性。

三、"同向杯"春之声校园歌手争霸赛

"同向杯"校园歌手争霸赛自 1990 年举办至今已有 25 届,每一届包括专业组和非专业组,经历系级选拔赛、校级海选、校级初赛、复赛、决赛等多个环节比拼。校园歌手大赛旨在全方面、多层次打造校园优秀青年歌手,已成为我校同学展现才华、抒发情感的精彩舞台,更是学校艺术教育成果展示的平台。

四、"同向杯"四环赛

为提高学生干部工作能力,营造良好文化氛围,提高大学生综合素质,让学生干部真正得到展示自我的机会。每年的 10 月份,学生会都会举办"同向杯"四环赛。比赛中涌现出了大量的优秀人才,挖掘了同学们无限的潜力,很多在比赛中脱颖而出的同学都代表学校参加了市里省里的比赛,并获得了优异成绩。

五、"同向杯"智娱大赛

"同向杯"智娱全能大赛是学生会特色活动之一。该项比赛将智力比拼和娱乐活动很好地结合,内容丰富,形式多样。每年由校学生会学习部对全校同学开展一系列轻松有趣的校园生活。每个系需派出一支参赛队伍,进行团体比赛。同学们既能在活动中缓解紧张的学习气氛,又能加强团结协作的能力和集体荣誉感,增强同学之间的友谊,大大丰富了课余生活,让同学们能够在大学生活中留下美好的回忆。

六、"同向杯"新生风采大赛

为大力培育和践行社会主义核心价值观,更好地推动我校人才培育工作,丰富校园文化生活,给学生搭建展示风采的舞台,我校每年下半年都会举行"同向杯"新生风采大赛。这是一个展示新生风采的舞台,活动的开展推动了校园文化大舞台品牌活动的开展,全方位展示师专学子的蓬勃风貌,发掘和培养我校新生的优秀潜力及综合素养,同时,促进了校园精神文明和优秀文化建设。其中许锐同学在2015年代表学校参加全省高校学生干部职业技能竞赛荣获专科组一等奖第一名。

七、"同向杯"迎新晚会

"同向杯"迎新晚会是为推进我校"五光十色"校园文化的纵深发展,加强我校的内涵建设,丰富校园文化生活,展示我校学生干部的蓬勃风貌而举办的活动,迎新晚会旨在促进新老学生间相互了解、相互合作、相互学习,提高学生自身的综合能力,陶冶青年学子的文化素养,为实现我校"进位升级,特色鲜明,全省一流"的发展目标储备人才力量。

八、"同向杯"女生文化节

"同向杯"女生文化节系列活动是校团委、校学生会围绕女生特殊权益保护、形象教育、健康保健、饮食营养等内容而开展的,时间为在每年3月7日女生节前一周,活动内容主要有"闯关我最棒""电影人生""校园才艺大赛"和"才女作品评选"等内容,活动充分发挥女生的主体性,极具青春风采又不失文化内涵,每个女生都可以参与到其中,用不同形式的表演,诠释着青春活力,激励大学生树立"自立、自信、自强"精神。

围绕实践技能　开展"同行杯"系列活动

致力于开展各种社会实践活动和职业技能训练比赛,引领团员青年认知社会,培养各种职业技能专长,培养社会所需的应用型人才。

一、成立同行生态社,建设环保大家庭

2013年,校团委在同心讲学团、同德成才网、同向读书会的基础上,组建同行生态社,这是一个生态文明教育平台,在校内外通过各种方式宣传环保知识、环保政策,实践绿色环保校园,为江西绿色崛起、建设美丽中国奉献青春力量。

二、"同行杯"校园主持人大赛

为大力培育和践行社会主义核心价值观,更好地推动我校人才培育工作,丰富师生的校园文化生活,给学生搭建展示风采的舞台。学校每年举办"同行杯"校园主持人大赛。近年来,赛制全新改版,设置不同的四个环节,全方位考察选手的知识底蕴、专业素养、节目策划能力、应变能力等多方面的综合素质。比赛过程中,很多参赛选手思维敏捷、表达准确、风趣幽默,主持内容紧扣主题、重点突出、与时俱进,大赛旨在培育和践行社会主义核心价值观,推动我校校园文化大舞台品牌活动的开展,全方位展示师专学子的蓬勃风貌,发掘和培养学生的优秀潜力和综合素养,挖掘学校主持播音人才,促进校园文化发展。其中第三届校园主持人大赛冠军自然科学系凌子怡同学在参加 2016 年教育部组织的"学宪法、讲宪法"演讲比赛中荣获全国二等奖的好成绩。

三、"同行杯"大学生辩论赛

"同行杯"辩论赛举办至今倡导思辨之风,引领大学思辨风潮,是校内一项覆盖面广、参与度高的精品活动。比赛经过各系选拔赛、校园初赛、复赛、半决赛、决赛等多轮环节比拼,决出一等奖、二等奖、三等奖及组织奖。比赛展示了我校学子朝气蓬勃和激昂向上的优良精神风貌,宣扬了师专学子所具有的团结合作与坚持奋斗精神,我校学生辩论队曾代表学校参加全省辩论赛并取得团体第二的好成绩。

四、"同行杯"迎新生志愿服务活动

每年的新生报到,校团委、校学生会、校学生社团联合会选派志愿者在南昌火车站、徐坊客运站、南昌西站积极开展迎新生志愿服务活动。他们热情、周到的服务,构成了迎新工作中一幕幕温馨的画面,受到新生及家长的一致好评。

在每年参加志愿服务的同学中,很多同学是受当初入学报到时迎新志愿者热心帮助的影响,而投入到志愿服务中来,志愿服务的精神在不断传承。

五、"同行杯"暑期"三下乡"社会实践活动

每年暑期,校团委开展"同行杯"暑期"三下乡"社会实践服务活动,引导青年学生在社会实践中全面、深入的了解和认识国情、民情、社情,学会正确的社会观察和社会分析方法,提高认知水平。近年来,我校"三下乡"社会实践团队前往新干县、吉安县、井冈山、高安市、南昌县、新建县、湾里区、奉新县、莲花县、进贤县等地农村开展系列宣讲活动,当地政府及民众反响强烈,多家省市新闻媒体对我校"三下乡"活动情况进行报道,影响广泛。

2013 年和 2015 年,我校"同心同行"暑期社会实践服务队荣获全国先进服务队;2014 年,我校团委被评为"2014 年全国大中专学生志愿者暑期'三下乡'社会实践活动先进单位",实现我校这项荣誉零的突破,也是我省唯一一个获此殊荣的高职高专院校;2016 年我校申报的调研报告《绿色美丽中国调研报告》荣获全省大中专学生志愿者暑期"三下乡"社会实践活动优秀调研成果。

六、"同行杯"文明交通志愿服务

按照市委市政府关于创建文明城市的要求,为充分发挥我校服务地方经济社会发展的职能,做大做强我校志愿服务工作,培育特色亮点项目,将我校"小蜜蜂"

志愿服务示范街创建为全市"小蜜蜂"志愿服务的一张闪亮名片,从 2011 年开始,我校开展了"同行杯"文明交通志愿服务。

校团委在总结经验的基础上,联合市文明办在红谷中大道八个十字路口开展创建"小蜜蜂"志愿服务示范街活动,做到"吹响一片哨声、摇起一面旗帜、塑造一种形象",把我校"小蜜蜂"志愿服务打造成全市一张闪亮的名片。每个路口安排 4 名志愿者,一次安排 32 名志愿者,一个学期安排 1280 名志愿者,既锻炼了我校志愿者服务社会的能力,又提升了我校优良的社会声誉。地方主流媒体多次对该项活动进行报道。2013 年荣获全市"小蜜蜂"文明交通志愿服务工作先进单位。

七、"同行杯"西部计划

2003 年以来,共青团中央、教育部、财政部、人力资源社会保障部共同组织实施大学生志愿服务西部计划。通过公开招募、自愿报名、集中培训派遣、统一管理的方式,选派大学毕业生赴西部基层乡镇从事为期 1~3 年的志愿服务,国家给予政策支持,是中央部门组织实施的四大基层就业项目之一。

全国项目办设在团中央,各省级团委分别设置项目办,高校大学生志愿服务西部计划项目办设在校团委。

我校每年按照公开招募、自愿报名、组织选拔等公平公正的程序,推荐志愿者到西部志愿服务,通过同德成才网、官方微博微信大力宣传志愿服务西部和基层的同学的光荣事迹,树立典型,充分发挥模范人物的先锋带头作用,引导和动员更多青年参与志愿服务,扬百年南师精神,把知识和爱心奉献给西部。2009 年选送的两名志愿者均留在当地工作学习,2006 级现代教育技术专业姚磊现任职于广西统计局,2006 级语文教育专业钟安龙现任职于广西来宾市武宣县信访局。

八、"同行杯"社团文化节

社团文化艺术节以打造"五光十色"的校园文化为核心,以发展品牌社团为方向,每年 10-12 月,校团委主办、学生社团联合会举办的学生社团文化节活动,先后开展一系列丰富多彩的优秀社团互动,如主题微电影、现场写作大赛、心理素质拓展活动、三社联谊晚会、涂鸦大赛、背起吉他、话剧大赛等 30 余项文体娱乐活动,极大丰富学生的课外业务生活,营造积极向上的校园氛围,更好地推动我校学生社团的发展。

九、"同行杯"课外学术科技作品竞赛、创业设计大赛

"挑战杯"全国大学生科技作品竞赛是由团中央、中国科协、教育部、全国学联主办的大学生课外学术科技活动,被誉为中国大学生科技创新创业的"奥林匹克"盛会,是全国最具代表性、示范性、导向性的大学生竞赛,每两年举办一届。分为自然科学类学术论文、哲学社会科学类调查报告和学术论文、科技发明制作三大

类别。2015年我校两项作品参加该比赛,荣获了全省一等奖一个、二等奖一个的好成绩。我校每年也开展"同行杯"课外科技创新活动,形成以"挑战杯"为龙头,以学科竞赛为载体,以学术科技类社团为依托,以提高大学生就业创业能力为目标的大学生课外科技创新活动模式。

十、"同行杯"创青春创业大赛

"创青春"创业大赛是由共青团中央、教育部、人力资源和社会保障部、中国科协、全国学联和地方省级人民政府主办,工业和信息化部、国务院国有资产监督管理委员会、中华全国工商业联合会支持的一项具有导向性、示范性和群众性的创业竞赛活动,每两年举办一届。大赛设大学生创业计划竞赛(即"挑战杯"中国大学生创业计划竞赛)、创业实践挑战赛、公益创业赛三项主题赛事。

学校每年也会开展"同行杯"创青春创业大赛,大赛包括以商业计划书评审、现场答辩等作为参赛项目的主要评价内容;以经营状况、发展前景等作为参赛项目的主要评价内容;以创办非营利性社会组织的计划和实践等作为参赛项目的主要评价内容,在学校内选拔创业精英,选送参加全省乃至全国的比赛。

2016年学校荣获全省大学生创业计划竞赛三等奖一个,公益创业赛三等奖一个的好成绩。

第三章

第二课堂——精彩纷呈的社团活动

公益服务类

一、语情手语社

结合我校为江西省唯一一所以"培养基础教育和特殊教育师资的教学型师范类专科学校"的办学特色,2007年成立语情手语社。

手语作为聋人与聋人,聋人与非聋人的沟通工具,其应用范围越来越广,实用性也越来越强,它是"有声语言的重要辅助工具",而对于听力障碍的人来说,它则是主要的交际工具。

该社团以"推广手语,传播爱心"为宗旨,致力于构建聋哑人精神桥梁,唤醒社会爱心。以手语为载体,通过开展一系列活动,如手语教学培训、手语大赛、手语舞蹈培训、各校手语交流会、走进特殊学校免费教学、八一公园手语角学习、"三联"冬日暖阳等,以提高同学们的手语水平,培养其关爱、帮助弱势群体的责任感。

该社团荣获的奖项有:2014年获江西省"手语推广优秀组织奖"、江西省大学生手语联合会2014年度"优秀组织奖"、第二届大学生手语联赛团体组和个人组双项一等奖等。

二、同行生态社

同行生态社成立于2014年3月份,是学校为贯彻落实科学发展观,积极响应党的十八大会议中提出的大力推进生态文明建设而成立。

由青年志愿者协会的精英分子组成宣传环保与公益相结合的社团——"同行生态社",是学校"同"系列品牌文化之一,同时接受南昌市微爱公益发展中心的指导。生态社主要在校内进行环保与公益活动以及在校外进行微爱公益活动,弘扬我校的优良文化传统。旨在号召大家同行同心同向,为建设美好的地球环境出一份力并为社会贡献一份公益力量。

自成立以来,同行生态社在校园内开展"回收废弃瓶子,变废为宝"与"种子变绿植,绿动我校园"的植树活动,两次活动的开展为生态社的未来开启了新的旅程。同时在江西师范大学的指导下成立"微爱公益服务团",彰显当代大学生的公益意识,取得良好的效应。社团成员在开展活动的同时,不仅让广大的学生接受环保与公益理念,并且进一步提升了成员自身的环保与公益的知识,强化了团队合作的理念,促进了自身综合素质和能力的提高。

三、德馨环保社

德馨环保社于 2006 年 5 月 26 日成立。秉承"播种绿色希望,培养科学精神"的宗旨,立足校园,面向社会,积极号召"提高环保意识、参与环保活动、共创和谐社会",激发当代大学生保护环境的责任感和使命感。

通过宣传教育(即环教活动)、调查研究和直接行动的方式,传播绿色知识,倡导绿色生活,保护环境,建设绿色家园。如校运动会期间开展的"做文明观众,环保在行动""校内关灯一小时"、公益回收、绿植活动等。

四、扬清风协会

扬清风协会成立于 2012 年 10 月 18 日,是我校首个以学生为主要载体的廉政文明团体,是加强自身修养的阵地,是有志于向党组织靠拢、有志于为廉政文化贡献力量的交流学习平台。

该社由我校纪检监察审计室指导,以反腐倡廉为主题,围绕理论学习和廉政文化开展活动,举办了廉政知识问答竞赛、手抄报比赛、征稿比赛、漫画比赛、书法比赛、扬清风联谊会、校外活动交流会等,荣获 2013 年全省高校第四届学生社团文化艺术节优秀社团。

五、社会工作者协会

学校社会工作者协会(简称"社工协会")成立于 2012 年 12 月。该协会以宣扬社会工作专业价值、普及社会工作专业理念为宗旨,以锻炼培养专业社会工作者、引导广大同学关注社会为主要目的,以团结、互助、友爱、奉献为基本思想,积极组织开展各种活动。

该协会曾举办社工宣传日、社工讲座、社工专业知识和技能比赛、辩论赛、宣传公益晚会等活动,如 2013 年,社会工作者协会针对全校学生开展了"心语空间"活动;2014 年,针对"养老"这一社会热点问题,积极组织了一系列"关爱老人"的公益活动。

该协会秉承助人自助的价值理念为全校师生服务,调适人与自然、人与人之间的关系,创造和谐的校园环境,关注社会、服务社会,普及社会工作知识、宣扬社会工作理念。协会以服务他人为指导,利用自身专业知识服务于真正需要的人,同时为同学提供学习实践的机会。

六、青年志愿者协会

青年志愿者协会成立于 2006 年，秉承"无偿、持久、热心、奉献"的宗旨，致力于服务、助人，为营造和谐校园做出了突出贡献，现有成员 200 余人。

敬老院、特殊学校、福利院一直是青协长久的活动场所，为老人送去关怀、为特殊儿童送去快乐、为福利院送去温暖，无偿献血、交通志愿站岗是青协长期持久开展的活动。协会实施"麦田"计划，开展"书写青春""校运会助跑"等大型活动，多年连获"优秀社团"称号。志愿者们用行动诠释着"奉献、友爱、互助、进步"的当代青年志愿者精神。

七、大学生创新创业协会

创新创业协会于 2016 年 3 月成立，是在校团委、校学生社团联合会等领导下，由一批志在加强自身创新精神培养和创新能力提高的大学生自愿组建而成的社会实践性社团。本协会会训为"Dream it，do it!"本协会文化为"创业是一种选择，也是一种非同一般的生活方式，它是一种精神，也是一种意识，更是一种人文主义精神和人生梦想的结合。"协会本着培养学生创新能力和创新精神，充分开发学生创新思维，促进个人综合能力全面提升和发展的宗旨，为广大热衷于创新的大学生提供一个展现自我、锻炼自我、实现自我价值的大舞台。

精品活动有"模拟招聘""创业知识培训交流会""户外拓展活动"等。

语言文学类

一、言友会

言友会于 2006 年成立，已有八年历史，秉承"坚持锻炼学生的语言表达能力和思维反应能力"为宗旨，提高学生语言规范意识，增强其语言文字修养和运用能力。下设培训部、组织部、办公室、外联部、宣传部、财务部六个部门，以处理日常事务，维持社团正常运作。现有学员 70 余人。推广普通话，展现语言魅力，该社举办了多种多样、丰富有趣的活动，如马丁杯演讲比赛、诗歌朗诵、"3·15"宣传维护消费者权益等。2014 年，言友会本着坚持不懈、百炼成钢的理念，推出"书生校园"计划，开创社团文化新起点，为社团带来新的生命力，也为丰富校园文化活动奉献了自己的力量。

该社在实践中积累经验的同时，立足实际，与时俱进，不断寻求自身发展和完善，积极倡导以学习为己任，开展各种普通话学习交流活动，致力于成为同学们普通话水平提升的好帮手。

二、蒙学社

蒙学社成立于2014年9月19日，是我校最新成立的社团，以传承和弘扬优秀传统文化为己任，引导大家学习中国古代思想文化典籍，理解中华优秀传统文化的精髓。

该社通过学习国学经典，让学生感受中华文化的源远流长、博大精深，从经典作品中汲取民族的精华，获得古圣先贤的启迪，在诵读中净化心灵，陶冶性情，开启智慧。每天会组织学员晨读半小时，诵读内容为《论语》《孟子》《大学》《中庸》《弟子规》《三字经》《道德经》《老子》《教师必备古诗词》等，组织开展古诗文朗诵比赛，邀请资深国学研究人士来我校讲学、交流。

读经典诗文，做谦谦君子，诵读经典学文，弘扬传统文化。该社以营造浓郁书香校园文化氛围为目的，吸引同学"读好书、促成长"，不断更新学习理念，为和谐校园建设增添了活力。

三、风采辩论社

本社成立于2013年9月17日，社团的宗旨是想给每一个人一个舞台，培养自己的能力，挖掘自己的潜能。希望在每一个活动中，看到社员们的成长和能力的提升。

语言是文化的结晶，"辩"又是现代社会的"绿色鉴证"。而辩者的语言往往是凝练、精确、机智，充满了智慧和思想的。辩论从来就是为思想者和行动者而设立的，通过辩论明事理，通过辩论整理思想，通人情、达世事。

该社以真诚的服务为大学生提供最佳的辩论舞台，来展现大学生风采，张扬大学生的个性。

该社力求"多想，多练，多赛"三多的形式提高社员的表达能力和雄辩的水平，培养社员主动交际，大胆实践，敢于创新，积极而自觉的积累与应用语言，表达技巧，并在此基础上活跃思维，使辩论水平与能力有明显提高。

四、腾飞英语社

腾飞英语社成立于2006年，是一批有激情、有责任心的同学申请创立。作为一个充满阳光且具有活力的学生组织，这里聚集着一批最为优秀，最有梦想与激情的年轻人，在这里，他们畅谈人生，他们飞扬青春，用心实践，一起努力为美好的未来而奋斗！该社的理念：Benevolence 服务他人、Enthusiasm 释放激情、Ability 提高技能、You are unique, no one can replace you!

该社立足实际，以英语应用为基础，开展"五四"青年艺术节英文演讲比赛、腾飞英文演讲比赛、新东方英文讲座、马丁杯英文演讲比赛等，还创办了校园英语角训练口语技能,获得 2012 年江西省"优秀社团"的称号。

五、梦想双语社

梦想双语社成立于 2014 年 3 月,是由广大英语爱好者自发组建的学生社团,旨在提高我校学生英语学习能力和口语水平。该社团为双语爱好者提供了一个良好的学习交流平台,现有社员 60 余人。

该社以清晨朗读为特色,致力于营造轻松愉悦的学习氛围,让更多同学敞开心扉,大胆利用英语与他人进行交流、学习。不定期举办相关活动,扩大其影响力,为校园文化建设奉献自己的一份力量。如:与校羽毛球协会共同举办的"青春飞扬,放飞梦想"联谊会受到了广泛好评,利用同学们的课余时间在学校英语角开展英文朗诵、英文对话等,让更多人感受到语言与学习的乐趣,促进交流。

六、三叶草文学社

三叶草文学社是我校最具文学性质的社团之一,也是文学爱好者创作的摇篮,是通向缪斯殿堂的桥梁,成立于 2003 年 9 月。文学社以"提高文学修养,陶冶高尚情操;弘扬人文精神,铸就完美人生"为宗旨。设有编辑部、制作部、宣传部、外联部、办公室五个部门。

该社是众多文学爱好者写作的平台,定期举办校内外现场写作活动。长期向校内外各大高校征文,筛选出优秀文章登上期刊,同时组织学员外出采风,寻找素材,体验生活,并积极参加外校文学社的社庆晚会、高校文学论坛、文学交流会等等,通过互送作品以文会友,畅述情怀。曾举办过"让诗飞翔""女生文化节"等活动,该活动曾获得 2012 年南昌工程学院春晖杯团体三等奖,个人奖项有二等奖、三等奖等。

七、口才艺术协会

口才艺术协会是由热爱普通话、对口才具有浓厚兴趣的学生自发组建的社团,由校团委指导、在校学生社团监督管理下开展工作,简称"口协"。下设秘书部、宣传部、外联部、文艺部、培训部、财务部,现有学员 50 余人。

该协会以提高学员的普通话水平、锻炼学员口才、提高语言修养为目的,积极地做好每一件事。协会给每一个学员一个在台上开口说话的机会,帮助学员战胜自己的胆怯,提高语言表达能力。

八、新动力心理协会

新动力心理协会成立于 2009 年 5 月,以"关注学生的发展和成长,提高学生的心理健康水平和适应能力"为宗旨。协会在老师的指导下,遵循学生"自主管理、自主活动、自主评价"的原则开展活动,现有学员 60 余名,始终坚持为学生的心理健康服务,使学生们拥有健康、积极向上的心态,正确认识自己,面对未来。

该协会定期对学员进行培训,并开展了一系列卓有成效的活动,如情景剧、心理素质拓展活动、心理知识竞赛、心理电影等,其中不少活动在校内具有较高的影响力。

艺术体育类

一、礼仪队

礼仪队成立于2006年,是一支为学校提供专业礼仪服务的队伍。礼仪是中华民族的传统美德,也是德育的重要组成部分。简单说,礼仪就是一个人的思想道德水平、文化修养、交际能力的外在表现。因此,学习礼仪知识,运用礼仪规范,对提高学校学生的自身修养具有重要的意义。

礼仪队通过在课堂中开展形体、化妆、礼仪等多方面课程对学员们进行培训,继承和弘扬"礼仪之邦"的优秀传统,提高学员们的自身修养,让更多人明白礼仪的重要性。通过各种活动让学员可以了解、学习、掌握各种基本礼仪,帮助他们成为一名讲文明、懂礼仪的新时代青年。在校重大活动的迎宾现场,都可以看到她们优雅的身影。

二、美术协会

美术协会成立于2000年9月,是我校最早成立的社团之一,由美术系赵俊华老师组织创立并担任指导老师,现有学员65人。

该协会以服务学员为根本,以美术绘画为向导,以提高专业水平、自身技能,丰富校园文化生活,创造和谐校园为宗旨,利用课余时间授课、创作、组织比赛等实践活动。培训内容丰富多彩,有设计海报、黑板报、素描、绘画、调色等,坚持基础和难点训练并重的教学方法,"边学边实践,边干边提高"的教学原则,培养学员动手实践能力,引导学员利用课堂知识,积极参加活动和比赛,真正做到学以致用。此外,该协会还定期举办画展,促进学习交流。不定期对优秀学生作品进行表彰,以提高学员的积极性。

三、SOS动漫社

我校SOS动漫社成立于2010年,是一个集动漫真人秀、动漫绘画、动漫交流、动漫手工品制作、动漫周边传播于一体的新兴社团。下设办公室、COS部、CV部、宅舞部、绘画部。

"动漫"是指动画和漫画的合称,用于泛指所有的动画、漫画作品。随着现代传媒技术的发展,动画和漫画之间联系日趋紧密,两者常被合为"动漫"。但在中国大陆以外的地区却相当少用此称呼。动漫是动画和漫画的合称,并不是单指动画。

该社以发扬动漫文化为己任,加强大家对动漫文化的了解与喜爱,给学生们一个良好的学习娱乐空间。为了丰富同学们的课余生活,增加同学们对动漫文化的了解,经常组织社员参加 COS 活动以及参加动漫展等。2013 年该社在校内曾举办过"礼仪之邦——为汉服低吟浅唱"主题晚会,反响非常热烈,获得全校师生的充分肯定,并荣获 2013 年度学校优秀社团奖。

四、巧手匠心屋

巧手匠心屋是我校最早成立的社团之一,该社团的口号是:继承传统艺术,放飞指尖梦想。

其最大的特点是手工制作,现有 100 余名热爱手工制作的学员,可制作形式多样,内容丰富,种类繁多的工艺品,包括:花艺(玫瑰、香水百合、风信子、薰衣草、康乃馨、马蹄莲,捧花、束花等)、泥塑(卡通人物、动物、钥匙扣、手机链)、发夹(缎带、蕾丝、纱带等)。学员们可以根据自己的想象随意创作,也可以制作出精美而又有新意的礼品。

该社最具影响的活动:2009 年社团文化节花展、2010 年与校体育协会联合举办的环保时装秀、为 2010 年校百度贴吧成立时提供手工小饰品等等。

任何一件手工作品的制作都是一种具有复杂结构的创造活动。从材料的选择到制作方法和步骤的确定,从动手制作到不断修改完善的过程,都无一不充满了创造精神。手工就是形象思维和逻辑思维的完美交融,因此手工在同学们的素质培养上有着其独特的作用。

五、知音陶笛社

知音陶笛社成立于 2014 年,是我校最新成立的社团之一,现有社员六人。

陶笛是我国民族特有的乐器之一,音色独特优美,外观古朴典雅,简单易学,小巧易携。在陶笛的学习过程中,能激发学习兴趣,培养艺术素养,提高审美情趣;能锻炼意志和自信心,养成良好的团结协作精神,发展学生的音乐表现力和社会实践能力。

该社团定期给社员进行培训,课程内容有认识陶笛,了解其特点、构造、流传区域及独特音色,掌握正确的演奏姿势,学会音阶的吹奏,学会陶笛演奏时的用气方法,掌握长音、连音的吹奏,掌握强、弱音的吹奏等,让每个成员都能吹奏一些简单的乐曲。让学员感受成功的喜悦,形成乐观向上的生活态度。

六、风火话剧社

"风火"话剧社成立于 2005 年。下设导演部、编剧部、剧务部、宣传部、秘书部,现有学员 50 人。该社致力于弘扬传统文化,丰富校园文化生活,为热爱表演的同学提供一个展示的平台。

该社定期对学员进行专业培训并排练一些剧目,经常参加校内的重大演出。在 2013 年社团文化节期间举办的"一千零一夜"话剧晚会,反响热烈。通过全体社员的共同努力,荣获了全省高校第四届学生社团文化艺术节优秀社团的称号。

七、书法研究协会

该社自成立以来多次举办书法比赛、书法知识讲座、书法展等等。在 2011 年12 月江西省第二届大学生书画大赛中被授予"优秀社团"称号,并且多次在社团文化节和"五四"青年艺术节绽放光彩。

八、博乐吉他协会

博乐吉他协会成立于 2006 年,是一个艺术类学生团体,为吉他爱好者提供良好的交流平台。同学们在学习吉他的过程中享受吉他带来的独特魅力。

该协会聘请到江西省资深吉他教育家和著名歌手付平老师为学员授课。2014 年 9 月 16 日举办的南昌师专"校园文化大舞台"博乐吉他音乐会,在全校引起了热烈的反响。校园里,他们的身影可谓是随处可见,琴声四处飞扬。为学校文化建设增添了又一抹亮丽的青春色彩。

九、T–style 街舞社

T–style 街舞社成立于 2007 年,以建设文明校园、繁荣校园文化、服务学校、服务学生为目的,以强健学生体魄,培养学生艺术修养,提升学生综合素质为宗旨,现有社员 47 人。

该社主要涉及教学培训、校内外文艺演出和比赛,曾获得许多奖项,如南昌市"一代宗师"街舞精英挑战赛冠军、南昌市 OKD 街舞交流赛冠军、江西省"地下王"街舞大赛单人冠军、萍乡市 DK 街舞交流赛齐舞和单人双项冠军、鹰潭市 HOO 街舞大赛单人冠军、校"五四"青年艺术节舞蹈大赛一等奖等。

学习街舞可以增加美感,塑造优美体态,提高人体的协调能力,并为校园增添了一道灵动而亮丽的风景线。

十、新洪州视觉摄影协会

新洪州视觉摄影协会本着加强高校文化建设,挖掘摄影人才,活跃校园文化,丰富课余生活,在生活中寻找美、发现美、捕捉美的宗旨,致力于为摄影爱好者提供学习、欣赏和实践的各种有利机会和便利条件,使全体会员扎实系统地提高摄影技术和艺术水平,从而推进学生摄影活动的蓬勃发展,促进校园文化和精神文明建设。

协会积极开展各种独具特色的社团活动,以达到陶冶情操,提高摄影兴趣和艺术素养,培养创新精神的目的。同时,协会在别的协会和系(部)组织活动时,提供拍照等,以推动各项校园文化活动的宣传。

十一、跆拳道社

跆拳道社成立于 2008 年 9 月,邀请了专业教练为学员进行指导培训,受到了学校众多跆拳道爱好者的追捧。

自成立以来,该社团多次参加校内外各项活动,表现突出,并在 2013 年大学生锦标赛上取得优异的成绩,2013 年该社与我校武术社联合举办南昌师专第一届武林大会,取得了圆满成功。

十二、乒乓球协会

乒乓球协会成立于 2014 年,虽刚成立不久,但已初具规模,下设办公室、训练部、财务部、外联部、组织部、宣传部。

该协会围绕学校开展的"走下网络,走出寝室,走向操场"系列活动,举办了我校第一届乒乓球联赛,比赛引起了众多同学的关注;同时该协会也发掘出不少在乒乓球方面具有优势的学生,充分展现了当代大学生积极向上、顽强拼搏的精神风貌。

十三、羽毛球协会

羽毛球协会成立于 2006 年,现有学员 48 名。为羽毛球爱好者提供一个学习、交流的平台。协会聘请专业教练对学员进行教学指导,并定期组织羽毛球比赛。协会曾获 2014 年校优秀社团和省级优秀社团,举办的"三走行动"羽毛球大赛,反响热烈。

十四、Dream 轮滑社

轮滑社成立于 2014 年,协会以"体验轮滑,感受快乐,锻炼心智,和谐发展"为目标,定期组织轮滑培训,开展轮滑集体活动,两年来通过不断的努力,协会已多次成功举办和参加校内外的大型活动。

十五、体育舞蹈协会

体育舞蹈协会成立于 2002 年,是学校唯一以体育舞蹈为主的社团,现有学员30 余人。为更好地开展社团文化建设,协会专门聘请江西体育舞蹈协会秘书长、国际锦标赛冠军杨洪老师担任教学工作。教学内容涵盖华尔兹、拉丁舞、恰恰、牛仔、交谊舞等。

自成立以来,该协会始终坚持以"营造校园文化艺术氛围,丰富大学生的课余文化生活,弘扬体育舞蹈精神"为宗旨,每周二都会对学员进行舞蹈训练,并积极响应我校社团文化节,参与相关活动,不定期举办舞会。

十六、朝阳健身操协会

朝阳健身操协会成立于2015年9月，是在国家健将舒琦老师指导下，由原来校健美操队成员组织成立的，现已成立一周年。

协会本着阳光向上、乐观活泼的社团理念，响应大众"全民健身"，为成员提供一个塑造自我、展现自我的平台，促进成员全面发展。

协会以健美操为主，同时校园健身排舞和瑜伽也是社团的特色教学内容。开展户外健美操授课为基本教学方式，学习基本步伐、体能训练、表演套路等。

协会经常受邀参加晚会表演，如学校"庆祝中国共产党成立95周年"晚会、"大学生创业公开课""社联十周年庆"的表演等。

协会努力打造社团品牌活动——校园健身排舞大赛，还开展了"'三走'户外健美操教学""百人瑜伽户外体验课""朝阳之火生生不息"、体能操化课等面向全校学生的活动。

协会还在全国赛事中，荣获十个第一名的好成绩。

科技信息类

一、国防协会

国防协会是由军事爱好者自发组织成立的学生社团，在团委的指导和广大同学的支持下，国防协会从无到有，从小到大。以校园环境为依托，宣传贯彻党和国家相关政策法规，普及国防知识，追踪时事热点，推动当代大学生关心国家大事，关心国防建设，增强国防意识，同时也为全校的军事爱好者提供一个交流学习的平台。

该协会在提高学员国防意识的同时，开展国防知识宣传周，通过组织学员在校内外开展国防军事知识宣讲和国防知识竞赛等活动，使大家在知识性和趣味性中了解国防、关注国防。协会邀请国防领域优秀专家教授进行讲座、定期组织观看爱国军事教育影片等。

国防协会对于增强大学生的国防观念和国防意识，培养大学生的基本军事技能，促进学生素质的全面提高发挥重要作用。

二、前沿科学社

前沿科学社积极响应国家素质教育，着力于丰富学生的课余生活，激发同学们学习科学知识的兴趣，培养同学们动手实验，观察、记录以及收集整理实验数据等各项能力，不断提高学生的综合素质。

该社由科技部、组织部、宣传部、外联部、办公室和财务部六个部门组成，现有学员40余人。该社经常组织科学实验活动，动员全校学生积极参与，感受科学的魅力。"尊重事实、相信科学"是该社的理念,为科学爱好者提供一个从实验中证明、还原和探求真理的平台,让同学们通过自己的双手和精密的科学仪器去探索学习科学知识,领略它的神奇与瑰丽。

三、计算机协会

计算机协会成立于2013年3月,是免费服务于学校广大师生的学生社团,现有社员36人。

21世纪是信息科技发展的时代,电脑逐渐走进校园,大学生使用电脑已经很普遍了。计算机协会也由此应运而生。

计算机协会的服务宗旨:服务他人,对计算机及信息技术进行普及,为创建数字化校园做出贡献。

几年来,协会成员积极开展服务工作,有求以身必应,为师生解决了许多技术问题,他们在实践中也较快地提高了自身的技能,并收获一份份助人的快乐。

四、机器人协会

机器人协会成立于2012年,是我校较年轻的社团之一,现有成员17人。该协会主要是以培养全体队员严谨思维能力,锻炼实际动手能力和增强团队文化建设能力为目标,定期于每周二下午开展活动,教师通过对人形、轮式机器人的拆卸、组装、编程等课程为学员提供专业化知识培训,以提高独立思考能力和动手能力。并通过学习机器人知识、对实物机器人进行实际操作和自主研究创新等活动,提高学员分析问题的能力,培养团队协作精神和踏实的工作态度,以适应新时期经济发展对人才培养的需要。

五、百度贴吧协会

贴吧是一种基于关键词的主题交流社区,它与搜索紧密结合,准确把握用户需求,为兴趣而生。我校百度贴吧协会成立于2013年,下设组织部、财务部、信息部、宣传部、外联部六个部门。

协会作为学校最大的网络交流平台,承载着全校学生交流互助、学习讨论、反馈问题的网络交流社区,它代表着学校的形象。协会积极倡导和组织本协会成员开展健康向上、极具特色的线上线下活动。本着大力弘扬学校优秀校园文化的理念,借助网络舆论,凝聚正能量。

协会利用自身优势服务我校师生,组织各种丰富多彩的校园文化活动,如每年5月开始为新生解答工作,截止到2014年累计为约5000名新生解答相关疑问。

协会根据自身优势,举办有特色的网络活动,不论是大众话题还是小众话题,都能精准地聚集大批同好同学,展示自我风采,结交知音,搭建别具特色的"兴趣主题"互动平台。

第四章

志愿服务——青春在这里闪耀

第七届全国城市运动会志愿服务活动

第七届全国城市运动会 2011 年 10 月 16 日至 25 日在南昌市举办。我校自 7 月份起开始招募、选拔、培训,共计 800 余名志愿者参与此次活动。"七城会"期间,我校志愿者在校领导及志愿者服务中心的领导下,主要负责运动员村的客房、餐饮、环保、引导咨询以及各项运动赛事等服务工作。服务期间,志愿者们带着学校领导和师生的期待与祝福,以饱满的精神状态和优异的服务质量诠释了"奉献、友爱、互助、进步"的志愿服务精神,圆满完成了"七城会"运动员村志愿服务任务,为"七城会"的成功举办做出了积极的贡献。

运动员村餐饮服务

运动员村保洁

第四届绿色发展投资贸易博览会志愿服务活动

为促进绿色发展、循环发展、低碳发展,加快转变经济发展方式,由江西省人民政府主办的第四届世界绿色发展投资贸易博览会将于2016年11月25日至28日在江西省南昌市召开。

本次博览会以"创新、协调、绿色、开放、共享"五大发展理念为引领,以"绿色发展让世界更美好"为主题,通过论坛研讨、展览展示、投资合作、贸易促进等方式,研讨世界绿色发展新趋势、共享全球绿色投资贸易新机遇、探索国际生态合作新途径、传递中国绿色发展新理念、展示美丽中国"江西样板"新成果。大会将邀请国家领导人、国家有关部委负责人;国(境)外政要、驻华使节、国际组织代表;国内外重要商协会负责人、知名企业家及专家学者等出席。

根据共青团江西省委的统一安排,我校自9月20日开始招募、选拔、培训来自全校各专业各年级的50名志愿者参加此次活动。志愿者们累积服务时间3000小时,为来自世界各地不同民族、不同肤色的客商们提供帮助。

全国工商联第十一届四次执委会志愿服务活动

全国工商联十一届四次执委会议暨全国知名民企助推江西发展升级大会将

于 12 月 22 日至 24 日在南昌召开。

全国工商联执委会议参会主体是全国知名民营企业家，会议每年召开一次，在非公有制经济发展领域具有深远影响。新闻发布会上，省工商联主席雷元江表示，这是继 2001 年之后，全国工商联第二次在江西召开这么高规格的会议。省委、省政府高度重视此次会议的筹备工作，把承办好此次大会作为贯彻"发展升级、小康提速、绿色崛起、实干兴赣"十六字方针、推进发展升级的重要举措和巩固扩大我省开放势头的重要平台和抓手，由省委书记强卫、省长鹿心社担任大会组委会主任。

根据共青团江西省委的统一安排，我校自 2015 年 9 月开始招募、选拔、培训等工作，组织 50 名志愿者按照大会的统一安排，在南昌前湖迎宾馆开展志愿服务活动，累计服务时间 3000 小时，志愿者们不辞辛劳，每天早出晚归，圆满完成了大会各项志愿服务任务。

慈善义工大学生支教活动

南昌慈善义工协会余根水会长向我校毛冰漪调研员授旗

为促进我市教育事业均衡发展，南昌慈善义工协会组织高校部分慈善义工学生赴我市农村边远贫困地区村级小学开展义务支教活动。我校的慈善义工大学生们积极响应，在此活动中表现突出，自 2013 年起，连续几年共有 26 名优秀大学生被招募到南昌边远贫困农村小学开展义务支教活动，成了支教的主力军，南昌师专慈善义工分会也因此获得了由南昌慈善义工协会颁发的 2013 年度"先进慈善义工组织"荣誉称号,《南昌晚报》等多家媒体对我校学生的支教义举进行了专门报道。

我校支教大学生正在辅助教学

我校支教大学生皮丹丹正在上课

安义县新民乡乌溪小学五年级学生上课情景

支教的日子如白驹过隙,转瞬而过。支教的"90后"大学生们在支教结束后更多的是惆怅与不舍。她们难以忘怀农村孩子们那纯真灿烂的笑容,难以忘怀支教学校领导和老师对她们的关心和爱护,难以忘怀当地村民们给她们送菜送鸡蛋的那份质朴。第一次当老师的感觉真好,她们笑笑说。慈善义工大学生支教活动不仅仅让这些"90后"大学生有了教学经验,更让她们有了社会责任感,有了更多对人生的感悟,是帮助和激励更多的"90后"大学生树立正确的世界观、人生观、价值观的最好课堂。

志愿者暑期"三下乡"社会实践活动调研报告

为深入学习宣传贯彻习近平总书记关于青年成长成才的一系列重要论述,引导和帮助广大青年学生在社会实践中受教育、长才干、做贡献,切实深入基层向榜样代表研讨学习,在学习中不断增长见识、提高思想觉悟,勇于学榜样、做榜样,让青年学子在时代的弄潮中勇往直前,现将南昌师范高等专科学校"美丽中国"暑期"三下乡"社会实践服务团调研报告——绿色美丽中国调研报告展示如下:

一、秀美山河我来宣

6月27日,南昌师范高等专科学校暑期"三下乡"社会实践的志愿者队伍前去乔乐乡最偏远的马溪村并进行实践调研。经过两个多小时的颠簸,志愿者们来到了马溪村。这块土地带给志愿者们第一感觉便是落后,矮矮的房子,窄窄的马路,一点也没有城市的那种繁忙的气息,这是一个娴静的农村。

志愿者们熟悉了镇容镇貌和镇上的一些基本情况,开展了法律咨询活动,到敬老院拜访老人,还进村入户进行摸底调查。全队分成了四组。据调查,乔乐乡马溪村位于安义县最南部,距县城 20 公里,到南昌市仅 40 公里,总面积 52 平方公里,占全县总面积的 7.8%,其中林业用地 26 平方公里,农业用地 24 平方公里。全乡辖前泽、乔乐、马溪、社坑、石湖五个村民委员会和乔乐乡林场。截止到 2002 年,有 85 个村民小组,73 个自然村,总户数 2448 户,人口 12160 人,其中农业人口 11546 人,人口密度为每平方公里 233 人。2001 年全乡工农业总产值 4243 万元,财政收入 167 万元,农民人均纯收入 1480 元。通过对乔乐乡马溪村居民走访了解调查人数为 305 人,本村大部分为留守老人以及留守儿童,并且受教育程度普遍较低,环保意识较为薄弱。结合乔乐乡马溪村实际情况,本次社会实践调研以留守儿童支教为主线,以环保调研为副线。据调研显示,乔乐乡马溪村 80% 居民认为最为严重的环境问题是水污染,60% 对一次性餐具使用的次数较少,95% 的居民没有垃圾分类的意识。然而在如此众多的环境问题存在的情况下,95% 的居民选择关紧门窗忍一忍,只有少部分居民选择上访,但上访结果并不是太令人满意。根据调研的结果,接下来展开一系列有针对性的活动,对农村环保问题展开多样化宣传活动;对留守儿童进行心理、生理综合引导教育,帮助其树立正确的人生观和价值观;对空巢老人进行慰问表演。依据当地实情宣讲党的十八大精神,帮助基层群众对提出的改革有更深刻的认同与支持。

志愿者们在这村里驻留五天,完成了在乔乐乡马溪村的调研任务。

二、创新典范大家学

在乔乐乡短暂停留之后,志愿者们踏上了前往广西壮族自治区桂林市龙胜县的行程。吸取乔乐乡马溪村的实践经验,在前往广西壮族自治区桂林市龙胜县之前做了大量的准备工作,提前通过互联网了解龙胜县情况,同当地县团委进行交流,了解到龙胜县位于我国西部,经济社会发展较为落后。针对这一现状,我校"三下乡"志愿服务队开展"深入农村、了解农村、服务农村"新农村建设考察调研活动。

实践团首先考察了广西龙胜县泗水乡新农村建设示范村的里茶村。当地团县委领导针对该村的发展现状和未来的发展规划给实践团作了详细讲解,并专门带领大家到新农村创业典范基地的农家乐中参观新农村建设成果,邀请创业典范为"三下乡"社会实践服务队实践团传授经验、开展交流学习,通过学习农家乐的创业典范,实践团成员一致认为,里茶村新农村建设规划结构合理、层次分明、系统完善,体现了当代农村的崭新面貌。

随后实践团来到龙胜县革命烈士陵园,参观了革命烈士纪念馆、革命烈士陵墓,大家在烈士墓碑前低头鞠躬并默哀,寄托对烈士的哀思。在讲解中,仿佛重现了"湘江战役"的血雨腥风,革命先烈为了群众的幸福生活,不惜抛头颅,洒热血的场景。"青山处处埋忠骨",志愿们深切地体会到,今天的幸福生活是革命先烈们用生命换来的。最后,"三下乡"实践团和团县委相关工作人员共同重温入党誓词、重温入团誓词。

三、"两学一做"学习教育挂心间

清晨,趁着太阳还未高升,实践团到达广西省来宾市武宣县,在县团委和我校西部计划志愿者交流结束后,慰问团一行来到武宣县桂中第一党支开展大学生理想信念、革命传统教育及廉政警示教育学习。感受红色文化,体验革命生活,深入推进"两学一做"学习教育活动的开展。

此次三下乡社会实践团的目标明确,志愿者们也以最饱满的热情投入其中,行程结束后都受益匪浅,取得丰硕的成果。在远离城市喧嚣的这一片净土中,空气似乎都有一种莫名的清香,乡间的淳朴民风映刻在慰问团每位志愿者的脑海中。暑期"三下乡"社会实践"美丽中国"行把文化、卫生带入偏远的山区和西部,普及生态知识,强化生态环境意识,有效地推进新农村精神文明建设。

(本文为2016年江西省志愿者暑期"三下乡"社会实践活动优秀调研课题成果,作者:卢操、闵文剑、涂嘉欣、杨珲 指导老师:毛一泙)

05

第五篇

环境陶冶

　　学校校园分为教学区、行政区、文体活动区、教工生活区、学生生活区等五个功能区域。校园建设坚持以师范特色为主题,以传承百年历史为己任,围绕"筑师魂、树师德、立师品、师范人"展开环境文化的营造,体现"德厚才馨"的学校精神和大学开放、勇于创新的精神。

第一章

融文化于校园　润心灵于无声

马克思曾说，"人创造环境，同样环境也塑造人。"环境的塑造往往是潜移默化、润物无声的，正所谓"蓬生麻中，不扶自直"。景美则心旷，心旷则神怡，神怡则智清，智清则学佳。环境陶冶是无声的教育，没有讲台，没有居高临下的权威训导，但学生们却在自然轻松和愉快恬淡中不知不觉地受到教育。

为更好地实现文化育人、环境育人功能，学校着力打造文化精品，传承百年文脉，彰显办学特色，创造最美、最好、最有文化的校园环境，让每座建筑活起来，让每个景点传递思想，让一草一木有生命，让每块石头会说话。置身其中，学生能尽情地感知、感触、感受和体验，在赏心悦目之余，既增长知识，又陶冶情操。

汲取豫章教育精华

豫章文化石稳稳地立在图书馆前东南侧，处重要而醒目的位置，学生出入校园皆绕其而行。石长约 5 米，高约 2 米，呈黛青色，与周边草木融为一体，相映成趣。

文化石正面刻有《豫章学记》，展现了豫章悠久的教育文化，内容思想深邃涵养，字体飘逸隽秀。它的背面也别有洞天，中间内凹，隐约能见汉字"人"。整个文化石的寓意是豫章师院人应笃学深思、知史爱校。

厚重的文化石，使人

豫章文化石

们更加清楚地了解豫章悠久的历史和文化，真正体验到了豫章教育文化的博大精深。同时，激励豫章师院人不忘初心，继续前行，传承豫章古风，办好师范教育，培养优秀人才。

附:《豫章学记》原文

豫章学记

豫章，南昌之古名也，亦为其雅称。其地人文素著:澹台事显进贤门，王勃名就滕王阁;西山存梅福之迹，东湖鉴云卿之影;徐孺子有下榻之誉，雷仲伦居高贤之品;百花洲题现欧梅吟咏，青云谱玉成个山水墨。凡此，灿若星辰，端赖郡人凤兴教化之所造也。

吾郡兴教，可溯至孔门之贤澹台灭明。子羽南来，发蒙启蔽，世受祠祭。晋太康中，豫章太守胡渊始建学于郡治;东晋范宁，力兴学制，文风遂振。宋景祐中，赵槩知洪州，大建黉舍，而使泮宫之制，甲于诸郡。治平二年，知州施元长迁官学之址，迄于明清，未有更易。南昌州县之学，名士辈出。南宋王刚中、有明朱善、舒芬，皆中一甲。清嘉庆中，新建程矞采昆仲三人，游学府县，咸登进士，官至督抚。

书院之名，昉自李唐。宪宗元和间，有洪州幸氏桂岩书院，以时论，冠绝江右。入宋而书院之设浸夥，且多官修。郡城进贤门内豫章书院，始建于南宋，迭有兴废。清康熙五十六年重建，御赐"章水文渊"额，迄于清季，为赣省学府之冠。馀如友教、东湖、阳春、正学、经训、洪都诸书院，皆擅一时之胜。历代硕学鸿儒，讲学于吾郡者，更难计数。吾郡书院，藏书论学，崇贤尊道，敦风厉俗，功莫大焉。

今吾校开基百有余年，处豫章灵杰之地，当兴其厚积之学，造福乡邦，庶几无愧先贤。中华崛起，盛世在望，革故鼎新，弘教兴学，正其时也。（吴智勇）

把校史"写"进校园

一、百年时间轴

百年时间轴以碑刻形式呈现，铺刻在赞贤广场两侧。十块长1.8米、宽1.2米的灰白色大理石分段镶嵌，两边各五块，相隔16米左右。分别刻字为:1908-1927肇基、1927-1937乡铎、1937-1945惘乱、1945-1949汇川、1949-1966春荣、1966-1976历劫、1976-2004鸣盛、2004-济海、天舒，最后一块空白用以书写未来。

灰白色大理石碑刻近旁，有十块立体红棕色大理石立于草坪之中，与其相互辉映。斜面清晰刻有老宋字体，内容为学校各历史阶段的解说。百年时间轴将学校的悠久历史与学校优美的自然风景有机地融合，她记载着学校的变迁、发展、进步，还有发展中的坎坎坷坷、风风雨雨，也预示着大家对豫章师院的无限憧憬，昭示着百年师范薪火相传，走向辉煌。

广场上的百年时间轴

附：百年时间轴文字内容

1. 1908—1927 肇　基：1908 年江西女子师范学堂创立，是为江西省女子师范教育开端，我校发源于此；1914 年江西省立第一师范学校成立，形成现代师范教育特征，"两校开基"由此而来。

2. 1927—1937 乡　铎：1928 年江西省立乡村师范学校成立，别称"伍农乡师"，寓意"以农为伍"，创办校刊《乡铎》，倡导伍农觉民、改造乡村，领师范教育学做结合风气之先，是为我校发展史上的重要烙印。

3. 1937—1945 悯　乱：1938 年省立南昌师范（原省立一师，后更名武宁师范）、省立南昌乡师（原省立乡师）、省立南昌女师（原省立女师）分别迁移武宁、遂川、玉山等地，颠沛流离，在抗战中顽强坚守。

4. 1945—1949 汇　川：抗战胜利后，各部返回南昌，省立南昌乡师、省立武宁师范（大部）、省立劳师、省立社师合并成立江西省立南昌师范学校；国立江西幼师（初为省立，由著名教育家陈鹤琴于 1940 年创办，系全国第一所公立幼稚师范学校）师范部并入省立南昌女师。

5. 1949—1966 春　荣：1949 年 5 月南昌解放，省立南昌师范与省立南昌女师合并，成立江西南昌师范学校。学校曾是国家中等师范社会主义改造的试点单位，1958 年被国家教育部确定为全国示范性师范学校。

6. 1966—1976 历　劫："文革"期间，学校历经浩劫，曾迁址新建县白马山、郊区瀛上等地，先后更名为江西共产主义劳动大学新建分校、南昌教育学校，在困境中坚持办学。1973 年南昌师范学校得以恢复。

7. 1976—2004 鸣　盛："文革"结束后，学校迁回南昌市叠山路原址办学。1988 年学校被评为"全国先进师范学校"；1993 年试办大专教育；2000 年迁入青山湖校园，南昌幼师并入，办学规模和综合实力不断发展和提升。

8. 2004—2017 济 海:2004年学校升格为南昌师范高等专科学校;2005年南昌二师并入;2012年迁入现址办学。学校重视内涵建设,确立以培养小学教育、学前教育、特殊教育师资为主要方向,形成鲜明办学特色。

9. 2017—天 舒:2017年学校升格并改名为豫章师范学院,为本科层次的普通高校,学校定位为应用型高等学校,主要培养区域经济社会发展所需要的应用型、技术技能型人才。(林志雄)

释义:

肇基:开始建立基础。肇,开始。出自唐·韩愈《请迁玄宗庙议》。师范教育始于清末,成型于民初,女子师范学堂为学校最早源流,省立一师则是具备现代师范教育特征的开始,故以"肇基"一并概之。

乡铎:铎,是古代官员到地方宣讲法令、收集民情时使用的铃铛,最初为木铃,称为"木铎"。有教化的象征意义。出于《尚书·胤征》。二三十年代的乡村运动,以启蒙乡村为目标。当时,省立乡师,得风气之先,居于全国前沿。

悯乱:古人评价李白、杜甫诗的时候,常用"感时悯乱"之语,用以称赞李杜的忧患意识和担当精神。抗战时期教育工作者坚持教育救国理想,以最深厚的爱国感情和理想信念、以对中华文明的悲悯情怀,顽强坚守,终于迎来了胜利。这是南师宝贵的精神财富,是以记之。

汇川:江河汇流之意。出自俗语"百川汇流归大海"。抗战结束之后,学校源流各部结束了八年颠沛流离,迁回南昌,省立南昌乡师、省立武宁师范(大部)、省立劳师、省社师合并成立了省立南昌师范学校;由著名教育家陈鹤琴于1940年在泰和创办江西省立实验幼稚师范学校(后改为国立,为全国第一所独立设置的幼儿师范学校),1946年并入省立南昌女师。此为抗战结束后江西师范教育资源的大融合。

春荣:出于曹植文章。春天灿烂的花朵、欣欣向荣的草木,表达建国初期教育领域的春天气象。新中国成立以后,学校曾作为国家中等师范学校社会主义改造的试点单位,接受社会主义改造,焕发出勃勃生机。

历劫:劫,原为佛教用语,《楞严经》直接用了"历劫"一词,含有经历劫难、劫后重生的深意。"文革"对教育界无疑是一场大灾难,应正视这段历史。"文革"期间学校经历波折,曾迁址新建县白马山、郊区瀛上等地,曾使用过江西共产主义劳动大学新建分校、南昌教育学校等校名,虽然陷于困境,但学校办学未曾中断。

鸣盛:最早出于欧阳修诗,明清时期很多以"鸣盛"为人名、书名个例,最有名的是史学家王鸣盛。表达的是在盛世,要以最大的创造热情,创造出与时代气象相配的事业或作品。"文革"结束后,特别是党的十一届三中全会之后,学校迎来了新的历史机遇,学校锐意改革,成果丰硕,被原国家教委授予"全国先进师范学校",也是全国首批开展大专层次小学、幼儿园教师培养的试点单位,曾被誉为江西省师范"龙头"。

济海:取自唐代诗人李白名句"长风破浪会有时,直挂云帆济沧海",表达以下意思:(1)从女子师范学堂始,一代代南师人筚路蓝缕以启山林;(2)升格之后学校进入新的办学阶段,进入更高的办学境界,并确立了新的目标不懈奋斗;(3)充满希望,满怀豪情,创造新的辉煌。

天舒:取自毛泽东《水调歌头·游泳》诗句"万里长江横渡,极目楚天舒",表示学校再上新台阶、进入本科办学层次后,舞台更大,视野更宽,具有更加广阔的努力和发展空间。

漫步百年时间轴

百年时间轴位于我校赞贤广场的草坪两侧,由九块刻有重要时间段及介绍的石块组成,旁边布置反映学校变迁的碑文,上有对应时间段历史的简介。

百年时间轴是把历史展现在校园里,让学子们感受到百年名校的历史魅力。跟着时光轴,在历史里漫步。

石块上分别刻有肇基、乡铎、悯乱、汇川、春荣、历劫、鸣盛、济海、天舒九个词语。这九个词语分别对应着学校坎坷而辉辉的历史时间段。

百年历史孕育百年文化,百年文化承载百年梦想,百年梦想铸就百年风韵,百年风韵见证几代人成长,愿我校拥有更加辉煌的明天!

百年时间轴镌刻的厚重历史,将鼓舞我们前行!(516小教班　万冉)

二、校史馆

豫章师范学院校史馆位于教学大楼八楼,共分十部分,分别为"序""开创篇""新生篇""曲折篇""发展篇""壮大篇""展望篇""桃李篇""字画廊"及"荣誉室",采用专题展示和图文结合的方式,以学校百余年

发展脉络为线,详细介绍了学校的过去、现在和未来,全方位地展示学校的历史沿革和发展成就。

(一)序

序厅分为"校训校徽校歌""前言""历史沿革""亲切关怀"及"历任领导"。

1. 前言

主要介绍学校悠久的发展历史和办学定位以及师院人栉风沐雨辛勤耕耘和所取得的成就,激励重任在肩的豫章师院人众志成城,铸就辉煌。

2. 历史沿革

历史沿革图清晰地展示学校发展主线和百川聚流,以及百余年的师范坚守。介绍的重要历史节点有:1908 年江西省立女子师范学堂创建;1914 年成立江西省立第一师范学校;1928 年江西省立乡村师范学校创建;1940 年江西省立实验幼稚师范学校创建;1947 年组建江西省立南昌师范学校;1949 年组建江西省南昌师范学校;2004 年南昌师范学校升格为南昌师范高等专科学校;2017 年南昌师范高等专科学校升格为豫章师范学院。

3. 亲切关怀

展示的内容有各级领导对学校的关心和厚爱。江西省委原书记强卫、原省长、时任省委书记鹿心社都曾对我校发展与我校教职员工给予过亲切的关怀,其他省市领导也都对学校发展予以高度重视。曾在江西任职的万绍芬书记、吴新雄省长以及其他省市领导都曾在任职期间莅临学校或是指导学校发展工作。1996 年,万绍芬书记还曾为我校题词"伟大的基础工程"。

4. 学校领导

现任校领导班子,团结奋进、积极进取,历任领导薪火相传,成就了豫章师院的光荣与梦想。

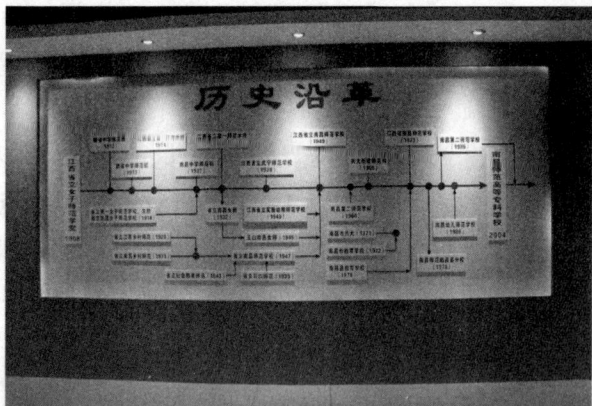

（二）开创篇

分为"两校开基""峥嵘岁月"和"数校归一"三部分。

"两校开基"叙述了学校的源头省立女子师范学堂和省立第一师范学校合并的历史。

"峥嵘岁月"主要介绍担任学校重要发展时期时的省立乡村师范学校第二任校长涂闻政，在抗日战争期间极为困难的环境中从未停止过办学。他主持办学 21 年，一天也没有离开过岗位。故有对联颂之："廿载惟育才报国，一心只教书治校"。

"数校归一"讲述1949 年 8 月 28 日江西省人民政府主席邵式平、副主席范式人、方志纯发布教字第二号命令："令原省立南师、女师合并为南昌师范，以原女师及南师令公庙部为校址。"这样，由原省立师范学校、省立实验幼稚师范学校、省立南昌女师及省立玉山南昌女子师范等数校组成了省立南昌师范学校。

（三）新生篇

包括"欢庆解放革故新鼎""抗美援朝保家卫国""教学革新成绩卓著"和"队伍建设 名师荟萃"四部分。

1949 年 6 月，以尚友同志为组长的军事代表小组进驻南昌师范，南昌师范从

此获得新生。1950 年 12 月 1 日，中央人民政府人民革命军事委员会、政务院做出《关于招收青年学生、青年工人参加各种军事干部学校的联合决定》的决定，以加强国防建设支援抗美援朝。南昌师范广大学生积极响应党的号召，在短短数天内就有 217 人报名参军。经市保送委员会 12 月 25 日审批，南昌师范有李德吉等 40 名同学（其中男生 30 名，女生 10 名，团员 19 名）被批准参加中国人民志愿军。

为了提高教育质量，学校积极向邻校、社会引进了一大批在学术上颇有建树、在社会上有一定名望的资深教师来校任教，著名教师有：马希贤、余心乐、王笤香、燕鸣、邓志瑷、王琦、康庄、齐宪模、李传梓、徐高祉、李兹高等。1959 年 10 月《江西日报》头版刊登《十年东风 花开满园》长篇通讯，专题报道了南昌师范在建国十年来所取得的可喜成就。

（四）曲折篇

记录了"文化大革命"时期学校十年艰辛，但依然艰苦奋斗、坚持办学，培养一大批优秀人才，为祖国的建设事业做出的贡献。

（五）发展篇

内容分为"拨乱反正　重振雄风""中师办学　全省一流""试办大专　提高层次"和"两校合并　跨入大专"，描述了学校从"文革"结束后的积极发展，从中师办学、试办大专到两校合并，跨入专科、本科的历程。

（六）壮大篇

介绍了升格后的豫章师院两个时期作为江西省唯一一所以培养小学教育、学前教育和特殊教育等基础教育师资为主的师范类专科学校，在"质量立校，人才强校，特色铸校，创新兴校"的办学理念的指引下，办学规模不断扩大，办学特色更加鲜明，科研、教学全面推进。

（七）展望篇

展现了为了实现建院升本的目标，全校教职工上下齐心，共谋发展，共干事业的事迹。2017年5月10日，教育部发函至江西省人民政府，同意在南昌师范高等专科学校基础上建立豫章师范学院。

（八）桃李篇

该篇是百年师范，桃李芬芳的颂歌。其中革命先贤、学界大师、党政领导、校园名师交相辉映，数万名学子或璀璨于历史的星空，或逐浪于时代的大潮。他们的一生成为学生的人生宝贵教材。

（九）字画廊

有著名山水画大师傅二石"预祝先父傅抱石母校南昌师专升本成功！"原江西副省长孙刚"学高为师身正为范，科学发展兴校育才——贺南昌师范高等专科学校百年校庆"，高级教师曾

锋"撒下园丁千滴汗,赢来桃李一趟春——贺母校百年华诞"等字迹。笔法刚健遒劲、风格雄浑博大、字迹雍容大度。他们的寄语展示对学校的浓浓情意和深深祝福。

(十)荣誉室

展示的是学校获得教学、科研重要成果奖奖状、获奖证书及实物等,以及自 1998 年以来取得的荣誉和成果。展柜中展出了学校历史上各个时期制发的具有历史价值和纪念意义的印刷品样本,不同时期使用的校徽、贺卡等纪念品以及学校教师历年来获得的国家级和省级荣誉证书,校友来信及通讯录,其中包括曾志荣书籍《难忘母校情》等。

三、爱国主义教育基地展览室

爱国主义教育基地展览室位于学校主教大楼八楼,分为四个部分,分别为"红色摇篮""绿色家园""人文江西"以及"活力南昌"。它以江西的人文、历史、发展等为线,向人们展示了江西的革命历史、文化发展以及深深的爱国情怀,以图片为主要形式,向人们展示了一幅幅优美壮丽、富含深刻历史意义的画卷。

琳琅满目的图片,丰富而深刻的内容,纵横清晰的展示,多维的视角表

现,融革命传统教育、可持续发展教育、人文精神教育、双创教育资源为一室,对学生产生了巨大的感染力。如红色摇篮篇中的"南昌起义、井冈山、瑞金、小平小道",都是身边的红色教育资源,熟悉而感人,是学生优质的思想营养剂。

把自然搬进教室

"地球上最后一只老虎在人工林中徒劳地寻求配偶,最后一只没有留下后代的雄鹰从污浊的天空坠向大地,麋鹿的最后一声哀鸣在干涸的沼泽上空回荡"每一个生灵都是上苍的赐予,不应遭到灭绝。

为了让学生更多地了解自然,知晓生物学知识,树立环保意识,学校把自然搬进校园,建立自然博物馆,通过组织现场实践教学,对学生进行生态文化教育,让他们身临其境,亲身感受,感受到大自然丰富的矿产资源,培养学生热爱自然、保护自然的自然保护主义思想。

自然博物馆分五个区,即生态系统展区、动物标本展区、昆虫标本展区、植物标本展区和地质岩矿标本区。

一、生态系统展区

展出动物标本 200 多个,这里的标本收藏价值最高,有许多国家一、二级保护动物和世界濒危物种,如云豹、蟒蛇、扬子鳄、巨蜥、紫貂、梅花鹿等就属于国家一级保护动物。展区的标本收藏还兼顾到世界性、区域性和代表性,如来自非洲的长颈鹿、鸵鸟、环尾猴;来自欧洲的马鹿、太平鸟;来自南极洲的企鹅;来自大洋洲的袋鼠;来自南美洲的松鼠猴;来自北美洲的鳄龟、浣熊。还兼顾到了来自各种生态类型和气候类型的标本,从而适合多种课程的教学需要和科普教育、环境教育的需要。

森林生态系统

湿地生态系统

草原生态系统　　荒漠生态系统

海洋生态系统

二、动物标本展区

有浸制标本和剥制标本两大类共 400 多件,分无脊椎动物展区、鱼类动物展区、两栖类动物展区、爬行类动物展区、鸟类动物展区和哺乳类动物展区。

各种动物标本

三、昆虫标本展区

展出了 1000 余件昆虫标本。这里有美丽的蝴蝶和形态奇异的昆虫。有世界最珍贵的蝴蝶标本——金斑喙凤蝶,还有许多国家的国蝶。如:印度尼西亚的国蝶——绿鸟翼凤蝶;马来西亚的国蝶——红颈鸟翼凤蝶;印度国蝶——金带喙凤蝶;日本国蝶——大紫蛱蝶;秘鲁国蝶——海伦娜闪蝶(光明女神蝶);美国国蝶——君主斑蝶;哥伦比亚国蝶——塞浦路斯闪蝶;不丹国蝶——多尾凤蝶;巴西国蝶——太阳闪蝶;澳大利亚国蝶——天堂凤蝶。

各种名贵蝴蝶标本

四、植物标本展区

展出了 230 个科 600 种植物蜡叶标本和浸制标本,很多是珍稀物种,如:楠木、鹅掌楸、木莲、拟单性木兰、红豆杉、银杏、水杉、银杉等。

各种珍稀标物标本

五、地质岩矿标本区

展出大型地球仪、恐龙骨架模型、紫水晶晶洞、硅化木、各类土壤、岩石、矿物标本及化石标本等100余件。地质岩矿标本馆主要面向科教、旅游等专业开放，适用于自然地理、导游、自然科学基础等课程。（文：徐新麒）

各种矿物标本

打造学生锻炼才华的舞台

一、青春剧场

青春剧场为露天剧场，面湖而建，坐落于学校枢纽地段，呈半环形，可容纳200余学生。椅子由一排排阶梯拼构而成，共计有七层。整个剧场被环抱在常绿树和落叶树之中，左右两面是枝繁叶茂的桂树，微风时节，花香四溢。

剧场取名"青春"，顾名思义是展现青春活力，焕发青春热情，演绎青春精彩的场所。你走过那里，看着女同学身姿婀娜，男同学身板健硕，他们或浓妆艳抹或略施粉黛，有的衣着古装戏服，有的身穿潮流服装，有时引吭高歌，有时低吟浅唱，有时动作舒缓，有

学生在青春剧场排练演出

时旋转如风。精妙的演出，使人目不暇接；靓丽的风景，让人流连忘返。

青春剧场常有演出，此时你一定要多呆上些时间，欣赏人家的绝活，看看别人的精彩。没演出时，你可以自己或邀上有共同爱好的同学来此演练你的技能，争

取成为下一个主角,成为青春舞台的主人,开启自己精彩的人生。

活力四射的青春剧场

我见过星光四射的舞台,望过风花雪月的镜头,恋过悲欢离合的戏台,却从没仔细观察过学校的青春剧场……

青春剧场在校园的一角,也许没有图书馆那样人来人往,可青春剧场的人也是来了又走,走了又来。

青春剧场,顾名思义,剧场嘛,和戏台差不多,都是用来演绎人生的悲欢离合的。看着同学们油妆满面,着了戏服缓缓走出,婀娜的身姿就已成了一道靓丽的风景。请你轻轻闭上眼睛,想象这里正在上演戏剧,而你站在那里,闻听远方锣鼓敲响,他们认真地演绎着戏中的悲欢离合,台下观众哭得肝肠寸断。落幕时,突然想起这里是露天剧场……

人活世上,不过是为了应景,即使是花草树木,也要装扮这个世界,何况是学校的露天剧场?露天剧场也成了人流量较多的一个好去处,没人时,来这安静安静,憧憬一下美好的人生;有人时,就一起凑凑热闹,看看别人精彩的演出,说不定下次站在台上的人就是你。(516音教班 陈梦)

二、菁英舞台

菁英舞台坐落在和珍广场,与和珍雕塑相望,背面紧靠特教大楼。舞台面积约130平方米,由大理石铺设而成,背景为镂刻五个拱形门洞的扇形墙。墙面是粗糙质感的真石漆,与灰砖契合,层次分明,共同形成有历史感的舞台背景。

拱形门洞之间由门墩相连,门墩类似桥墩。远远望去,好像变形的赵州桥,古色古香有品位,又极像古代小城堡,色彩神秘有惊喜。扇形墙与特教大楼之间留出一定空间,用于演员演出期间更换服装,设计非常科学,不占空间又很实用。

学生们在菁英舞台上排练演出

菁英舞台上,时常演绎红色经典,致敬英烈。许多充满激情、生机勃勃的学生,不顾汗水挥洒,一次又一次排练,一场又一场彩排,奉献精彩的演出。他们不畏困难,迎难而上;他们努力拼搏,光彩耀眼……

会传染的快乐

菁英舞台坐落在和珍广场前,用大量灰色的墙砖堆砌而成,给人一种古风感。别看它不大,但"麻雀虽小,五脏俱全",该有的一样都不落,后台、灯光一应俱全。

每每经过舞台时,我都会不由自主地停下脚步,被台上唱歌、跳舞抑或是排话剧的同学所吸引,吸引我的并不只是他们悦耳的歌声、优美的舞姿及精彩的表演,更多的是那种快乐的氛围。这不仅仅是一个用来演出的舞台,同时也是一个学习的舞台,是一个自由的舞台。在这里,快乐是可以传染的,合作后的成功、演出后的掌声、小舞台上的欢笑,于自己、于他人都是一份快乐。

但是要做舞台里的主角,就得有坚持不懈、勤学苦练的精神。"台上一分钟,台下十年功。"不然,在人生的舞台上,就只能做配角。

舞台上传递了欢笑与喜悦,见证了同学们不断成长的过程,洋溢着大家的青春热情,让我们一起加油,一起拼搏! 每个人都希望站上舞台,展现自我,赢得别人的肯定,但每个人心中的舞台都是不一样的。给自己建立一个心中的舞台,心有多大,舞台就有多大! (516 数教 1 班　夏彩云)

三、晨读园

晨读园位于图书馆北面,紧邻英语角,形似两个半环形状,斜向排列,有 A、B 两个区域,绿色植被的乔木是香樟树和乌桕,地被选用兰花、三七和麦冬,草坪用果岭草铺设。

A 区入口的景观石嵌入大红色的"晨曦"二

学生们在晨读园读书

字。内设阶梯式坐台,是在素土的表面由混凝土垫层而成,最后使用的芝麻灰花岗岩烧毛面铺设。往下走两个台阶便是晨读园 B 区,有三层阶梯。B 区中错落放置多块景观石,暖色地埋泛光灯穿插石群中。正对面的三棵香樟树和四个庭院灯把晨读园和英语角分开。

园中可站可立,坐的台阶错落有致,立的树下阴凉舒爽。晨读园里常常书声琅琅,或是大声诵读,或是低声默念。每个读书人都进入了一个属于自己的世界。读得累了,便坐在阶台小憩,欣赏他人的朗读,感受他人的热情。这是一个令人心驰神往的地方,同学们在这里奏起了自己最美的乐章。

美在晨读园

望过浩瀚的星空,游过苍茫的大海,走过广阔的森林。在游览这些磅礴的美后,是否有留意过晨读园的美?

晨读园里有琅琅书声,或是大声诵读,或是低声默念。每个读书人都进入了一个属于自己的世界。

读得累了,便坐在阶台小憩,欣赏他人的朗读,你会有不一样的收获。你会发现,原来这个英语单词是这么发音的,原来这篇文章用这种语气读可以这么有节奏,这么有意境。听! 枝上鸟儿鸣叫,它好像感受到我们朗读的热情,正在喧闹地附和着。望一望湖水,不知是谁丢了一颗石子,平静的水面荡起一圈圈的涟漪。

晨读园,一个令人心驰神往的地方。当清晨的第一缕阳光照射在这个大地,我就迫不及待地奔向那儿,去协奏这人间最美的声音! (514 数教 1 班　陈小玲)

四、英语角

英语角,与晨读园一起形成一个户外学习区域,由晨读园延伸过来,面向图书馆依坡形成,场地变化起伏。坡地高处上有几十棵樱花树和一棵大香樟。英语角最高一处石阶上竖置"ENG-LISH CORNER"标识,呈亮红色,毫不隐饰地张扬

校园英语角

个性。

醒目的标识之下,有几层阶梯,每层阶梯上都刻有一句英语名言,如"You have to believe in yourself. That's the secret of success."" Pursue your object, be it what it will. Steadly and indefatigably.""The important thing in life is to have a great aim, and the determination to attain it."

英语角除了为同学们开展日常的英语口语交流场所外,很多英语教师也常在这里开展实践教学,锻炼学生实践能力。户外英语朗诵、演讲比赛等也纷纷落户在此。落霞余晖,这里常有一群学生围成一圈,以做游戏的方式朗读英语,还有三三两两地坐着捧书阅读的人。

我喜爱的英语角

英语角是由许多阶梯组成,最上一层竖着几个大红的英文字母组成了"ENG-LISH CORNER",每层阶梯上都刻有一句英语名言。而我最爱的便是那句"You have to believe in yourself. That's the secret of success."

在这草长莺飞的季节中,我再一次来到了喜爱的英语角,朝阳撒下了缕缕暖暖的阳光在英语角一旁的树木上,而草地上的露珠也在朝阳的照耀下闪闪发亮。英语角里有一群女生围成一圈,以做游戏的方式朗读英语,从她们的表情不难想象,与同伴一同在英语角朗读是一件多么快乐的事。英语角里还三三两两地坐着一群捧书阅读的人。在这浓厚的学习氛围中,我也很快沉浸在书的海洋里。

喜爱一个东西是不会没有理由的,我喜爱英语角正是因为它的美丽,以及同样喜爱英语角的人所营造的气氛。(316 语教 5 班　邓祎璐)

第二章

敬仰名人先贤　秉承家国情怀

　　百年豫章师院,涌现了许多革命英雄和教育先贤,典型人物有革命先烈陈赞贤、刘和珍,著名国画大师傅抱石,学前教育先驱陈鹤琴等。这是我校重要的文化资源和教育宝藏,他们身上呈现了坚定信念、威武不屈、舍生取义、为民奋斗、百折不挠、敢为人先、勇于创新的精神,要更好地传承他们的精神,实现宝贵精神在校园里生根发芽,在师生中弘扬光大。

传承红色基因

　　一、赞贤广场

　　广场取名"赞贤",是为了纪念我校杰出校友(中共赣州地方组织的创始人之一、中共早期的著名工人运动领袖之一)陈赞贤,激励师生学习他坚持正义、不怕牺牲、铁骨铮铮、心系人民的无畏精神;学习他敢于变革旧政,大刀阔斧力促社会风气转变的改革精神。

　　赞贤广场为学校主广场,南接学校大门,北邻教学大楼,东西紧贴百年时间轴,是学校开展文化教育和举办大型活动的重要场所。广场东西宽约100米,南北长约为150米,由绿色草坪、升旗台和大理石平铺的方形场地组成。广场南面是一块长方形的绿色草坪、北面是一块大理石平铺的正方形平场,升旗台在绿色草坪与方形场地之间,三个旗杆高高矗立,每周一学校都定时在此举行升旗仪式。大舞台位于正方形平场与教学大楼之间,很多大型演出在这精彩演绎。

　　今天,立在赞贤广场中央,看着那鲜红的国旗升起,它舞动着,飞翔着,如同祖国朝气蓬勃,生机益然。同时,带着崇高、带着敬畏,抬头眺望着心中的太阳,那个已离开我们却又永生的英雄——陈赞贤。慕其在校勤勉学习,阅读大量进步书刊,参加进步学生组织;仰其少胸怀报国之志,"男儿七尺躯,愿为祖国捐",不怕牺牲寻求救国救民的道路。

站在这片土地上,我校莘莘学子内心会感到崇高而伟大,因它承载着先驱的精神,他们必须心怀志向,扬起理想之帆,放飞梦想,淋漓尽致彰显自己的才华,传承先驱的精神,为学校的发展、祖国的腾飞贡献聪明才智。

赞贤广场全景

豫章大舞台

学校舞台很多,但豫章大舞台为最,它位于赞贤广场的北端、学校主教学大楼前面,全部用大理石板铺而成,自然高雅。

它面积最大。尽管舞台核心区域不足 200 平方米,但由于可以利用四周空间向前后左右自然延伸,增大了舞台的容量,几百人在上面表演一点不显拥挤,相反尽显气

师生在豫章大舞台上表演节目　在豫章大舞台上举行军乐表演

势,恢宏磅礴。加之紧邻赞贤广场,又能有效地利用广场的优势,成为一个万人露天剧场。豫章大舞台的横空出世,全校师生共庆、万人共欢不再是幻想。2016 年纪念红军长征胜利 80 周年"豫章情·同声共唱中国梦"新生合唱比赛决赛、2017 年"喜迎十九大·共抒豫章情"暨豫章师范学院成立文艺晚会都在此舞台上完美演绎,学校上演万人空巷的盛况。

它设计最为独特。豫章大舞台,原为学校主教学大楼门前台阶,现在两边依然保留着台阶的通行功能,重点改造的地方是中间的台阶,通过平高垫底而成。舞台上面的三级台阶、下面的四级台阶没有进行改造,只是各有一级台阶上摆放着十盆盆栽,共计 20 盆。郁郁葱葱的盆栽,衬出舞台的勃勃生机。若把下面台阶上的盆栽移走,可作为师生合影的理想场所,若再把上面台阶上的盆栽移走,并在舞台上铺设红地毯,就成了奉献精彩的大舞台。

它还最为低调。按常理来说,舞台应该耀目烧金、奢侈豪华,但豫章大舞台却出奇地低调。初见它的人可能很难知道它是舞台,因它与台阶混搭协调,毫无违和感。也许你会说,它低调是因为其身份改变的时间不长(原是台阶),还没有养成习惯,但我认为它的低调是因为它深知是智者的行为成就了它的辉煌,保持低调是对智者应有的谦恭;还因为它深知自己肩负的使命——礼赞贤人,承载着对中共赣州地方组织创始人、中共早期的著名工人运动领袖陈赞贤的敬仰。由此,低调就成为其本分,这也反衬其品格之高雅。

二、和珍广场

和珍广场东临特教大楼和抱石楼,西临教学大楼和实验楼,北靠培训楼,南接第三教学楼,面积约 6000 平方米。和珍雕塑立在广场西面,面朝东方,展现刘和珍追求真理、英勇无畏。雕像旁刻有碑文,内容是鲁迅先生写的《记念刘和珍君》,雕塑对面的是菁英舞台。这里时常演绎红色经典,让英雄精神在校园传承。

早晨的和珍广场是静谧的,树木挺立,一阵风吹过,树叶沙沙作响,像开了嗓的少年在歌唱。低树丛经过一夜雨水的滋润,仿佛飘着缕缕雨水的香气,荡涤心间,地上的些许落叶并不影响它们的魅力。仔细去看,一滴水珠停落叶面,积蓄力量,熠熠闪光,滚落下地。

和珍广场

仿佛看见她在阳光和花香里走来,春风轻轻地牵起她的衣袂,青春照亮了她那比阳光还要温柔的笑容。在同样的年华里,在同样的春天里,不能想象也不敢想象,那花一样的生命已凋零。青春本不该如此脆弱,但现实是残酷的。正因如此,她的美才愈加鲜明,绽放用生命凝结的美丽,飞扬着青春的骄傲!

校园的早晨是恬静的,刚下过雨的校园更是显得愈发清澈。在这样的时光里,绕着校园奔跑更是觉得时光美好。

路过刘和珍广场,忍不住驻足。早晨的刘和珍广场是静谧的,树木挺立,一阵风吹过,树叶沙沙作响,像开了嗓的少年在歌唱。低树丛经过一夜雨水的滋润,仿佛飘着缕缕雨水的香气,荡涤心间,地上的些许落叶也并不影响它们的魅力。仔细去看,一滴水珠停落叶面,积蓄力量,熠熠闪光,滚落下地。

走到刘和珍石像前,细细瞻仰,石像旁的碑文便是鲁迅先生写的那篇《记念刘和珍君》,"真正的猛士,敢于直面惨淡的人生,敢于正视淋漓的鲜血……",看着看着不禁高声朗读起来,心中泛起层层涟漪,敬佩之情油然升起。

仿佛看见她在阳光和花香里走来,春风轻轻地牵起她的衣袂,青春照亮了她那比阳光还要温柔的笑容。在同样的年华里,在同样的春天里,不能想象也不敢想象,那花一样的生命已凋零。青春本不该如此脆弱,但现实是残酷的。正因如此,她的美才愈加鲜明,绽放用生命凝结的美丽,飞扬着青春的骄傲!(316 语教5班 翁慧)

致敬文化大师

一、抱石园

抱石园是为纪念学校杰出校友国画大师傅抱石而建,园里景观充分体现校园人文精神。园区处于连接学校教学区、体育活动区和学生生活区的枢纽地带,是师生闲暇时的好去处。抱石园突出傅抱石先生"高雅艺术"风格,以"雅"和"韵"布景,有雅赏、亲水

抱石园

等功能区,建有傅抱石雕像、傅抱石印章篆刻、瑞麟亭(傅抱石字瑞麟)、濯清台、俊星台、楹联文化长廊、桃李蹊等。漫步其中,体会最深的是美。有人说,美在艺术、美在自然,瑞麟亭、濯清台、俊星台、桃李蹊、楹联长廊,与涟漪的湖面相映成趣,闲嬉的人们与多彩的景观相映成画。

抱石园里春鸣曲

春姑娘带着生命和希望,迈着轻盈的步伐来到人间。她跃过高山,飞过河流,

来到我们的校园,把我们的校园打扮得生机勃勃。

看,现在校园里到处都充满着春天的气息和活力。值得一提的便是那抱石园。抱石园是以我校优秀校友、国画大师傅抱石的名字命名。

明媚的阳光,照耀在这幽美的抱石园。园里有嫣红可爱的桃花、洁白无瑕的李花、挺拔优雅的观音竹、艳美高雅的西府海棠、婀娜多姿的垂柳……漫步在园中的小路上,蝴蝶在空中舞着美丽的翅膀,蜜蜂悠闲地吮吸着花蜜,鸟雀在枝头唱着悦耳的协奏曲。

鲜艳的桃花像一个个害羞的少女,粉红色的胭脂脸,金黄色的花蕊,散发出一阵阵淡淡的清香,那些含苞欲放的花蕾用身子紧紧地掩住脸,不敢露出来。地上的小草,也争先恐后地探出头来,满地嫩绿,仿佛一条柔软的绿色毛毯。

再看看那婀娜多姿、美丽动人的垂柳,春风吹拂着柳树,柳枝跟着春风摇曳着满头的长发,又像在春风中向人们频频点头。那情景不由得使我想到了唐朝诗人贺知章的《咏柳》:"碧玉妆成一树高,万条垂下绿丝绦。不知细叶谁裁出,二月春风似剪刀。"

哎呀,一片金光粼粼的湖映入我的眼帘,湖水静静的,清冷的湖面上微风习习,起伏着一层微微的涟漪,像一幅迎风飘舞的绸,伴着跳跃的阳光,在追逐,在嬉闹……

抱石园里各种各样的景色,如同一串串细小的音符,拼凑成一首首婉转的乐章……(514 特教 1 班　李金花)

二、抱石纪念馆

抱石纪念馆置于抱石楼一楼,楼因馆更为有名。馆中傅抱石三字出自郭沫若先生手笔,馆共分为四大板块,即序、一师岁月、生平事迹、跋。

傅 抱 石 （1904—1965）,我国现代著名的国画家、美术史研究和绘画理论家。他原名傅瑞麟,自号"抱石斋主人傅抱石",1917 年 9 月至 1932 年 9 月这 15 年间在江西省立第一师范学院(南昌师范前身)求学、工作。

纪念馆对傅抱石的生平经历、在母校的学习生活、取得的艺术成就进行了全面展示,艺术大家热爱劳动、感恩母校的人文精神以及追求完美艺术的坚韧品格,

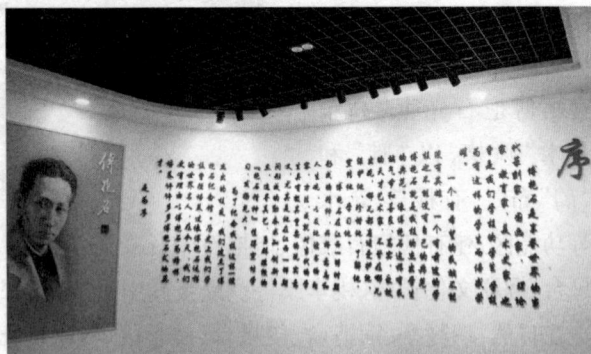

对于提高学生对艺术的热爱起到了极大的激励作用。

游傅抱石纪念馆

傅抱石(1904—1965)，原名傅瑞麟，自号"抱石斋主人"，是我国现代著名的国画家、美术史研究和绘画理论家。我校师生大多知道傅抱石先生是名家，是因为在1917至1932年这15年间傅抱石先生曾在江西省立第一师范学院(南昌师范高等专科学校前身)求学、工作。这种特殊关系，让豫章师范学院的师生对傅抱石先生有着一种特殊的感情。我校也为纪念这位杰出校友，特建抱石纪念馆，置于我校美术系抱石楼一楼。

为了进一步了解傅抱石先生，我来到了抱石纪念馆。一走进纪念馆，首先映入眼帘的是一幅巨幅油画，生动诠释了傅抱石先生的神韵气质，仿佛这位绘画大家在平静地注视着每一个瞻仰他的人。

入门左侧的墙壁上挂着傅抱石先生在一师的求学岁月经历和一些珍贵的老照片。分为"艰难跋涉""绝处逢生""走进一师""热爱劳动"等小版面，把傅抱石先生一师求学岁月脉络清晰地展现在我们面前。而右侧的墙壁上，则挂着他篆刻印章的模型。

继续往里走，便到了"诸家评述"版块。郭沫若、徐悲鸿、张大千等名人大家都曾对傅抱石先生给予高度评价。1947年出版的《中国美术年鉴》认为傅抱石先生"实开我国绘画新纪元"，吕尚理所撰的《傅抱石论》中则称之为"时代转折点"。

接下来，细细品读傅抱石先生的艺术年表。这始于1910年止于1962年的艺术年表清晰明了地展示了他一生在艺术上的辉煌成就。他创作了数以千计的中国画、大量的篆刻作品，培育了大批美术人才，在绘画观念、绘画技法上革新了旧的中国画……他一生孜孜不倦地探索中国传统绘画理论，并在实践中创造出散峰用笔连皴带擦一步来的"抱石皴"。他深入生活、壮游山川，提出"时代变了笔墨就不能不变"的观点，开启了现代金陵山水画派的一代新风。

入了抱石馆，怎能不赏画。在透明的玻璃罩里就收藏着与傅抱石相关的书籍以及他所创作的山水画作、仕女图等。我们在画作前驻足停留，细细地欣赏、品读，时不时地拍照留影。傅抱石先生之子傅二石还赠予了我校一幅书法作品，表达了盼我校早日升本成功的祝愿。(515英教1班　刘璐)

三、陈鹤琴纪念室

陈鹤琴（1892－1982），我国著名的儿童心理学家、儿童教育家，中国现代幼儿教育的先驱，被誉为我国的"儿童教育的圣人"。我校学前教育专业源于陈鹤琴先生1940年创办的江西省立实验幼稚师范学校，

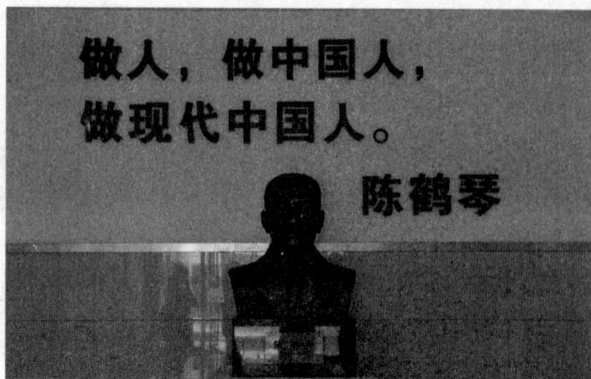

与陈鹤琴先生有着源远流长的学缘关系。数十年来，学校虽历经变革，但幼儿师范教育始终秉承和弘扬陈鹤琴的教育精神和教育思想，砥砺奋进，为江西幼儿教育事业的发展做出了重要贡献。

为纪念杰出先辈陈鹤琴，学校特建陈鹤琴纪念室。纪念室置于特教大楼北一楼，纪念室共分为六大板块，即序、幼教先驱、思想精髓、继往开来、陈鹤琴生平年表、结语。

纪念室记录了1940年春，陈鹤琴怀着践行"活教育"的理想，应江西省教育厅厅长桂柏庐之邀，来江西创办幼师教育的经历，提出了"活教育"思想，创立了"活教育"理论体系。包括"活教育三大目标""教学原则十七条""实施教学四步骤""训导原则十三条""'五指活动'实施大纲"等进行了详尽介绍，供参观者学习和借鉴，他的"一切为儿童，一切为教育，一切为四化"的精神值得儿童教育工作者永远传承和发扬光大。

感受校园风光

一、瑞麟亭

瑞麟亭，始建于2016年，于2017年竣工落成，西北临体育馆，东与俊星台隔湖相望。"瑞麟"取自傅抱石先生字，目前为学校唯一观景亭。

亭子是由四根方正的浅灰与青灰色相间的砖柱和黛青色琉璃瓦顶组成。亭檐和亭柱衔接处呈圆角形状。亭高5余米，柱高约3余米，檐长约2米。亭柱上挂有一副对联："林荫苑馥待凤期麟，倚岭揽江风清物瑞。"古色古香凉亭与经典传神联文相得益彰。

瑞麟亭三面邻水、清凉幽静,置身亭中可谓"江山无限景,都聚一亭中"。坐在亭子里,你可以享受初晨淡淡的阳光,也可以在晌午欣赏到点点金光的湖水,微风拂过还可以隐约听到树叶沙沙的摆动声。在这里,心灵和身体仿佛都享受着了前所未有的静谧。人

瑞麟亭

们常爱晚入亭中,一个人默默地坐在亭里,吹风、眺望,近看灯光倒影,湖水波光粼粼。亦可凭栏欣赏湖中美景,静观湖底嬉戏的金鱼儿,或远眺对面莲荷。

倘若此刻你就在瑞麟亭里,师生洽谈,共赏美景,共研学术,共话人生,定能让你美得心醉……

瑞麟泛艺香

在三月的江南,雨又淅淅沥沥地下着,它仿佛生怕给大地万物的滋润还不够,于是在这儿逗留了近半月的光阴。我们校园的景物便也被这烟雨笼罩了,特别是抱石园中的新景点——瑞麟亭,在蒙蒙细雨中,极其雅致。

下课后,走在路上,忽听一阵阵悦耳的笛音,便循声来到湖边,沿着湖畔小道向西走数十步,来到瑞麟亭。亭中有两个女孩,一个正吹竹笛,一个正手执葫芦丝,她们身前立着一个谱架,上面放着曲谱。她们所奏的音乐优美动听,清新悠扬,让我这个不通音律之人竟驻足细细聆听。但她们好像丝毫没有发现湖边居然多了人。音符在江南的烟雨里飘扬,瑞麟亭却静静地在湖边伫立着,亭顶是深灰色的琉璃瓦,四个方柱和亭檐由黑色和灰色的砖砌成,尽显江南传统亭阁姿态。亭檐中央提着"瑞麟亭"三个大字,它下方二柱分别提着"倚岭揽江风清物瑞""林荫葩馥待凤期麟"二联,二联旁还分别有小字,走进细看,上面分别是"梅仕灿撰联"与"丁酉赵定群尊录"。与我同行的朋友告诉我,上面所写的这个名字赵定群是一位著名的书法家,也是我们学校的知名校友。我想,这是前辈对母校的深深祝愿,以及对南师学子的殷殷期盼吧。

走进亭中,这里洁净宽敞,面向湖面可尽观湖景,只见湖被烟雨笼罩,珠帘一

般的雨间间断断地坠入湖,打在水面上,泛起了一圈又一圈儿涟漪,这时,让人起了一种在湖面泛舟之感。

如今最爱,便是手捧一本书,在充满艺术气息的亭中,在浅浅的时光里,细品淡淡的艺香。(315 语教 5 班　陈玉敏)

二、濯清台和俊星台

抱石园中湖水清澈,湖的南面和东面各有一个景观台,分别为濯清台和俊星台。"濯清",源自《爱莲说》"出淤泥而不染,濯清涟而不妖",喻洁身自爱、天真自然、品质高尚。"俊星",取自王勃《滕王阁序》中"雄州雾列,俊采星驰",

抱石湖全景

寓意为学校人才辈出,优秀才俊不断涌现。

濯清台为半圆形,面积较大,120 余平方米,安静开阔。台的南面有个小半圆,由大理石板铺设而成,内拓傅抱石篆刻"江山如此多娇"。台的北面临湖,可见睡莲轻轻柔柔地卧在水面上,不远处的小荷已吐露出尖尖角,夏天荷叶连连,花香扑鼻。俊星台呈矩形状,面积约 50 平方米,与瑞麟亭隔湖相望。两旁分别建有花坛,艳红纤细的花朵与翠绿茂密的叶子交相辉映,成为一道亮丽的风景线。

站在濯清台上,抑或俊星台中,映入眼帘的是倒映在湖面上的湛蓝的天空,天空和湖面都成了层云重叠的世界,一时分辨不出哪个是水,哪个是天。有时阳光斜射,湖面金光粼粼;微风吹起,湖水起伏着层层涟漪,像一幅迎风飘舞的绸,伴着跳跃的阳光,追逐、嬉闹。微风拂过还可以看见湖水里倒映着婀娜多姿的柳树的影子,柳树的枝条在风中摇曳着满头的叶子向人们频频点头,隐约听到树叶沙沙的摆动声。

岸旁的杨柳枝上立着几只正在觅食的鸟雀,同伴们也纷纷啼叫着飞来。不远处的晨读园和英语角传来琅琅读书声,闭上眼深吸一口气,配上淡淡的花香,无疑是最好的晨起礼物。

亲水台的日与夜

"肃肃花絮晚,菲菲红素轻。"不知不觉,不待感受春风绕上脖颈、拂过面容,就已是仲春时节了。

"亲水台那边的桃花开了。"室友的话语中满是藏不住的欣喜与惊讶。"桃之夭夭,灼灼其华。"亲水台旁的桃花真的开了,开得明媚,开得艳丽!

走进亲水台,碧绿的湖水被照耀得闪闪发亮,岸旁的杨柳枝上立着几只正在觅食的鸟雀,同伴们也纷纷啼叫着飞来。不远处的晨读园和英语角传来琅琅读书声,闭上眼深吸一口气,配上淡淡的花香,无疑是最好的晨起礼物。向远处一望,或许透过粉红的桃花还能看到在亭子里晨练的老教授,或是露天剧场中演员们的曼妙身姿。一切的一切都是如此的朝气蓬勃! 这时若是还能有一两本喜爱的诗词来慢慢地品味享受,那真的是完美至极了!

可你若是晚上来这亲水台,便又是完全不同的景象了。静,幽静,夜色中的亲水台是幽静的。月光柔软地铺撒在红花绿柳中,也为校园小路上的三两行人照亮前路。抬头望了望没有发现星星,可能夜里会来春雨吧,那真是应了杜甫的"晓看红湿处,花重锦官城"了。

在这春光明媚的日子里,无论何时来亲水台,无论幽静喧闹,都给人一种积极向上的活力与激情。趁着美好春光,不要窝在寝室里了,多出来走走,赏赏花、谈谈天、读读书,你会发现一个更加阳光、青春的自己! (516 小教 1 班 杨雨轩)

三、桃李蹊

桃李蹊,出自《史记·李将军列传》里的"桃李不言,下自成蹊"。桃李蹊的路面主要是用吸水红砖铺成,夹杂了些许青砖,路面清爽,是踱步静思的好去处。

桃李蹊为湖边园路,象征青春年华和栽培后辈人才。路如其名,两旁种有桃树与李树,桃树在沿湖一侧,另一侧是李树,总约60余棵。

三四月雨丝绵密时,桃花先于叶子冒出了枝,

桃李蹊的桃花

小径沿湖的一侧盈满粉红花瓣;而李花与嫩叶一齐出现,一树白花开满小径另一侧。一侧粉色桃花娇艳欲滴,一侧李花洁白无瑕对面相随,桃李蹊被粉白相映的花海簇拥。盛开正好的桃李之姿,在阵风袭来、雨帘微动、珠坠湖面的风景中,自成一家,柔情似水,媚若娇娥。

五六月阳光炙烤时,桃树、李树的叶子繁盛茂密,为树下小草以及小径旁的石椅带来些许荫蔽。树干有碗口大小,叶子青绿,枝上还结了一些尚未成熟的果子。桃子为椭圆或球形,小的直径二三厘米,大的直径四五厘米,有绿有红,表层附着一层绒毛。李子圆圆的,直径二三厘米,周身尚绿,小巧玲珑,相当可爱。

从这里走过,总能觉察出一丝诗意与惬意……

桃李不言,下自成蹊

桃李蹊,还记得初见你,那是一个雨丝飞扬、风吹面寒的春日的早晨。我原本以为那只是平常的一天,但因为遇见了你,因为人生初次遇见即是桃李盛开,所以这一天在我的记忆中便变得有些不一样了。原本因雨丝缠绕起的心思,在遇到雨中娇艳欲滴的桃花与洁白无瑕的李花的瞬间变得美好起来了。真是美妙的一场邂逅啊!

那天,下完早自习去图书馆还书,我并没有一如既往地走熟悉的路,而是被远处望去的一片粉红所吸引,情不自禁地撑着伞走向了那另一条弯弯曲曲的湖边小径。当我看到道路两旁交相辉映的桃花与李花时,十分惊喜。没有料到入校时还在修建的风景在建成之后会这般美丽,这般诗意。盛开正好的桃李之姿,在阵风袭来、雨帘微动、珠坠湖面的风景中,自成一家,柔情似水,媚若娇娥。

世间事大概都是冥冥之中自有定数吧!如果那天没有下雨,如果那天没有独自去图书馆还书,也许我就不会见到你雨中千娇百媚的花姿,不会有机会一个人走在那条小径不受任何束缚地去感你那穿越古今的诗意,更不会有幸恰好欣赏到了你一年之中最美的春日风光吧。

李复在《李花》中云:“桃花争红色深空,李花浅白自开好。”古往今来,咏桃花、咏李花的佳句名篇数不胜数,而桃李也常常被作为意象出现在一起。除了吟咏春光、象征青春年华之外,桃李也有着教师栽培后辈与门生的寓意。我们学校正是一所坐落在豫章故郡的师范学校,这里有许多师范类专业的学生,他们今天便是这桃李,而明日说不定也会在天南海北的地方写下他们桃李满天下的故事。

“桃李不言,下自成蹊。”愿我们这些四面八方的游子,都能在这里孕育、积蓄,收获一个个更好的自己吧!(316 特教 2 班　刘晶)

四、楹联长廊

楹联长廊依湖而建,北接青春剧场,南连桃李蹊,造型呈圆弧形,结构简单,轻灵美观,全长约 20 米,宽约 4 米。长廊共有 14 根方柱,2 根木制廊轨,48 根廊木。廊柱似由七个小正方体和一个大长方体垂直堆叠搭成,廊轨固定在廊柱之上,粗细均匀的廊木又整齐地横枕在廊轨之上。整个长廊刚劲之中见柔和,稳重之中见轻巧,深沉之中又见隽永。

楹联长廊,很好地传承中华民族璀璨的文化历史,让大家在校园里能感受到浓浓的文化气息,达到环境育人、文化育人的目的。楹联悬挂相对而开,风动静蠹尽显高雅情怀,名言警句映入眼帘,文化气息扑面而来,

楹联长廊

沁入心田神清气爽。长廊诗情画意,廊前湖影斑驳,偷一点闲情,偕步于廊中,读读楹联,赏赏美景,不亦人生乐事。

初春季节,围绕在长廊周围的各色鲜花都竞相开放。右侧几棵美丽的桃树相续绽开了花骨朵,虽只是几朵盛开着,但在阳光的渗透下,也显得玲珑剔透。夏季时分,楹联长廊显得更加优美繁华了。

我在楹联长廊看风景

楹联长廊依湖而建,如今正值春天,湖边的桃树竞相吐芳华。或三三两两压枝绽放,或展开两三片稚嫩花瓣,或花骨朵儿含苞待放。

晨光熹微,东方还是淡红色,远远的有几抹朝霞。独步在楹联长廊上,细细品味这校园宁静的早晨。随着脚步的节奏、鞋子踩碎落叶的声音,所有烦恼在这一瞬间溜走,心生一股难以言喻的满足。放空思绪,忽有一阵春风拂过,淡淡的花香充斥着整个鼻腔。

朝霞渐向这边扩散,天色被红光映得有些淡了。早起的学生三三两两陆续出现,细碎的声响渐大,校园"躁动"起来了。一眨眼间,太阳就露出了额头和眉毛,像个调皮的孩子,用力一跃,整个笑容就露出来了,东方顿时变得金光灿灿。阳光洒在长廊上,落下片片阴影,一明一暗,像极了钢琴上的黑白琴键。

　　迎面几个学生相偕步于廊中，欣欣然赏景，颇有偷得浮生一点闲情的味道。长廊仿佛是人生百态的缩版，这里光斑、阴影交错，那里人生晦涩、明朗相替。而人散之后的幽静，也是一段人生旅途的句点。

　　我在这里看风景，风景在这等你。(515 英教 1 班　刘璐)

第三章

崇尚文明和谐　建设美丽校园

近年来,学校深入贯彻落实党的十八大、十八届历次全会精神,认真学习贯彻习近平新时代中国特色社会主义思想和党的十九大精神,牢固树立政治意识、大局意识、核心意识和看齐意识,认真落实教育部、中央文明办和省教育厅、省文明办有关文明校园创建的文件精神,把"文明校园"创建工作作为全面提升学校综合实力的重要抓手,有效促进了学校各项事业的蓬勃发展。

抓好领导班子建设

一、加强思想理论学习,全校一盘棋盘活下好

一是党委中心组坚持学习示范。校领导、党员干部自觉垂范,扎实推进"两学一做"学习教育常态化制度化,并先后邀请清华大学教授戴木材、北京师范大学原校长钟秉林、《百家讲坛》主讲方志远教授等知名学者到校做辅导报告。二是基层党组织思想理论学习扎实有效。校领导带头到基层组织讲党课作辅导,并组建理论学习教育博士宣讲团,实行基层组织点博士宣讲。三是撰写心得体会凝取收获。学校党政领导带头撰写学习心得,党委书记贺瑞虎的《发挥高校党委领导作用　全面落实从严治党要求》、校长李文龙的《强化阵地意识　建设高校廉政文化》均在《南昌日报》发表。

二、实施党建"333"工程,全校党员干部示范引领

"333"工程的基础和关键是"三联系",即每位校领导联系1个系(部)、2位教师、2位学生;每位中层正职领导干部联系1个班、2位学生;每位中层副职和普通党员联系1位学生。一是校领导以上率下,带领各级干部和全体党员扎扎实实落实好"三联系"的内容和要求,真正成为师生的主心骨、学生发展的引路人。二是党员干部公开亮明身份开展工作。校党委把全校278名党员干部全部组织起来,要求他们公开亮明身份,常态化进基层,与师生交朋友,做实做细思想政治工作。

三是加强"333"工程推进工作调度,实施分类指导和常规检查,对工作开展滞后、落实不到位的及时分析原因,督促整改。通过党员干部联系优秀学生,帮助引导他们积极向党组织靠拢;对困难学生,通过联系帮扶,解决问题,不让一个学生掉队,帮助他们健康成长成才。通过抓两头、促中间,推动学校立德树人上水平。

在2017年全省高校思政工作会议上,我校党委书记就党建"333"工程作了典型发言,并获得了热烈反响。《江西日报》和江西教育电视台的《党建好声音》都专题报道我校典型做法,人民网、光明网等主流媒体也纷纷进行转载。

三、深化党风廉政建设,全校政治生态风清气正

坚定贯彻落实中央"八项规定"精神,保持反"四风"高压态势,坚持用党章党规规范党员干部言行,以严的标准要求党员、以严的措施管住干部,形成不敢腐、不能腐、不想腐的有效机制,夯实风清气正的校园政治生态。

2016年学校曾接受省委第一轮巡视,通过上级政治体检,没有一位干部出现腐败行为。

抓实思想道德建设

一、加强理想信念和核心价值观教育

一是加强理想信念教育。学校固定每周二下午为政治理论学习时间,以研读马列原典、专题学习、实地参观、过党员政治生日等活动形式强化师生理想信念教育,引导师生树立远大理想。二是强化核心价值观教育。组织有关社会主义核心价值观的知识竞赛、书法比赛、"特殊教育专业学生"手语比赛、"践行社会主义核心价值观"专场音乐会等活动,让社会主义核心价值观潜移默化、入脑入心。三是营造浓厚的宣传氛围。学校先后张挂社会主义核心价值观24字展板156块、"图说我们的价值观"宣传海报136张,制作社会主义核心价值观宣传橱窗30块。

二、抓实课堂教学主渠道

一是注重加强思想政治课建设,充分发挥思想政治理论课的主渠道作用,推动课堂教学改革。校党委书记、校长和其他班子成员都专门走进思政课堂听课,查找问题并进行针对性点评,启发和督促思政教师提升教学水平和教学效果。二是学校主要领导调研思政教学情况。贺瑞虎主持召开思想政治课教学工作情况调研座谈会,要求教师坚持课堂讲授守纪律、公开言论守规矩,强调思政课的价值引导要讲求方式方法,要提高学生的"抬头率"。校长李文龙出席思想政治理论课教学质量提升研讨会,要求大家打造思政精品课。三是对其他课程提出严格要

求。每学期的第一天,校领导和中层干部都会走进课堂开展听课,掌握师生课堂教学情况,要求每一门课都守好一段渠、种好责任田,与思想政治理论课同向同行,形成协同效应。

三、抓实日常思想政治教育

一是开展诚信教育。通过形式多样的宣传教育方式在校园内营造浓厚的诚信氛围,建立学生诚信档案,厚植诚信沃土。二是开展"三节"活动,发出"拧紧水龙头,不浪费一滴水;按一下开关,节约每度电;吃完每一粒米,减少剩菜剩饭的倾倒"倡议。学校开展"光盘行动"师生大签名活动(5000 余人参与签名活动);响应"地球一小时活动",举办了熄灯一小时活动;校报推出寻找身边普通的人和事,宣传随手关灯、关水、随手拾起垃圾的好习惯。三是强化国防意识。学校将军事理论课和军事训练纳入必修环节,注重理论与实效,开展军、校共建,常态化邀请学校近邻南昌陆军学院的教官来校指导和讲学,不断强化学生"天下虽安,忘战必危"的国防意识。

抓牢师德师风建设

学校始终把师德师风建设放在教育首要位置,着力培养教师的敬业精神和奉献精神,增强教师的学识和人格魅力。

一、构建师德师风制度

学校建立和完善党委统一领导,党政齐抓共管,处(室)、系(中心)具体落实,教师自我约束的师德师风建设领导体制和工作机制,促进师德师风建设常态化制度化,将师德教育摆在教师培养首位,贯穿教师职业生涯全过程,做到有计划、有方案、有措施、有保障。

二、遴选师德师风典范

2015 年学校遴选了首届"教学标兵"。2017 年又遴选第二届教学标兵与首届"优秀班主任标兵"。评选条件是德才兼备,师德为先。学校对标兵进行大力表彰,为全体教职员工树导向、立标杆。

三、构建教师考核体系

学校认真调研,正在修订《豫章师范学院教师考核办法》,把师德规范要求融入人才引进、课题申报、职称评审等评聘和考核各环节,实行师德考核一票否决制,师德考核结果也作为教师评优评先、职称评聘的重要依据。

抓深校园文化建设

学校党政十分注重文化育人,充分挖掘百年师范的文化底蕴和本地优秀传统文化资源,把校史写入校园、把校友变成教材、把校园变成课堂,彰显百年老校的文化自信。学校校园文化建设的方向,文化育人和环境育人的建设成效得到了省委副书记姚增科同志和省委常委、南昌市委书记殷美根同志的充分肯定。2017 年学校获评"第一届江西省文明校园"。

一、实施校园文化提升工程

2016 年以来学校投资 1200 万元实施校园文化提升工程,2017 年又申报南昌市宣传文化工程项目,进一步优化校园环境。一年多来,学校建成了豫章文化石、百年时间轴、抱石园、瑞麟亭、赞贤广场、和珍广场、青春剧场、菁英舞台等一批校园文化设施,美丽的校园环境成了百年文化传承的展览馆、学生素养教育的实训场和各种才华锤炼展示的大舞台,使全校学生在优美而富有内涵的校园环境中受到潜移默化的影响,增强在校学生成长成才的自信心和自豪感。

二、充分运用课外活动大舞台

学校将文明校园创建工作与建党、建军、建立新中国等重大活动相结合开展主题教育,先后举办了"纪念红军长征胜利 80 周年"2016 级新生大合唱比赛、英雄交响乐团"美丽南昌"2017 新年音乐会、"喜迎十九大·共抒豫章情"暨豫章师范学院成立文艺晚会等大型活动;组建了国旗队,每周举行升旗仪式;举办"豫章开讲啦"教育节目、"豫章情　成长梦"读书活动、暑期"三下乡"社会实践、大学生志愿服务西部计划、社团文化艺术节等丰富多彩的课外活动,这些活动深刻地影响和教育着学生。学校曾获全国大中专学生志愿者"三下乡"社会实践活动先进单位,"同"系列校园文化品牌荣获全省高校校园文化建设成果一等奖。

三、组建英雄交响乐团

南昌英雄交响乐团是依托南昌师专音乐系组建的一支非营利、公益性的交响乐团,乐团以"创新、开拓、交流、共享"为理念,演奏英雄乐章,传播英雄声音,用音乐奏响英雄城,已成为英雄城南昌的一张靓丽的名片。2016 年,乐团先后受邀参加南昌市春节团拜会演出、南昌航空大学"致敬经典"中外影视音乐作品音乐会和"美丽南昌"2017 新年音乐会;2017 年 6 月,又成功举办了庆祝中国共产党成立 96 周年暨中国人民解放军建军 90 周年交响音乐会。

抓细校园环境建设

一、建设美丽校园

学校注重环境育人，设立了"党员先锋模范岗"，组建了文明队，巡视校园、寝室、教室督查不文明行为；划分卫生包干区，培养学生环保意识；定期开展"我的宿舍我的家"宿舍文化节活动，组织开展宿舍主题秀、宿舍公益广告设计大赛、宿舍卫生大检查等五大活动。上述举措培养了学生爱护校园环境的意识，促使他们主动践行"豫章师院是我家，人人都爱好她"行动誓言，共同建设干净、整洁、有序的美丽校园。

二、创建平安校园

一是通过后勤化社会改革引进专业保安队伍，试行 24 小时值班制度和领导带班制度，并组建校内安全护卫队，整合师生力量强化安全管理。二是加大物防、技防投入。2017 年，学校拟投入 180 万元，改造监控、门禁系统，同时加大布点范围。三是组织广大师生进行安全和法制宣传，定期组织师生开展消防、地震演练。四是利用电子屏幕、校园广播、宣传栏、黑板报普及安全和法制知识。有效的举措，使得近几年学校连续获得省市综治管理先进单位和江西省高校平安校园建设先进单位。

三、共建和谐校园

学校积极争取省市资金支持，实现了校园山、水、园、林、路使用功能、审美功能和教育功能和谐统一，实现了红色江西、绿色江西和特色（人文）江西的有机统一，人文景观与自然环境相映成趣。学校还组织师生参与校园道路、景点和公共区域的规划、建设、命名和管理，增强了师生对校园环境的认同感。

抓稳阵地建设管理

一、阵地建设管理稳步推进

学校建立会议、讲座、论坛及校内媒体审核机制。学校出台了相关文件，规范管理报告会、研讨会、讲座、论坛，受邀人及发言内容须经学校党委宣传部审核。校报、校刊、校内广播电视必须及时准确地宣传党的路线、方针、政策和党的教育方针，宣传党委行政的决定和学校改革发展。同时，打通活动场所管理、宣传阵地管理和网络阵地管理,统筹协调、协同推进,实现你中有我、我中有你。

二、阵地建设形式稳中求新

一是积极利用已有阵地。充分利用学校广播站、校园网等文化宣传阵地,大力宣扬文明行为,抨击丑陋的不文明现象。定期召开文明教育主题班会,开设道德讲堂,有层次、有针对性地对学生实施思想道德引导,内化于心、外化于行,让学生养成良好的行为习惯和形成自觉行为。每年组织师生参观校爱国主义教育基地、校史馆和傅抱石纪念馆、陈鹤琴纪念馆,对师生开展红色江西、绿色江西和特色(人文)江西以及省情、市情和校情教育。二是不断开拓新的阵地。第一,学校挑选师生优秀美术作品,布置在图书馆和教学楼等场所,创建优美、有艺术感染力的公共走廊文化;在学校春华路北设立了国学经典语录灯箱,营造浓厚的文明教育氛围。第二,2017 年,学校投入 5 万多元打造新媒体工作室。截至 2017 年 6 月 29 日,官微共推送微信 159 篇。2017 年以来粉丝互动活跃,单篇阅读量最高达 30600,单篇留言量最高达 672 条。第三,创建"掌心里的党建阵地""红烛之光"微信群,在学校微信公众号设立基层亮点、南师身边人、南师朗读者等栏目,传递好声音,讲述豫章故事。

三、阵地育人效果稳步提升

有效的阵地建设举措,实现了学校育人水平的不断提高。近两年来,学生获国家级特等奖 8 项,省部级奖励 58 项。2015 年,我校丁书洋等同学在世界休闲体育大会第四届全国全民健身操舞大赛总决赛中获普通院校组第三套《全国健美操大众锻炼标准规定动作》成年组五级特等奖。2016 年,我校凌子怡同学在 2016 年教育部首届全国"学宪法讲宪法"演讲比赛江西赛区高校组荣获特等奖,并作为江西省大学生唯一代表参加全国比赛,夺得二等奖佳绩;我校潘彦青等同学获第 12 届中国大学生健康活力大赛中国大学生校园健身操舞锦标赛高职院校组一等奖(第一名)。

第六篇 **06**

实践创新

近年来,学校主动适应经济社会发展新常态,不断深化实践教学改革,推进创新创业教育建设,促进学校教育与科技、经济、社会紧密结合,实施了"1235"工程,即:紧抓一个牛鼻子——实践教学改革;落实两翼齐飞策略——创新创业互促;实现三项到位——顶层设计到位、教学条件保障与服务协调到位、教师主体能力提升支撑到位;推进五类改革——优化专业发展结构、优化老师配置、优化课堂教学、优化实践实训室建设、优化教研行为。通过积极探索和实践形成了独有的实践教学和创新创业教育格局。

如何有效地利用办学优势和所在地区的区位优势,在履行服务社会的职责上,充分发挥自己的特点和优势,不断完善服务机制、创新服务手段、开拓服务领域、增强服务能力、提升服务水平,促进与地方经济、基础教育等的协调发展并形成以服务为基本特征的办学特色,可以讲是办学过程中一个持续的重要课题。学校服务社会的功能通过短短几年的发展,从小到大,由弱到强,目前,已成为江西省小学、幼儿园、特殊教育教师继续教育不可或缺的力量。

第一章

凝心聚力 实践教学改革推动学校转型发展

抓住实践教学牛鼻子 趟出教学改革新路子[*]

——南昌师范高等专科学校实践教学改革纪实

南昌师范高等专科学校创办于 1908 年,是一所具有百年办学历史的名校,曾一直走在师范教育改革的前沿。近年来,学校励精图治、开拓创新,主动适应经济发展新常态,持续推进教学改革,牢牢抓住实践教学的牛鼻子,培养出了一批又一批高素质的应用型人才。

一、统一思想 科学定位 做好人才培养顶层设计

学校开展教育思想大讨论,明确了教育改革应为应用型人才培养服务,要快速推进实践教学改革,重点锁定培养中小学、幼儿园和特殊教育学校师资及区域经济发展所需技能人才。为此,学校在原有实践教学体系的基础上,重新修订《专业人才培养方案》,明确应用型人才培养的目标和各专业培养的规格,创新"教、学、做"合一的人才培养模式。改革的重点是进行学时调整,保障实践教学时间,实现"二多二少",即实践类课程、学生实践活动时间增多,课内总学时、周课时减少。

(一)压缩理论教学时间

改革后的培养方案压缩了课堂理论教学时间。第一,删减不适应培养应用型人才的理论课程或理论学时;第二,部分课程调整为新型网络教学模式;第三,由单独设置辅修专业课改为公选与辅修融合。师范专业的课内总学时平均减少15%,高职专业课内总学时平均减少 13%。

---

* 本文选自 2017 年 3 月 6 日《中国教育报》

（二）增加实践教学学时

压缩的课内学时用于开展实践活动。第一，规范课程的理论学时与实践学时的比例，要求纯实践课的实践课时不少于80%，理论加实践课程的实践课时不少于30%；第二，高职类专业实习时间6个月，分为认识实习、跟岗实习和顶岗实习三个阶段；第三，新生周二和周四下午不排课，用于组织实践活动。通过以上举措，保证了学生有充分的时间开展各种实践活动。

（三）增强学生自主学习和实践的能力

学校把人才培养的目标定位在培养具有自主学习能力、实践能力和创新能力的应用型人才上，各个系（中心）在每个专业、各位教师在每门课程中自觉尽力地挖掘实践教学新资源，创新实践教学新模式，开拓实践教学新领域。教学方法注重启发互动，从以教师为中心的教学模式转变为以学生为中心的培养模式，从知识灌输向教会学生主动学习转变，从知识传授为主向提高学生能力为主转变。

二、加大投入　搭建平台　加快实验实践基地建设

加强实训、实习基地建设是学校改善办学条件、彰显办学特色、提高教学质量的重点。学校按照教育规律和市场规则，紧密联系行业企业，加强校校、校地、校企合作，不断改善实训、实习基地条件，加强和推进校外顶岗实习力度，提高学生的实际动手能力。

（一）加大校内实验实训资源的投入

学校大力改善实验实训条件，为实践教学改革提供高水平的硬件保障。目前，校内实训中心面积达5.47万平方米，实验实训中心（室）达174个，覆盖了学校所开设的所有专业，其中教学技能实训中心、语言文字实训中心的实验设备条件大幅度提高，学前教育和特殊教育实验实训条件省内一流，设备设施总值达7000多万元。获得省财政支持的职业教育实训中心项目三项，总投入760万元。在此基础上，学校继续有序地推进专业实验室、虚拟仿真实验室、创业实验室和创新创业中心建设。

（二）加强实验实训室科学规范管理

学校为了加强规范管理，提升管理效率，提高专业管理人员的配备，出台了《实验实训室管理模式与运行机制管理办法》，实施"双层双制"管理运行机制。明确提出，实验实训室是学生创新创业能力培养与素质提高的实践基地，属于学校统一教学资源，应充分满足各专业学生的发展需要。按实验实训室的性质，分为公共实验实训室和专业实验实训室，实现校、系两级管理模式，即公共实验实训室校级管理，面向全校学生申报使用；专业实验实训室系级管理，学校协调使用。新的管理办法有利于实践教学资源的使用达到最大化，为实践教学改革提供强有

力的保障。

（三）拓展校外实训基地

学校不断拓展校外实践基地的数量和形式，加强组织管理，促进校外实训取得实效。首先，增加校外实践基地数量。2016年，各系增加师范生的见习、实习基地两个以上，高职专业的校外实训基地新增一至两个。其次，拓展校外实践基地形式。2016年，与"红谷滩新区云溪幼儿园、南昌市启音学校、新建区实验小学、新建区特殊教育学校"建立合作关系，分别挂牌为学校的实验学校和实验幼儿园，作为学校学生的实习实训基地。

此外，学校致力加强校外实践活动的管理，重点解决学生实习期间的过程指导与监控、实习经费调整与审查、建立实习单位和实习学生对学校实习指导工作的反馈机制等，杜绝了放羊式实习的现象。

（四）建设创新创业教育中心

学校投入300万元将体育馆地下室3700平方米改造成"创新创业教育中心"，为学生开展各类科技创新活动和创业实践提供场所。第一批入驻创新创业项目、团队有"'和创客'联盟""众创空间""跨境电商"及"艺术设计"等。

三、师资雄厚 名师云集 助力推进实践教学改革

学校现有高级职称教师148人；博士、硕士学位教师267人，在职攻读博士、硕士学位教师4人；国务院政府特殊津贴获得者、曾宪梓教育基金获得者2人，省级教学名师、中青年骨干教师17人。另有一大批教师入选省世纪百千万人才工程第一层次人选、市"521"第二层次人才工程人选、市学科带头人和市"五一劳动奖章"等荣誉称号。同时，学校还聘请了一批行业一线的名师名家、能工巧匠，如小学、幼儿园、特殊教育学校的特级教师、行业精英、知名人士，优秀创新创业人才等参与对学生的培养。

（一）引导教师对口实践锻炼

学校出台了《教师社会实践管理办法（暂行）》，大力推动教师下到基层学校和企业进行对口实践锻炼，要求教师四年中必须参加一次为期一学期的脱产社会实践活动，积极打造适应新时期实践教学的优秀师资队伍。

（二）建立教师到行业企业挂职锻炼制度

凡是没有基础教育教学经历和所任教专业相关企业工作经历的教师，都必须有半年以上的脱产参加行业一线的实践。参加实践期间，基本工资、职称评聘及职务晋升等方面与在职教师享受同等待遇，奖励性绩效工资享受所在系教师基本工作量的平均值，餐费和交通费按在校人员同等待遇进行补贴，如在南昌市以外的地区参加实践，另报销每月往返一次的车票。

（三）参加实践的教师需完成"三大任务"

对参加社会实践的教师提出了"三大任务"，即顶岗参与基地的日常工作并指导本校学生实习、见习，提高双师素质；立足学校培养目标开展调研及科研工作；设计开展实践实训课程与活动，并对学校发展提出改革建议。2016 年，有 14 位教师提出申请分赴各实践基地开始顶岗、指导实习生等实践工作。

（四）深化校校、校地、校企合作

以校地融合、校校（企）合作为纽带，实现校校（企）人员相互兼职，实现校地文化共融。每学期都要创造条件聘请行业一线的专家来校常态化上课，并组织教研活动，为教师提供与一线专家合作研讨的平台，弥补教师一线经验的不足。每学期都要聘请行业一线的能工巧匠来校讲座或指导实践活动，用他们丰富的行业经验、突出的工作业绩启迪和激励学生，使学生在专业信念、专业知识与技能、创新创业等方面得到行业一线能手的点拨和引领。

四、科学评价　提升质量　建构实践教学保障机制

实践能力测评，是学校对学生的主要评价方式，对学生的发展起到关键的引导作用。学校通过加强实践教学监控、强化实践教学评价和创新教学评价办法，不断巩固实践教学成果。

（一）加强实践教学监控

学校以过程检查、分析研究为依据，通过点面结合、线上线下结合的反馈机制，构建了一套全方位的实践教学质量监控体系。由督导室牵头组织检查和考核，开通学生和教师向学校举报和反馈信息的渠道，发现未按教学计划落实，按教学事故管理办法和目标量化管理方案处理，确保教学高质量运行。

（二）强化实践教学评价

教务处、招生就业处、学工处等部门牵头负责实践教学的质量评价。对师范专业实践教学水平的评价，主要依据学生参加教师招聘考试过关率、职业资格和专业等级考试过关率、师范生技能考核成绩、各类竞赛获奖和社会活动情况等；对高职类专业的评价，主要依据职业资格和专业等级考试过关率、创新创业成果、各类竞赛获奖以及开展实践活动情况等。

（三）创新教学评价办法

各系作为学生专业实践能力的主体责任单位，定期分析学生在招聘考试、专业技能竞赛等方面的情况，加强针对性训练指导，创新教学评价办法，注重以学生的培养质量、实践能力为指标评价教学，评价结果与教师考核挂钩。

学校紧咬实践教学不松口，抓住培养应用型人才不放手，全校形成了教师从实践教学要质量，学生从实践教学要能力的共识，教、学、做紧密结合，人才培养质

量不断提高,社会影响力持续增强。学校招生录取分数线在省内同类院校名列前茅,毕业生深受用人单位欢迎。2016年毕业生初次就业率达到87.73%,高出全省平均就业率近三个百分点,其中学前教育专业毕业生全部就业、特殊教育专业毕业生就业率达98%。

站在新的历史起点上,学校以开放的胸襟接纳五湖四海的学子,以改革为动力,以学科建设为龙头,以师资队伍建设和基础设施为保障,在实践教学方面做足文章,趟出了教学改革的新路子,向着宏伟目标迈进,谱写着学校更加辉煌灿烂的新篇章。(诗文)

强化实践教学　推动学校转型发展

党和国家历来高度重视实践育人工作,坚持教育与生产劳动和社会实践相结合。近年来,国家相继出台了《教育部等部门关于进一步加强高校实践育人工作的若干意见》《教育部关于全面提高高等教育质量的若干意见》《国务院办公厅关于深化高等学校创新创业教育改革的实施意见》等一系列相关文件政策,文件中明确指出进一步加强高校实践育人工作,是全面落实党的教育方针,把社会主义核心价值体系贯穿于国民教育全过程,深入实施素质教育,大力提高高等教育质量的必然要求。

南昌师专为主动适应经济社会发展新常态,深化创新创业教育改革,促进学校教育与科技、经济、社会紧密结合,2015年开始,重点开展了实践教学改革,以强化学生实践能力培养为目标,改进人才培养模式,培养更加适应现代经济社会发展的应用型人才。

一、实践教学改革的原则

实践教学改革以"五到位"为基本原则,即顶层设计到位、教学条件保障与服务协调到位、教师主体能力提升支撑到位、教育教学质量评价指导到位、教学三级督导(校、系、学生)监督到位的原则。做到科学完备、民主决策、循序渐进、教学相助。

二、实践教学体系的健全

学校在原有实践教学体系的基础上,开拓务实,勇于创新,重点修订专业人才培养方案,明确了应用型人才培养的目标和各专业培养的规格;大力提升实验实训条件,实施"双层双制"实验实训室管理运行机制,为实践教学改革提供高水平的硬件保障;出台教师社会实践管理办法,突破教师实践教学能力的瓶颈;改革毕业生实习管理工作,坚持"三有"原则,提高毕业实习质量;完善各专业学生实践能力评价机制,以培养效果促进教学改革。这些措施立足实际,与时俱进地完善了学校实践教学体系,形成了南师特色。

三、实践教学改革的措施

(一)以修订专业人才培养方案为引导,设计实践教学改革

围绕强化学生实践能力的培养,学校创新"教、学、做"合一的人才培养模式,2015 年完成了《专业人才培养方案》的修订。改革的重点在调整学时保障实践教学,实现了"二多二少"。

"二多二少"即实践类课程、学生实践活动时间多,课内总学时、周课时少。主要做法:一是有针对性地整合、减少课堂教学的课程与学时;二是根据课程性质调整课堂讲授和实践教学的学时;三是个别课程使用网络线上与线下的混合教学模式;四是辅修专业课与公选课统一选课;五是高职类专业实习时间由 1.5 学期延长至 2 学期等。新的培养方案中师范类专业课内总学时平均减少 15%(平均减少 347 节),高职类专业课内总学时平均减少 13%(平均减少 262 节),实践类课时占总教学时间达到 50% 以上。2015 级高招新生的周课时由平均 26 节降至平均 23节,逐步实现全校每周二、四下午不排课,用于开展各类实践活动。

(二)以提升实验实训条件和管理水平为基础,保障实践教学改革

近年来学校大力投入实验实训设施与场地建设,到目前为止,学校共有实验实训室 174 个,琴房 256 间,覆盖了学校所开设的所有专业,其中学前教育和幼特教育实验实训条件达到我省一流,设备设施资金 6000 多万。2015 年学前教育专业技能综合实训中心获得省财政支持的职业教育实训项目,得到 250 万元资助。

为加强实验实训室的管理,学校出台《南昌师范高等专科学校实验实训室管理模式与运行机制管理办法》,实施"双层双制"管理运行机制。明确提出,实验实训室为学校统一教学资源,均应满足学生发展需要,是学生创新创业能力培养与素质提高的实践基地。管理以公共资源、专业资源类别分校系两级管理,运行采取公共资源校级管理,全校申报使用,专业资源系级管理,学校协调使用。新的办法将有利于实践教学资源的使用达到最大化,为实践教学改革提供强有力的保障。

(三)以强化教师实践教学能力为突破口,推进实践教学改革

为提升教师开展实践教学的能力与水平,学校于 2015 年出台了《南昌师范高等专科学校教师社会实践管理办法(暂行)》,要求教师四年中必须参加一次为期一学期的脱产社会实践活动,这个要求不仅来自学校加强实践教学的需求,同时也与教育部即将出台的加强师范生实习工作的政策相符合。

为保证教师能够"下得去、待得住、干得好",学校一是大力建设示范实践基地,加强校校(企)间的合作,保证了教师有实践场所;二是从人事管理角度出发,予以政策倾斜,参加社会实践的教师享受在岗教师同等待遇,并报销一定往返路费,在政策和经费上予以充分保障,解决教师参加社会实践的后顾之忧;三是从教学管理角度出发,在双向管理基础上,对参加社会实践的教师提出"三大任务",即参与基地日常工作并指导学生实习、见习,提高双师素质;立足学校培养目标开展调研及科研工作;设计开展实践实训课程与活动,并对学校发展提出改革建议。

目前,已有14位教师提出申请,下学期将分赴各实践基地开始顶岗、指导实习生等实践工作。

(四)以改革毕业生实习管理工作为契机,深化实践教学改革

教育教学实习是高校教育教学计划的重要组成部分。学校在充分调研的基础上,实施毕业生实习管理工作改革。

2015年学校出台《关于组织实施2016届毕业生实习工作意见》,采取集中实习和分散实习相结合的方式,对实习工作提出了规范要求,明确实习工作必须坚持"有组织""有指导""有评价"的"三有"原则,并在经费中予以保障。同时,依据办学需求,积极拓展校外实习基地,尤其注重选择优质的小学、幼儿园、企业建立实践基地,做到学生校外实践基地的数量和质量有保障。

(五)以建立学生实践能力评价机制为标准,完善实践教学改革

高职学生实践能力测评,是高职院校对学生的主要评价方式,对学生的发展起到关键的引导作用。学校积极探索建立需求导向和就业导向的评价机制。主要包括课程内实践教学的评价、见习与实习的质量评价、社会实践的评价。课程内实践教学的评价主要根据课程标准进行考核,师范类学生毕业前必须参加教学基本功考核,成绩合格颁发合格证;见习与实习的质量评价主要包括对实践态度、能力、工作质量的考核;社会实践评价由团学部门对学生参加社会实践活动进行考核,合格者获得专项学分。

南昌师专近期开展的实践教学改革在推动创新创业教育、强化学生的职业能力、提高教师的教学水平等方面已显现出一些成效。但是,学校的改革目前仍处于探索阶段,仍需不断完善,效果还有待于实践的检验。

实践出灵感　实践出真知

——2016 年教师社会实践总结

根据《关于落实教师进行社会实践的指导意见》指出,2016 年 2 月,在学校及外语系的大力支持下,我到了南昌市启音学校进行了为期一学期的脱产实践,同时承担南大附小等四所学校的实习指导工作。现将此次社会实践工作总结如下:

一、社会实践的内容

(一)深入一线、课题研究

社会实践期间,我在南昌市启音学校随班跟听了初一至高二年级的英语、语文、言语训练等课程,同时开展问卷调查,与该校领导及教师访谈,进行"常态课"课堂观察,参与教师教研活动,组织高低组聋生英语水平测试,对聋生的英语、语文等学科作业进行文本分析,进行了三项课题的一手数据、材料的收集、分析工作。完成了三项课题:省社科规划课题《聋生英语习得的语际影响研究》、省教改课题《聋校英语教师职前培养模式研究》、市社科规划课题《南昌市聋校英语教师专业发展研究》的调研工作。

(二)学习手语、顶岗教学

实践期间,南昌市启音学校安排了两名聋生教我学习聋人自然手语,方便与聋生交流沟通,我在学习手语的同时对这两名聋生的英语学习进行了跟踪调查,了解聋生英语习得规律。5 月下旬起,该校安排我在高二年级进行了一对一及一对二的英语课程辅助顶岗教学,在教学实践中发现聋生英语教学的重难点,探索聋校英语教学规律,总结聋校英语教师素养,同时锻炼了"双师"能力。

另外,在学习手语的过程中,进行手、英、汉语翻译实践锻炼,探索手语、英语、汉语三语转换的翻译技巧,为创新创业团队建设积累了实践经验。

(三)交流学习、校校合作

2016 年 4 月,由学校派出参加了"全国聋校(院校)英语课堂教学研讨会",会议期间与香港中文大学手语语言学教授、聋人英语教学研究专家团队交流学习,与全国各地聋校英语教师交流讨论,学习先进聋生英语教学理念,借鉴成功经验,并与启音学校领导与老师共同研讨聋生英语课堂教学、聋校英语师资培养、手汉英翻译创新创业团队等工作。为我校与一线学校在专业建设、人才培养、教研科研、创新创业项目等方面开展校校合作搭建桥梁。

（四）指导实习、开展调研

此次社会实践,本人还承担了外语系部分实习学校的实习指导工作,作为驻点实习指导教师与一线小学教师共同指导学生实习。对南大附小、广南学校、站前路小学千禧莱茵分校、红谷滩实验学校等四所学校 50 名实习生进行了教学指导,指导实习生备课、写教案,开展集体评课、教学反思。

同时,利用指导实习的机会,与小学领导及英语教师进行访谈,了解一线学校对我校小学英语教师培养的建议及意见,促进我系英语教育专业人才培养与一线岗位需要对接,课程内容与职业标准对接。完成校级课题《南昌市小学英语教师专业发展现状调查研究》的研究工作,撰写并发表论文《小学英语教师专业发展现状调查——以江西省南昌市为例》。

二、社会实践的成果

（一）课题研究

1. 完成江西省社科规划课题《聋生英语习得的语际影响研究》的调研;

2. 完成江西省教学改革课题《聋校英语教师职前培养模式研究》的调研;

3. 完成南昌市社科规划课题《南昌市聋校英语教师专业发展研究》的课题研究,已提交结题申请;

4. 完成南昌师专校级课题《南昌市小学英语教师专业发展现状调查研究》的课题研究,已于 2016 年 6 月结题。

（二）论文发表

1. 发表论文《小学英语教师专业发展现状调查——以江西省南昌市为例》,《南昌教育学院学报》,第一作者,2016 年 6 月。

2. 发表论文《聋校英语教师专业发展现状调查研究》,《南昌教育学院学报》,第一作者,2016 年 10 月。

（三）调研报告撰写

1. 撰写了《江西省聋校英语教学现状调查报告》,对江西省聋校英语教学现状进行深入调查,重点调查江西省聋校英语课程设置、师资队伍、教学现状等情况,找出聋校英语教师队伍及聋校英语教学存在的问题,并提出了提高聋校英语教学质量的建议与对策。

2. 撰写了《南昌市小学英语教师专业发展现状调查报告》,对南昌市小学英语教师专业发展现状进行调查研究,并分析教师专业发展影响因素,为小学英语教师教育者及教学管理者在教师培养上提供了理论及实践的参考。

（四）校校合作及创新创业团队建设

社会实践期间,与江西省残联、南昌市启音学校、江西省时代翻译公司进一步探讨了手汉英三语翻译团队的建设,于2016年7月向学校提交了《语言服务协同创新创业团队申报方案》,组织教师及学生成立了"语言服务协同创新创业团队"。

三、对学校教育教学工作的建议

第一,全国特殊教育学校(聋校)英语师资极其匮乏,据调查目前全国大多数聋校英语教师都是普通高校英语专业毕业生,但是由于他们在大学阶段没有学习特殊教育相关理论知识及相关专业技能,所以在教学信念、教学技能(特别是手语)等方面表现出了不足。随着今年"全国聋校(院校)英语课堂教学研讨会"的召开,全国各地特殊教育学校(聋校)纷纷打算开设英语课程或将英语课程从原来的高中阶段、初中阶段起开设提前至初中阶段、小学阶段起开设,逐渐与普遍学校同步,便于学生接受融合教育。所以建议我校新增应用英语(特教方向)专业,培养专门的特殊教育学校(聋校)英语师资及手汉英三语翻译人员。

第二,聋校对各学科(特别是语文、数学、外语三门学科)教师专业化的需要非常迫切,建议我校特殊教育专业课程《聋校课程教学》细分为各学科教学,如:《聋校英语教学》《聋校语文教学》《聋校数学教学》等。或者要求特殊教育专业学生辅修一个学科教育专业,如语文教育、数学教育、英语教育。

第三,加大聋校英语教师的职后培训,建议开展全省特殊教育学校(聋校)英语学科的教师培训,对聋校英语教师进行手语、英语专业知识及技能、手语语言学知识、英语教学理论等方面的培训。

第四,建议我校加强与特殊教育学校(聋校)的校校教研、科研合作,我校教师应主动深入到特殊教育学校(聋校)进行调研,同时指导特殊教育学校(聋校)教师进行教学改革的实践及科学研究工作。

第五,建议我校英语教育专业新增《小学英语教育科研方法》课程,结合小学英语教学的具体案例进行科学研究,提高学生的可持续专业发展能力(该建议已被2016版培养方案中采纳)。

第六,建议我校将一学期的集中实习期分散至两个周期:可在第四个学期安排一个月的实习,让学生对所学教学理论联系教学实际,积累直接经验,对第五学期开设的《小学英语教学技能训练》及《小学英语教育科研方法》等课程更易于理解及应用,第六学期的实习效果也会更佳。

另外,对江西省聋教育及聋校英语教育提出以下建议:

第一,尽快成立"听障教育资源中心",建立"言语康复+聋校学习+普校随班就读"联动的教育机制,让聋童尽早接受言语评估,进行言语康复治疗,实现言语康复与聋校学习同步发展,设置专门接收聋生进行融合教育的普通义务教育学校,给聋生提供融合教育条件,整合听障教育资源,促进聋教育的全面发展。

第二,建议全省各特殊教育学校(聋校)统一英语课程设置,先逐步从初中阶段起开始设置英语课程,条件允许的情况考虑从小学三年级开始设置,与普通学校同步,便于学生在言语康复良好的情况下去普通学校随班就读。

四、结语

"实践出灵感,实践出真知",此次社会实践令我受益匪浅。通过深入一线调研,参与一线学校的日常教学教研工作,让我充分了解了一线学校对我校人才培养的要求,进一步提升了自己的实践教学能力,对今后教学及学生培养将产生深远影响。同时,此次社会实践也为我的课题田野调查及跟踪研究提供了充分的调研时间,搭建了良好的研究平台,促进了研究"接地气",也有利于研究成果更好地服务于课堂教学、服务于学校人才培养。(南昌师专外语系　王雅琪)

第二章

两翼齐飞:创新创业教育共促人才培养质量

深化"双创"人才培养机制改革[*]

一、学校概况

南昌师范高等专科学校始创于1908年,至今已有108年办学历史,是一所以培养小学、幼儿园和特殊教育等基础教育师资为主的师范类专科院校,也是江西省儿童心理研究、残疾人教育研究、小学教育研究、学前教育研究基地。

学校校园占地面积621.58亩,校舍建筑面积25.4万平方米,其中教学科研行政用房面积14万平方米;教学科研仪器设备总值7628万元;馆藏纸质图书87.71万册,电子图书80余万册;实验实训室(场馆、中心)174个,校外实训实习基地140个。

学校现有专业29个,其中小学教育、学前教育、特殊教育等师范专业12个,计算机网络技术、导游、艺术设计等高职类专业17个。学校全日制在校大专生7959人。现有专任教师432人,其中教授27人,副教授117人,博士12人,硕士207人,生师比18.4:1。

学校现拥有省级支持实训基地1个、省级教学团队4个、省级特色专业6个、省级人才培养实验区3个、省级精品课程和省级网络精品资源共享课程11门。

近五年,学校获省级教学类成果一等奖、二等奖等奖项38项。学校教师获得国家级课题4项、省级课题191项。教师发表论文1021篇,其中核心236篇,SCI、EI、ISTP收录论文25篇;出版专著、教材38部。学校教师获得国家知识产权局实用新型专利5项,省级科研成果奖12项。

近五年毕业生就业率均高于全省平均就业率。

---

[*] 本文为校长李文龙2016年度创新创业教育工作汇报。

学校办学定位明确,确立了立足南昌、面向全省、辐射全国,以师范教育为基础,以小学教育、学前教育、特殊教育为主要特色,教育学、文学、艺术学、管理学等多学科协调发展,打造为区域经济社会发展提供强有力人才与智力支持的应用技术型师范本科院校的办学思路。

学校 2008 年获江西省高校人才培养工作水平评估"优秀"等次,2014 年江西省高校教学水平评估获全票通过。2016 年 5 月教育部批准我校筹建豫章师范学校,筹建期一年。

二、学校创新创业教育工作基本情况

(一)加强创新创业教育工作统筹领导

1. 领导重视,科学规划

(1)学校成立了创新创业教育工作领导小组,由校长任组长,各分管副校长任副组长,各部门和各系主要负责人为成员,领导小组下设办公室,挂靠教务处。同时成立了专业与课程建设、创业指导与服务、创新实践活动、师资建设与综合考评、科研管理、后勤保障等六个专项工作组,形成了创新创业教育工作的基本组织构架。

(2)制订了《南昌师专创新创业教育实施方案》,确立了"一条主线、两个抓手"的创新创业教育体系。"一条主线":创新创业教育融入人才培养的全过程;"两个抓手":一手抓课程体系建设,一手抓实践体系建设。从创新创业教育课程体系建设、实践体系建设、保障体系建设以及重点项目建设等方面对学校创新创业教育工作提出了目标和内容,规划了近几年创新创业教育工作的进程,明确了工作职责和任务。

2. 分类指导,强化监督

(1)激励创新,形成导向。学校以强化教师实践教学和创新能力为突破口,制订了《南昌师专教学标兵遴选方案》等文件,建立"教学、科研、服务三位一体"的教师专业发展激励机制。学校开展了以"找准人才培养定位,创新实践教学模式,推动创新创业教育"为主题的实践教学与"双创"教学成果专项展示活动,对优秀项目进行扶持,孵化入"双创"基地实际运作。

(2)注重考评,落实责任。学校将创新创业教育纳入目标管理考核体系,定期通报,定期考评。建立了在校离校学生创新创业信息的跟踪机制,密切关注学生创新创业的动态和成果,主动引导和帮扶。学校组织两次全校规模的专项自查,各部门、各系做到了任务与进程了然于心。

(3)及时总结,加大宣传。学校及时总结、推广创新创业教育方面的好经验、好做法,大力培育和宣传创新创业先进典型,并形成汇编材料发放到各部门、各系进行交流。在校园网开辟创新创业教育专栏,搭建创新创业教育宣传、经验交流、课程资源共享、信息发布的平台。江西电视台曾对我校创新创业项目进行了展播。

(二)深化创新人才培养机制的改革

1. 修订完善人才培养方案,建立交叉培养人才的机制

(1)基于"教、学、做"合一的教育理念,修订了《专业人才培养方案》,将创新精神、创业意识和创新创业能力培养融入其中。新方案具有"二多二少"鲜明的特点,即:实践类课程、学生实践活动时间多,课内总学时、周课时少。新方案中,师范类专业课内总学时平均减少15%,高职类专业平均减少13%,实践类课时占总学时均达到50%以上,逐步实现每周二、四下午作为实践创新活动时段。

(2)坚持公共选修课、专业任选课以及辅修专业课的实施。学生在本专业的专业任选课和公共选修课之外,还可以辅修另一个专业的核心课程,这既拓展了学生的知识,又扩大了学生的视野,也为学生创新创业提供了条件。

(3)配合新方案的调整,各专业课程标准对接职业资格标准,强化与行业一线的契合度。教学方法上更加注重案例分析、现场模拟、实际操作、理论反思。

2. 加快学科专业转型发展,探索校企融合的人才培养机制

适应本地经济社会发展的人才需求,调整专业结构和专业方向,培育优势和特色专业。积极开展校地、校校、校企共育和订单培养,构建了产教融合、校企(地)合作等应用型人才培养机制。师范类专业遵循"优势互补、资源共享、突出重点、注重实效、互利共赢"的原则,与本地区教育部门建立了长期、稳定、全面的合作关系。非师范类专业根据专业特点,开展多方融合培养,如:旅游管理类专业与全国人大北戴河培训基地、计算机应用类专业与北京传习新天教育科技有限公司、商务英语类专业与浙江金华永康久久太阳电子商务有限公司、艺术设计类专业与南昌瓷版画研究中心签订了合作共育协议。

(三)深化创新创业课程体系改革

1. 完善创新创业课程体系

(1)有针对性地开设了"就业指导与职业发展规划""创业基础""教育科学研究方法"等必修课。将创新创业内容融入通识教育课程教学计划,加大建设力度,如"大学语文"经过培育被评为省级精品资源共享课。同时,依托网络课程平台,初步形成创新创业类精品课程和教学资源库。

(2)加强创新创业教材建设。教师参与编撰了《大学生创新创业基础》《大学生创新创业经典案例教程》等教材,并收集了大量校友和本地企业家创新创业案例,汇编成册作为课程教学、创新创业团队建设和各类竞赛的参考资料。

2. 加强创新创业课程教学

(1)创新教育教学方法。贯彻落实《南昌师专关于提高课堂质量的意见》,倡导启发式、讨论式、案例式、互动式教学。学校首届"教学标兵"分别以慕课、翻转课堂教学等"以学为中心"的课程范型开展公开示范教学和教研活动;精品(资源共享)课的中期检查和到期验收,将课程资源应用于翻转课堂作为主要评价标准。2016 年,《走进特殊教育》被评为全国第八批"精品视频公开课",入选国家级教学质量工程;慕课《走进特殊教育》获准在"爱课程"网上线;《特殊儿童教育》课程加入国家教学资源库。

(2)鼓励学生自主学习。全时段开放图书馆,加大专业实验室、实训中心等场所的开放力度,使更多学生能够有更好的条件开展创新创业的学习和实践活动。精品课程网站不断更新课程资源,免费向社会全面开放。

(3)改革考试内容和方式。考查课程基本以非标准答案试题为主,个别实践课程组织联合考查;考试课程加大非标准答案试题的分值,注重考查学生分析问题、解决问题的能力。以考试形成导向,培养学生的批判思维和创新意识,引导学生学会学习。

(四)深化创新创业教学、科研管理体制改革

1. 改革学籍与学分管理制度

(1)放宽学生修业年限,三年制学生,学籍可放宽至六年;五年一贯制学生,学籍可放宽至八年,根据学生创新创业的实际需求允许调整学业进程、保留学籍休学。

(2)设置创新创业学分,将学生开展创新实验、发表论文、获得专利和自主创业等情况折算为学分,将学生参与课题研究、项目实验等活动认定为课堂学习,学生获得的创新创业实践学分可与教学学分转换。

(3)为部分有意愿有潜质的学生制定创新创业能力培养计划,建立创新创业档案和成绩单,客观评价学生开展创新创业活动情况。

2. 促进教学科研成果转化

根据省政府印发的《江西省鼓励科技人员创新创业的若干规定》要求,积极鼓励教师开展创新创业教育的教学研究。学校制订了《南昌师专科研创新团队管理办法》,建立了一批创新创业团队,推进创新创业成果落地。学校形成了系列特色化育人模式,如"学前教育师资培养培训一体化模式""资源教师四维一体培养模式""语文教育专业职业技能模块化培养模式"等。

（五）加强创新创业教师队伍建设

1. 创新师资培育机制

（1）建立了一支创新创业专任教师队伍，在课程教学、实践指导、竞赛辅导以及对外技术服务等方面发挥了重要作用。特殊教育专业教师，指导了南昌市西湖区"国家特殊教育改革试验区"的实施、江西省残疾人康复中心的言语康复、南昌市新建区特殊教育学校的教育教学，建立了技能大师工作室。

（2）完善了教师专业技术职务评聘办法，将创新创业教育业绩纳入教师专业技术职务评聘和绩效考核，创业教育学术成果认定为专业领域业绩成果。

（3）选聘各行各业优秀人才到学校担任创业导师，开展创新创业讲座和创新创业大赛、挑战杯等赛前特训。团委与成功企业家密切合作，系统推进"双创"进课堂（礼堂）宣讲、展示和项目指导，成效明显。

（4）提升教师开展实践与创新教学的能力。学校2015年出台《南昌师专教师社会实践管理办法（暂行）》，要求教师四年中必须参加一次为期一学期的脱产社会实践活动。为保证教师能够"下得去、待得住、干得好"，学校在政策和经费上予以充分保障，解决了教师的后顾之忧。2016年有16位教师参加了脱产社会实践。

2. 建立鼓励教师创新创业机制

对离岗创业的，经学校同意，可在三年内保留人事关系，与其他在岗人员同等享有参加职称评聘、岗位等级晋升和社会保险等方面的权利。

（六）加强大学生创新创业实践活动

1. 加大创新创业实践基地建设

（1）改善创新创业和实践教学条件。仅去年一年就投入2100多万元专项建设经费，新建了28个实验实训室。出台了《南昌师专实验实训室管理模式与运行机制管理办法》，实施"双层双制"管理运行和共享，为学生创新创业能力培养提供了良好条件。

（2）建立校内创新创业实践基地。学校投入300万元将体育馆地下室3700平方米改造成"创新创业教育中心"；各系依托现有实验室等具备条件的场所，建立了一批创新创业基地。音乐系承接南昌市委宣传部英雄交响乐团项目，获得资金100万元支持，同时启动了"豫章乐谷双创项目"的运营。

（3）建立校外创新创业实践基地。积极拓展专业对口的校外实践基地，尤其注重选择优质的小学、幼儿园、企业建立实践基地，做到学生校外实践基地的数量和质量有保障。如：学校与青云小镇、青云谱电子商务产业园等合作建立了大学生创新创业实践基地。

2. 加强创新创业实践教学力度

（1）学校初步形成有助于培养创新创业能力的实践教学体系，每周二、周四下午开展实践创新活动。成立创新创业协会、创业俱乐部等学生社团，定期举办创新创业论坛。今年11月，江西省第三届大学生创业公开课在我校艺术楼宜萱剧场开讲，会场座无虚席。

（2）积极开展各类创新创业竞赛活动。每年举办"互联网＋"创新创业竞赛、师范生教学技能竞赛、"五四"文化节等活动，为学生提供了锻炼自我、展示自我的平台，活动参与面广、效果好。

（七）加强创新创业政策保障体系建设

1. 完善服务体系

加强创新创业信息服务，建立学校创新创业信息服务平台，参与江西青创网等建设，为学生实时提供国家政策、市场动向等信息；研发了适合学生特点的创新创业培训课程。

2. 加大经费投入

2016年，学校划拨500万元用于创新创业专项工作，其中，300万元建设学校创新创业中心，200万元投入竞赛、项目培育等实践活动。此外，吸引了校外资金注入，如"文峰奖学金"已启动，华唐教育集团洽"大学生创业风险基金"已形成初步意向。

（八）效果与特色

近年来，学校扎实开展创新创业教育工作，实施了"1235"工程，即：紧抓一个牛鼻子——实践教学改革；落实两翼齐飞策略——创新创业互促；实现三项到位——顶层设计到位、教学条件保障与服务协调到位、教师主体能力提升支撑到位；推进五类改革——优化专业发展结构、优化老师配置、优化课堂教学、优化实践实训室建设、优化教研行为。通过积极探索和实践形成了独有的特色创新创业教育格局。

实践教学的改革取得了很大成效。通过"教学标兵"遴选、实践教学和"双创"专项展示，提升教师实践能力，培育了一批省级、校级科研、教学团队。强化学生的职业能力训练，效果明显。2015年以来，获得省级教学成果奖一等奖、二等奖，一门课程被评为国家级教学质量工程奖，实训中心、创新项目获得省、市资助近400万元。

人才培养核心竞争力明显提升。学校培养的专业人才毕业后，社会满意度较高，就业单位普遍反映我校毕业生专业技能扎实，踏实肯干，发展潜力大。

学生在省级以上各类竞赛中成绩突出。今年11月，我校凌子怡同学在教育部首届全国"学宪法讲宪法"活动(江西赛区)决赛中荣获高校组特等奖,并作为唯一一名高校组选手代表江西省参加全国总决赛最终获得二等奖第一名。同月,我校体育系学生在教育部大学生体协主办的第十二届中国大学生健康活力大赛暨中国大学生健美操、艺术体操、健身健美、校园健身操锦标赛中,获得四项团体第一名。

学校百年,积淀深厚,成就辉煌,曾经是江西教育史上的一道亮丽的风景。学校有着创新和开拓传统,始终追求"德厚才馨"境界。"长风破浪会有时,直挂云帆济沧海。"在时代大背景下,"双创"教育是我们的一个新课题,需要我们不断探索,与时俱进。

在此,诚挚感谢各位专家对我校的关心、指导和支持,并诚挚期望各位专家对我校的发展提出宝贵的意见。

大学生创新创业案例

[案例一]民众对自闭症了解与接纳现状的调查*

——以南昌市为例

题目　民众对自闭症了解与接纳现状的调查
　　　　——以南昌市为例

团队名称　南昌师专关爱自闭症义工队(史南梅、彭治芹、郭佩佩、王莉、罗正英、杨利)

所在系　学前教育与特殊教育系

指导老师　刘明清

完成时间　2016 年 4 月 19 日

摘要:为了解民众对自闭症的了解和接纳程度,引起民众对这个群体的足够重视,本研究以南昌市为调查范围,对其展开广泛的社会调查。调查采用自编问卷调查和随机访谈调查法。调查结果表明,现阶段,尽管普通民众对自闭症这个概念并不陌生,但是真正了解自闭症核心特征的并不多,并且存在很多误解,不利于普通民众对该群体的接纳。因此,需要政府加大对自闭症的宣传力度,引导民

---

* 本案例曾获"挑战杯——彩虹人生"江西省职业学校创新创效创业大赛二等奖

众客观地认识自闭症群体,并学会包容和接纳他们,使他们更好地融入主流社会。

关键词:民众,自闭症,了解与接纳现状,调查研究

一、研究背景

自闭症谱系障碍(ASD,Autism Spectrum Disorders)被认为是一种由于神经系统失调而导致的发育障碍,其症状包括社交困难、沟通困难,及兴趣和行为的刻板和重复性。2008 年,据美国疾控中心(CDC)的自闭症及发育障碍监控(ADDM)网络估计,每 88 个儿童中约有 1 个被诊断出具有自闭症谱系障碍(ASD)。不断上升的自闭症发生率使得这个群体越来越受到普通民众的关注。尽管自闭症越来越受到关注,但普通民众对自闭症各方面的认识不足仍是自闭症人群融入主流社会的一大阻力。普通民众对自闭症的了解及接纳程度直接影响自闭症群体是否能够更好地融入社会。除了许多人对"自闭症"三个字望文生义,自闭症难以沟通的特点无形中将自闭症者与普通民众的距离拉得越来越远,无形的舆论压力也让他们的亲人感到疲惫。为了让普通民众更多地了解自闭症,让自闭症群体更好地融入社会大家庭,共享社会发展成果,本研究对普通民众对自闭症的了解和接纳程度进行了社会调查。

二、研究方法

1. 研究样本

在本研究中,总样本数为 346 人,样本主要来自江西省南昌市市区及郊区。为了取样的方便,学生样本占的比例较大,约为 47.7%。为了保证样本的代表性,本研究尽量从社会的不同群体中进行抽样,学生以外的其他样本占 52.3%。样本的具体特征如下表:

表1:样本特征值

年代	人数	百分比(%)	学生专业分类	人数	百分比(%)	其他职业分类	人数	百分比(%)
00后	2	1	教育类	44	27	普通职工	85	46
90后	218	63	医学	45	28	个体户	16	11
80后	53	15	理工类	37	22	国家公职人员	13	9
70后	33	10	法学类	22	13	自由工作者	31	8
60后	19	5	管理学	13	8	其他	36	26
50后	15	4	其他	4	2			

续表

年代	人数	百分比（%）	学生专业分类	人数	百分比（%）	其他职业分类	人数	百分比（%）
40后	6	2						
总计	346	100		165	100		181	100

2. 研究工具

（1）自编问卷。本研究采用问卷调查的方式对在校的大学生进行调查研究。问卷主要包含"是否接触过自闭症、对自闭症的接触方式、对自闭症的了解程度和对自闭症的接纳程度"四个调查维度，问卷包括六个题目，两个为是非选择题，两个为四选一的单项选择题，还有两个为简答题。利用晚自习时间，课题组对非特殊教育专业的学生进行了问卷调查。

（2）访谈问卷。访谈针对广大市民进行，课题组成员两人一组，去到各种社会群体较集中的场所，如公园、超市、公交站台等进行随机访谈。采取一个人访问，一个人记录的方式进行，部分市民在征得同意后进行了录音。

3. 数据统计方法

对量化的数据使用 Excel2003 进行统计，并生成相关图表。对访谈得来的质性数据进行人工标记化分类统计。

三、研究结果与分析

1. 民众对自闭症概念的熟知程度

如表2数据显示，在所有调查对象中，95%的人都听说过自闭症，只有5%的人没有听说过。而没有听说过自闭症的人群里学生只占22%，另外78%主要是普通职工、个体户等劳动群体，且他们的年龄都偏大，文化程度不高。

表2：是否听说过自闭症

是否听说	人数	百分比	备注
听说	328	95%	
没有听说	18	5%	其中学生4人

2. 民众认识自闭症的主要途径

如表3所示，调查中有67%的人是通过影视作品认识到自闭症的，他们中的大部分是在电视或者电影院里看到过有自闭症患者的影视作品。这一部分大多是学生，他们接触到的影视作品较多，而且看到的关于自闭症的作品越多，他们对自闭症的了解程度也越深。他们中也有一些是通过新闻报道等了解到自闭症,但这些报道都是浅谈,没有比较深入地讲解自闭症的相关特征;有13%的人在相关书籍上看到过自闭症,而这些书籍大都是一些小说或者报刊,只有极少数人看过介绍自闭症的专业书籍;有22%的人听别人说起过自闭症,他们中的大部分人是教育和护理专业的学生,都是在课堂上听老师讲过,也有一些人听朋友提起过,通过追问发现,这些人基本都是有朋友接触过自闭症的;还有9%的人通过其他途径了解到自闭症,比如微信、微博等,这部分人几乎都是"80后"和"90后",且几乎都是在网络上了解的。在所有调查对象中,82%的人只通过一种途径知道自闭症,按途径的出现率从大到小排列,依次是影视作品、听别人提起、网络、书本;18%的人通过两种以上的方式认识自闭症,在这些人中多为学生,他们在电视媒体看到相关影视作品或在课堂上听老师讲述,或者通过看相关书籍,从而对自闭症有所认识。

表3:认识自闭症的途径(可以多选)

途径	人数	百分比
影视作品	232	67%
听别人说	87	25%
网络	59	17%
书本	30	9%

3. 民众与自闭症患者的接触情况

如图1的数据所示,81%的人没有真正接触过自闭症患者,他们对自闭症的认识仅仅来源于一些相关作品、别人的叙述和网络,以及自己对自闭症的主观臆想;而只有19%的人在生活中接触过自闭症患者。在接触过的人群中,73%是学生。通过深入调查发现,他们几乎都是作为志愿者到福利院或者一些特殊学校里才接触到自闭症儿童。同时,这一类学生又以教育类和医学类学生为主,也有极少数人在日常生活中接触到自闭症患者,比如他们认识的某个人是自闭症患者。而剩下的27%都是一些社会工作人员,虽然他们的职业、年龄各不相同,但是我们通过对比发现,医护人员和老师等从事接触小孩子较多的职业的人接触到自闭症患者的概率要大得多。

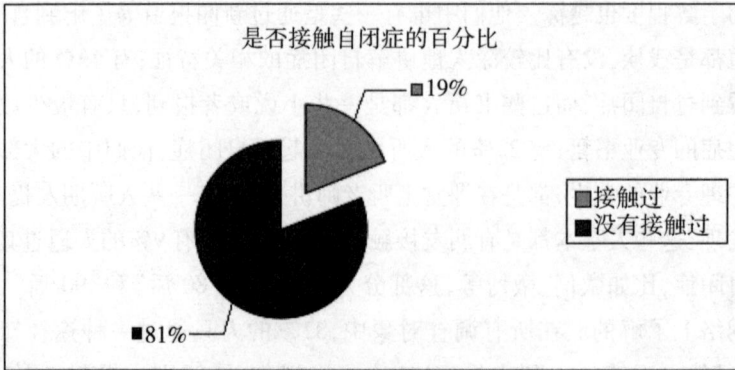

图1:是否接触过自闭症的百分比

4.民众对自闭症患者特征的了解程度

如图2所示,在所有的调查对象中,有219人(占63%)认为自闭症的特征是性格内向、孤僻、不合群,是性格使然;有36人(占10%)认为自闭症是一种心理上的疾病,他们会表现得很自卑,会抑郁,情绪时常处于低落的状态;有77人(占22%)认为自闭症是患者的一种自我封闭,他们不愿意与任何人接触、交流;有12人(占3%)认为自闭症人群有异于常人的天赋,他们可能在美术、音乐、数学等某一方面有超常的表现;有16人(占5%)认为自闭症是智力低于正常人的水平,他们学习知识和技能很慢或者根本学不会;有25人(占7%)认为自闭症人群会有一些很怪异的行为,他们缺乏想象性思维,会出现一些重复的刻板性行为,比如喜欢捡垃圾(如瓶子),用手指不停地敲打东西或者不停地抖动手指;有14人(占4%)认为自闭症患者会有一些过激的行为,比如突然摔打东西、破坏物品,或者突然袭击别人,对别人造成人身安全方面的威胁;有47人(占14%)认为自闭症人群与外界的沟通有障碍,他们无法听懂别人的语言,无法看懂别人的表情,无法理解别人的手势,而他们的表达方式也无法为正常人所明白,以致他们无法与别人建立正常的沟通模式;有133人(占38%)认为自闭症患者有语言障碍,他们不爱说话或者不会说话,不会使用各种手势语,不会正确使用表情以及肢体语言。

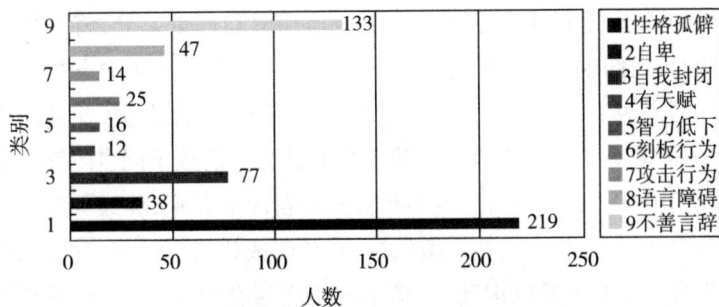

图2：对自闭症特征的了解情况

如表4所示，在所有调查对象中，有40%的人只能说出一种他们认为的自闭症应有的症状；有45%的人能说出他们觉得自闭症患者具有的两种症状；有14%的人能说出他们认为自闭症应有的三种症状；有1%的人能说出他们认为自闭症患者应有的四种及更多症状。我们发现，那些能够说出两种及以上特征的人，他们认识自闭症的途径更多，对自闭症的认识更贴切。

表4：对自闭症特征的了解程度

能说出的特征	人数	百分比
一种特征	131	40%
两种特征	147	45%
三种特征	46	14%
四种及其以上	4	1%

在所有调查对象中，只有21%的人能回答出自闭症患者的部分或全部核心症状，有79%的人没有回答出任何一条核心症状。而在那21%的人里，只能回答出一种核心症状的人占90%，能回答出两种的占8%，能回答出三种的只有2%。在三大核心症状中，被提到最多的是他们的行为怪异，即缺乏想象性思维，表现出一些刻板性行为；其次是社会互动与社会关系的障碍，即患者自我封闭，不与人接触，对他人缺乏各种情感；最后是沟通与交流障碍，即不知道如何与别人和谐地交流、相处，他们在任何场合说话的内容、语气、表情都一样，不能够在不同的场合与别人进行互动交流。

5. 能否接受自己的小孩与自闭症儿童共同受教育的调查

假如在你的孩子班上有一个自闭症儿童，你是否愿意他和你的小孩一起接受教育。关于这个问题，在所有的调查对象中，有78%的人愿意。他们认为接触这些不太一样的孩子,有助于自己的孩子更好地理解和尊重差异,将来能更好地融入社会。同时,他们也觉得和特殊孩子一起更有助于从小培养孩子的爱心。而对于可能存在的一些不好的影响,他们会努力地帮助孩子去克服,并且让他们保持一种宽容、谅解的心态。有22%的人则不愿意让自己的孩子同自闭症儿童一起接受教育。他们中有的人认为自己的小孩会模仿自闭症儿童,养成一些不好的行为习惯,也害怕自闭症儿童有一些过激的行为,从而威胁到自己小孩的人身安全;有的人则认为自闭症儿童难以沟通,小孩子和他沟通会产生挫败感,不利于小孩子以后与别人的人际交往。普通工人中的很多人认为,既然孩子有障碍,就应该到特殊学校接受教育,而不应该放在普通的学校与正常的小孩子接触,这样对正常孩子的成长有许多不好的影响。很多医学类的学生也认为普通小孩子与自闭症儿童在相处的过程中会学到不好的习惯或者受到不必要的伤害。

6. 能否接受和自闭症患者成为同事的调查

假如你的同事是一位自闭症患者,你需要和他通力合作来完成一份工作,你愿意接受吗?关于这个问题,调查问卷结果显示,有236人(约占72%)表示愿意与之共事,他们愿意花更多的时间与之磨合,愿意在工作中与自闭症患者达到一种和谐相处的状态;而只有92人(约占28%)表示不愿意与之共事。不愿意的人群也是以普通工人和医学类的学生居多,他们都认为与自闭症患者共事会降低他们的办事效率。首先,他们需要更多的时间来与自闭症患者磨合,需要花更多的时间来了解彼此的习性。其次,如果在工作中遇到问题时两人不能很好地协商,由此可能会引发自闭症患者的一些过激行为,导致自己的人身安全受到威胁。

四、讨论

从调查结果来看,民众对自闭症这种这种疾病的听说概率是非常高的,达到95%,但是真正能够准确说出这种疾病相关特征的民众却很少,只有21%的民众能说出其中的一种以上核心特征,说明大多数民众仅仅只是知道有这么一种疾病,并且因为有关该疾病的相关知识普及程度不高,多数民众对其认识存在偏差,主观臆测的成分较大,这种状况不利于民众正确了解和接纳自闭症患者这个群体,对其融入主流社会非常不利。

从民众对自闭症的了解途径来看,67%的民众是通过影视作品了解到该疾病的,说明近些年来,社会对这个群体的关注度显著提高,像《海洋天堂》《我的自闭历程》《我的名字叫可汗》等以自闭症患者为题材的影片受到民众的喜爱。同时也说明,电影、电视、网络等媒体手段对于普及自闭症相关知识,比传统的书本、杂志、报纸等纸质传媒更具有优势,政府应该积极引导,并提供政策支持,在相关题材的影视作品上加以扶持。

从民众对自闭症的了解现状来看,大多数的人认为自闭症的特征是性格内向、孤僻、不善言辞、情绪低落、自我封闭,把自闭症简单的归结为性格问题和心理问题,而没有认识到自闭症作为一种发展性障碍,受生物学因素的影响远远大于环境,当前对自闭症病因的研究也主要集中在生物基因上,这一点与国内的相关研究结论是一致的[4][5][6]。此外,重复刻板的行为、社会互动的障碍、沟通的障碍是自闭症的三大典型特征,这三大特征严重地影响到这类患者与普通人交往和融入主流社会。普通民众如果没能准确地了解自闭症的典型特征,就很难真正包容和接纳他们。

虽然调查显示民众对自闭症的接纳程度还是比较高的,愿意自己的小孩与自闭症儿童同班,以及愿意与自闭症患者一同工作的比例都超过 70%,但是,真实的接纳程度能否达到这么高是充满疑问的。调查结果中有一个现象值得关注:即虽然超过 70% 的民众表示愿意接纳自闭症患者,但是真正在生活中接触过自闭症患者的只有 19%,了解自闭症患者(至少了解一项核心特征)的只有 21%。也就是说,有相当一部分民众是在没有接触,并没有真正了解自闭症核心特征的情况下做出愿意接纳自闭症的决定的,所以回答的可信度值得怀疑。之所以出现此种前后较为矛盾的回答,可能是民众对自闭症存在误解,多数人认为它只是性格问题或者心理问题,低估了自闭症典型特征的严重性。

五、结论

经过调查和分析,可以初步得出普通民众对自闭症的了解和接纳程度的现状。概括起来,主要体现在以下几点:第一,绝大多数的普通民众都听说过自闭症,比例高达 95%,只有 5% 的人表示没听说过。第二,电视媒体是民众了解自闭症的主要途径,约占 65%,其次为人际间的口口相传,以及书本媒介。第三,虽然大多数民众都听说过自闭症,但是,真正接触过自闭症的人并不多(约占 19%)。第四,尽管在听说过自闭症的民众中,多数人能够说出此类患者的一些特征,甚至能说出两种以上特征的占到 60%,但是,民众所表述的特征与自闭症患者的真实情况有很大偏差,79% 的人回答结果与专业认定的自闭症三大核心特征不相符,大多数民众认为自闭症只是简单的性格问题和心理问题,说明普通民众对这个群体的误解很普遍。第五,普通民众在对自闭症存在误解的情况下,多数人表示愿意接纳自闭症患者。只有 22% 的受访者表示不愿意自己的孩子与自闭症儿童成为同学,28% 的受访者表示不愿意与自闭症人士一同工作。

参考文献

[1]刘春玲、江琴娣:《特殊教育概论》,华东师范大学出版社 2013 年版,第 228－230 页。

[2]曹倩璐:《自闭症在英国的诊疗》,上海科学技术文献出版社 2008 年版,第 1-8 页。

[3]陈晓娇:《自闭症儿童家庭教育中存在的问题及对策研究》,载《南昌师范高等专科学校学报》,2012 年第 4 期,第 96-98 页。

[4]自闭症的认识调查报告

[5]自闭症儿童现状分析报告

[6]大连市孤独症儿童境况调查研究报告

在社区小巷子访谈

在超市访谈

在小商店访谈

在街边访谈

咨询指导老师

小组讨论

［案例二］"校内体育健身服务"运营模式实践

一、导言

为加强体育场馆的管理,进一步提高场馆的使用效率,更好地为教学、训练和师生员工健身活动服务,根据《教育部关于大力推进高等学校创新创业教育和大学生自主创业工作的意见》(教办〔2010〕3号)等文件的要求,结合体育专业实践教学的形式和特点,经体育系系务会研究决定,拟试行由309体教2班叶春发同学组建发掘健身馆的模式提供"校内体育健身服务",并对体育馆进行有效管理。

二、俱乐部的理念

1. 在满足学校体育教学、运动队训练、体育竞赛活动的需要以外,以促进知识技能转化为主线,以培养学生的创新意识、创业能力和职业素质为目标。

2. 以"科学、健康、时尚、一专多能全面发展"的理念,服务于全校师生,引导学生积极参加体育锻炼、增强体质、增加学习技能,丰富校园文化生活,促进学生阳光体育发展。

三、俱乐部的运行

俱乐部在体育系的监督下,以校内学生为主,校外人员为辅的原则,以"高定位、低投资、尽量控制成本"为原则,最大程度提高场馆使用效率,提供各种健身项目和运动形式,提高广大师生参加体育锻炼和培训的兴趣,促进身体健康发展和其他技能的巩固。

1. 履行的职责

(1)俱乐部利用课外活动时间面向全校师生开展健身与健美项目服务,负责健身人员的管理、场馆卫生、器材维护、易耗品更换等工作。

(2)支持社团开展活动,使社团文体活动的开展更加顺利,从而把社团活动打造成学校的特色。

2. 运作模式

(1)工作人员:俱乐部面向全校学生招聘兼职工作人员,主要担任场馆管理、课务安排、教练考勤、会籍顾问等工作。通过一段时间的工作锻炼,考核优秀的毕业之后可以留在俱乐部工作。成为正式工作人员后俱乐部会对其进行专业培训,提供更广阔的工作机会。三年来俱乐部为180名在校学生提供了兼职锻炼的机会。

(2)会员:会员在俱乐部可以参加舞蹈类、跆拳道等课程学习,还可以在各球类馆和健身房自主锻炼。通过锻炼不仅形体更加健美而且可以解除外在压力、激发创意、培养信心、获得成就感。优秀的会员如果有意向且符合俱乐部教练的要求,可以在俱乐部担任教练,即锻炼了身体又能兼职,给众多学生提供了创业的平台。

(3)教练:教练要具有较好的运动技能和体育知识,此外,还得熟悉心理学、营养学等方面的知识。为让健身达到最好效果,教练还应了解会员的饮食状况、睡眠质量等。针对不同的人,制定出不同的健身方案。俱乐部的教练面向社会招聘,大部分是聘请的我校在校大学生,他们通过在俱乐部的实践锻炼,毕业后走上工作岗位更加得心应手。近两年毕业的学生教练中已有十余人在北京、上海、江苏、江西等城市的大型健身俱乐部工作。

3. 服务项目

为丰富学生的课余生活,带动学生参加体育健身的积极性,俱乐部开展一些体育健身的项目,学生可根据兴趣需求参加培训。

(1)舞蹈类:中国舞、民族舞、瑜伽、街舞、体育舞蹈、拉丁、古典舞等。

(2)球类:乒乓球、羽毛球、排球、篮球、网球等。

(3)其他:武术、散打、跆拳道、健身。

4. 俱乐部效益

俱乐部通过收取会员会费获得资金,该资金主要用于工作人员工资、教练员课时费,部分场馆形体镜的安装,羽毛球网、乒乓球网等易耗品的更换。

经过近两年体育系发掘健身馆"校内体育健身服务"运营模式的实践,我系广大学生的创新创业意识进一步增强,创业能力、职业素质、就业能力得到了很大提高,并且,促进了我校学生体育锻炼的热情,丰富了校园文化生活。但是由于我校女生较多,大部分学生的健身意识不足,课余时间如何发挥俱乐部的作用,吸引更多的学生参加体育锻炼;如何更好地维护体育场馆,实现以馆养馆等问题还需要与时俱进、积极探讨。(体育系)

[案例三]小微企业——校艺图文工作室
——记美术系313艺术设计专业学生陈伟健、严德发在校创业

在学校党委和行政的领导下,在教务处的直接关心和支持下,美术系以艺术技能教研室教师为主体,以其他教研室教师为辅导,充分利用国家财政支助项目的设备,就如何运用项目设备引领学生以实践项目带动教学从而服务学校、服务

社会市场,多次进行了研讨。在学校和美术系的全体教师的共同努力下,确立了在中央财政资助项目的基础上,带领系学生运用所学专业技能,以实践项目教学的形式走向市场、掌握就业技能乃至创业的思路。

开始运作时,我们也遇到了不少困难。在学生中开展动员很不理想,主要原因是学生缺乏社会经验和职业经历,喜欢纸上谈兵,看不起蝇头小利,心理承受能力差,遇到挫折就放弃,有的学生在前期听到创业艰难,没有尝试就轻易放弃了。这些现象都是学生面对市场、择业、创业所表现出来的劣势。所以在与学生沟通动员后大多同学都是茫然和退缩的。根据以上现象,我们做了以下工作:

一、主要做法

1. 我们于2013年在教育部、中央财政资助高职高专艺术设计专业"提升专业服务产业能力"项目的建设基础上,成立了美术系艺术设计实训中心,为学生实训及创业搭建了平台。该平台既可满足教学需要也可实现教学、实训的延伸,为贯彻落实党中央提出的"大众创业,万众创新"国家战略的精神奠定基础。

2. 以实践教学和项目相融合为切入点,初步确立创业项目

为建立学生的信心和让学生体验到本专业与市场的零距离,我们将实践教学与项目相结合,让学生在教学中零距离接触市场项目,感受价格商谈、设计、成本控制、制作出成品一系列过程,从而使学生对独立承接项目的信心和兴趣都大大增强,出现了踊跃报名参与的积极场面,同时也使学生知道了学以致用的道理。

3. 成立以学生党员为骨干的学生实践教学项目团队

学生的踊跃与人数的增加出乎我们的预料,为了让项目与实践教学有序的结合,在学生当中形成学技能、制定规划创业项目的良好氛围,同时锻炼学生管理经营团队的能力,我们建立以党员学生陈伟健、严德发为管理骨干的实践教学项目团队,完成日常实训基地的管理和项目的完成,同时以点带面在学生中形成了辐射和影响,在学生中形成创业和会创业的理念。

4. 艺术技能教研室教师的引领与辅导

学生在执行项目上对营销运营、市场方案等方面的知识都严重匮乏,甚至犯非常低级的错误,在对外项目开展之初,不可避免地会造成制作成本的增加和服务意识的匮乏,这时,教师的辅导和引领就显得尤为重要。艺术技能教研室教师利用工作之外的时间对学生在项目洽谈、设计、制作以及成本控制等各方面进行了实践辅导,这种义务辅导一直延续至今,从而使得学生承接项目、完成项目的能力和经验等各方面有了很大的改变和提高。

5. 响应中央"大众创业,万众创新"的国家战略,率先在全校建立学生小微企业

中央提出了"大众创业,万众创新"的国家战略,我们及时响应中央号召,2015年9月,在学生中进行开办小微企业的尝试,以党员学生为代表的陈伟健和严德发同学,共同提出方案申请,在工商局注册成立了我校第一家小微企业——校艺图文工作室,进驻美术系艺术设计实训中心,对外开展商业项目的承接和经营,主要运营的项目为平面设计与制作。

6. 学校党委和行政的大力支持

在成立小微企业之初,利用现有中央财政资助项目实训室的优势和配套资源,以艺术设计实训中心雕刻实训室作为学生免费创业孵化实训室,以严德发为法人注册企业,独立运营,进而对全系乃至全校热衷于创业的同学形成有效的创业辐射影响。

7. 在项目来源上得到系及各处室的支持,并辐射校内、校外

坚持校内项目校内实训的原则,我们组织学生承接学校宣传项目并把项目交由学生创立的校艺图文工作室承接。这样可以有效增强校艺图文工作室的生命力和创业学生的自信心。项目的增加和影响力的攀升,使工作室在完成校内项目的同时,学生也把业务开展到校外市场,承接了七彩培训与香港五大街整体 VI 的设计等项目。

8. 在学生中开展以老带新,发挥持续性作用

从实践教学项目到创立小微企业,我们坚持以老生带新生的原则,这样我们无须长时间聘请设备技师,也不用实训教师在场的情况下,老生可以随时对新生进行培训,既节约了费用又让学生锻炼了自己,增进了团队协作精神,对创业示范实体的扩展和延续起到了积极作用。

二、实际成效

发挥党员学生作用。2015 年 9 月由我校 314 艺术设计专业学生陈伟建和严德发共同在工商局注册创建校艺图文工作室,常驻美术系艺术设计实训中心,开展校内外项目的承接,所承接项目可以引进为实践教学项目来带动设计类专业学生共同参与。这是我校首次以在校生的身份独立创建创业实体并常驻学校的例子,为广大学生在创新创业上提供了一个良好的典范,也为我校大学生创新创业孵化基地的建设提供了强有力的参考。

三、经验体会

1. 做好此项工作离不开学校的大力支持和关心;

2. 加强教师创新创业理念的建立;

3. 指导教师应具备一定的市场实践经验;

4. 指导教师要具备无偿奉献和不怕苦不怕累的精神;

5. 创业项目紧密围绕学生感兴趣的所学专业,积极寻求市场突破点。

四、宣传推广

在兄弟院校和校内开展交流、宣传。作为全校唯一的在校生创业实体,我系多次组织其他系(部)负责实验实训室建设的领导来我系艺术设计实训中心进行参观、交流,从各自专业角度出发寻求市场的突破点建立创业基地。面对学生创新创业这一崭新的课题,我们也迎接了一些兄弟院校来参观指导,同时积极走出校门与宁波职业技术学院和南昌大学艺术学院相互介绍了学生创业经验,取长补短,力求建立可持续性发展的创新创业机制。

以上是我系引领在校生陈伟健、严德发在学校党委和行政、系的领导下,贯彻落实中央"大众创业,万众创新"国家战略的创业具体举措和感想。(美术系)

[案例四]跨境电商创新创业项目

一、项目简介

商务英语专业的学生主要就业方向是从事国际贸易。当前,在传统出口贸易增速放缓的情况下,跨境电子商务的年增长率达到 30% 以上,跨境电商已成为出口贸易的重要途径,传统贸易形式发生了急剧的变化,跨境电子商务成为专业实践教学改革的重点。

二、项目实施

1. 参加全国大学生第一届 OCALE 跨境电商创新创业能力大赛(2016 年 3 月到 6 月)

商务英语专业教学团队,本着以提高学生创新创业实践能力为宗旨,以参加全国大学生第一届 OCALE 跨境电商创新创业能力大赛为契机,通过竞赛促进学生和教师的创新创业实践能力。

具体做法:

(1)指导老师进驻跨境电子商务平台注册网店。

(2)经过研究后,我校参赛团队和广东威拓电子、彤星服饰、红樱桃服饰、乐锋饰品等六家企业签订代理协议。

(3)在赛事合作企业的专业技术人员和外贸人员指导下,经过线上和线下培训,参赛团队及学生进行真实店铺的在线运营及交易。

(4)在为其三个月的竞赛过程中,每日统计店铺和产品的曝光量、点击量、反馈量、成单量、销售额,每日公布参赛团队的全国排名。同时在比赛中期,完成店铺运营月度报告和月度运营报告解读视频一份。

(5)店铺运营成绩(80%) + 月度运营报告(20%) = 最终成绩

南昌师专一队:朱钦娇(314 商英一班)、钟观香(314 商英一班)、王泳((315 商英二班),指导老师:杨敏、黄翔

南昌师专二队:余丽红(315 商英一班)、朱颖(315 商英一班)、张露清(315 商英一班),指导老师:黄蕴、余颖华

2.参加南昌师专"互联网 +"大学生创新创业大赛(2016 年 5 月到 6 月)

参赛项目:STONE 外包服务公司(运用英语和跨境电子商务平台操作技能等专业优势,为中小型传统制造企业提供客服、接单、翻译和运营等专业服务)

参赛学生:尹宁 岩梅 朱钦娇 张紫畅 钟观香(314 商英专业)

指导老师:杨敏、黄翔

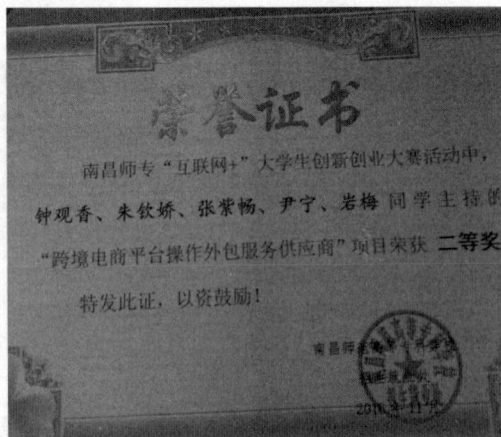

3. 参加第二届江西省大学生创业公开课活动(2016年6月)

参赛项目:Stone 跨境电商服务外包项目,参加展示环节

参赛学生:钟观香等11位商务英语专业学生

指导老师:杨敏　徐光仪　李娜

4. 参加第三届南昌师专站江西省大学生创业公开课(2016年11月30日)

参赛项目:Stone 跨境电商服务外包公司项目,参加路演

参赛学生:贾文清、黄淑萍、万圆琴、陈甜(315级商英专业)

指导老师:杨敏

三、项目成绩

1. 参加第一届 OCALE 跨境电商创新创业能力大赛,南昌师范高等专科学校一队,获得团体三等奖,二队获得优秀奖。

2. 参加第二届江西省大学生创业公开课活动,Stone 跨境电商服务外包项目,参加展示环节。

3. 参加南昌师专"互联网+"大学生创新创业大赛,获得二等奖。

4.参加2016年11月30日的第三届江西省大学生创业公开课(南昌师专站),Stone跨境电商服务外包公司项目,四位参加路演的同学获得"创业之星"称号。

教学与科研结硕果 培养质量大提升*

一、做强学前教育

我校学前教育专业源于1940年著名教育家陈鹤琴先生在江西创办的"江西省立实验幼稚师范学校"。在70余年的办学历程中,学前教育专业始终传承与弘扬陈鹤琴先生的教育思想和教育精神,不断开拓、创新,形成了鲜明的专业特色,为社会培养了大批幼教人才,成为江西省学前教育师资培养的重要力量。

(一)适应社会发展需要,做强学前教育专业

为适应国家和社会发展需求,做强学前教育专业成为学校内涵建设的重要内容和目标。2004年学校升格为南昌师范高等专科学校后,学前教育专业即成为学校的重点建设专业。经过多年努力打造,2008年学前教育专业被评为江西省高校特色专业,2017年5月学校升格为本科院校,学前教育专业为首批本科专业之一。

(二)以师资队伍建设为重心,保障幼教人才培养质量

学前教育专业拥有一支爱岗敬业,结构合理,教学能力、实践能力和科研能力强,专兼结合的教师队伍。2008年获得省级教学团队称号。学前教育专业现有硕士研究生以上学历(学位)教师占专任教师总数的60%,"双师型"教师比例已达61%。学前教育专业还与华东师范大学、北京师范大学等建立了合作研究关系,长期聘请了我国著名学前教育专家朱家雄等为客座教授。

(三)优化课程体系,坚持课程目标内容与幼教事业岗位需求对接

《幼儿园教师教育课程标准》是国家对学前教育专业制定教育课程方案的重要依据。我们根据幼儿园教师"教育理念与责任、教育知识与能力、教育实践与研究"的课程目标,构建"学前教育理论+实践能力+艺术特长"的理论与实践结合的特色课程体系,使学生能胜任托幼机构、社区、卫生保健等部门的教育、管理等工作,最终实现幼儿教育人才培养目标。

(四)以实践取向,实行人才培养模式与实践能力培养对接

学前教育专业一直秉承陈鹤琴的"活教育"思想,以"社会"为活教材,以"做中教,做中学,做中求进步"为方法论,并将其转化为"全实践"的人才培养模式。

---

* 本文选编各专业系教研工作经验总结

通过"全实践"人才培养模式,学生能够真正满足幼教机构工作的需要,实现所培养人才对岗位需求的"零适应"。

(五)加强实训实习基地建设,为学生专业能力培养提供重要支撑

在校内,建设了心理实验室、蒙氏教育实训室等多个实验实训室。校外,与多家省内外一流幼教机构签有见实习基地的协议,以促进学生对一线教学经验的感受、体验、领会,培养学生职业能力。

(六)以"试验"为基础,加强教育改革与研究

成立了"学前教育研究中心",建立了"学前教育专业理论与实践教学多维互动模式实验区",2009 年被评为江西省省级人才培养模式创新实验区。近两年来,学前教育专业教师主持了 9 项省部级科研课题研究;在中文核心期刊发表论文数篇,2 门课程被评为省级精品课程,获江西省二等教学成果奖 1 项。

(七)依托专业实力,服务社会学前教育发展

我校学前教育专业,为江西省学前教育师资培养培训中心、江西省幼儿园骨干教师培训中心、国家职业育婴师(四级)资格培训和考试中心,2011 年学校取得"国培计划"农村幼儿教师培训项目资格,成为当时我省唯一具有承担国家级培训资格的专科院校,2015 年江西省教育厅确定我系"学前教育专业技能综合实训中心"为江西省高等职业教育专业技能实训中心。

二、做精特殊教育

(一)以绵长历史为积淀,实现"升本"宏愿

我校特殊教育专业创办于 1989 年,是江西省设立最早的特殊教育专业,也是全国最早设立的一批特殊教育专业之一。近 30 年以来,累计为省内外培养特殊教育师资 1900 多名,为我国特殊教育事业的发展做出了一定贡献。

经过近 30 年的发展,本专业拥有了结构合理的优秀教学团队,形成了科学完善的人才培养方案,积累了丰富的教育教学经验,是学校重点打造的王牌专业。办学水平及规模处于全省领先地位,获得江西省、国家教育部与发改委的高度肯定。学校筹备"升本"工作时,特殊教育专业被列为首批升本专业之一。

(二)培养与引进相结合,打造一流师资

特殊教育专业现有专职教师 20 人,其中教授 4 人,副教授 5 人,享受国务院津贴 1 人,江西省百千万人才工程人选 1 人,言语康复博士 1 人,拥有硕士及以上学历者占 70%。

在师资队伍建设上,一方面,每年选派两名教师进行为期一学期的脱岗"社会实践",设立教师在职培训专项经费等;另一方面,积极引进资深特教专家,聘为客座教授。在多方面的努力与支持下,师资团队在教学改革、课题研究、论文写作、

精品课程建设、省级教学竞赛、校级教学竞赛各方面均取得了丰硕的成果,其中主持省级及以上课题40余项,公开发表论文200余篇。如一项教育部人文社会科学研究项目,《特殊教育学》评为省级精品课程,刘永萍副教授带领团队制作的《走进特殊教育》系列课程在爱课程网上线,并转型为慕课等。

(三)借"国家二期项目",完善教学条件

2012年,学校顺利获批国家特殊教育"二期"建设项目,项目资助金额6500万元,目前项目建设已经完成,建有多个国内一流设施的实验实训中心,仪器设备总价值将近2000多万元。目前,大部分江西省一流的特殊教育学校及机构,均成了本专业的"校外教育实践基地"。

通过与一线学校、康复机构建立合作关系,使特殊教育理论与实践紧密结合。如本专业与南昌市新才学校合作进行融合教育试点工作,促进南昌市西湖区成功申报为国家级"融合教育试点试验区"。2017年,学校正积极组建豫章师院附属儿童康复中心。

(四)"4+X+1"人才培养改革,破人才需求难题

随着我国特殊教育事业的发展,特殊教育学校的生源结构发生了较大变化,教育及康复需求各不相同。针对这一现实需要,2008年,我校特殊教育专业开始进行"4+X+1"复合型人才培养模式的探索与实践,有效地解决了这一问题。

"4"是指公共基础课、教育专业课、学科专业课、职业素质选修课四个课程模块。"X"是指辅修专业模块,是从多个辅修专业中自选一个。"1"是指独立设置的实践教学模块。

在这种复合型人才培养模式之下,特殊教育专业的人才培养质量显著提升。本专业毕业生实践能力强,综合素质高,深受一线特殊教育学校与康复机构的欢迎,毕业生初次就业率最高达94.29%,一些省内外的特殊教育学校专程到我校开设专场招聘会。

(五)服务社会并重,享广泛社会赞誉

随着办学能力的不断提升,特殊教育专业服务社会的能力显著增强。例如,本专业教师每月一次给东湖区残联的残疾人授课,让特殊教育教师、康复师和特殊儿童前来免费接受服务与咨询,得到社会各界的广泛赞誉。

2014年5月,学校与台湾地区东华大学签订了交流合作意向协议书;2017年4月,特殊教育专业主办了"中国·南昌特殊教育学术研讨会",极大地提高了本专业在行业中的影响力。

三、以教科研带动教学

近年来,自然科学系在学校党委和行政部门的正确领导下,经过全系教师的

共同努力,教学、科研工作取得了良好的成绩,为学校去筹升本、教师个人学术水平的提高、学科专业建设的发展和人才培养打下了坚实的基础。

(一)以教科研为平台,促进教师学术水平的提高

自然科学系以教授、博士、专业带头人为核心,组建教学科研团队,通过团队培养核心教学科研人才,争取更多的课题立项,获得更多的教学成果获奖,发表更高水平学术论文,获得更多的专业建设经费。

2012 年以来,我系省级以上刊物发表论文共 80 篇,其中 SCI、EI 5 篇,核心 22 篇(论文不包括今年的),论文的数量和质量在全校名列前茅。省级以上课题立项 20 项,结题 13 项,主编或参编教材 10 部以上。在学校召开的首届科研工作会议上,我系被评为科研工作先进单位。今年我系又喜获三项教学成果奖,其中省级教学成果一等奖一个、省级教学成果二等奖两个。

(二)以教科研为载体,促进专业建设

我系数学教育专业和科学教育专业教师科研成果突出,数学教育和科学教育专业均被评为省级特色专业,科学教育又被评为省级人才培养模式创新试验区。当前,我系的首要任务是小学教育专业建设。前期已做了一些工作,今年,黄跃华主任主持申报的《供给侧改革视域下农村全科型小学教师人才培养模式创新与质量提升研究》获得省社科规划项目课题立项,我们计划以课题研究为契机,突出办学特色,力争把我校小学教育专业建成省级特色专业,为将来申报省级人才培养模式创新试验区做准备。

(三)以教科研为中心,促进创新人才的培养

我系通过开展系列特色科研和课外科技活动,组织设立前沿科学社、德馨环保社等课外科技社团,积极鼓励学生参加各类专业竞赛等,不断促进了学生自主研究意识和创新能力的提高。近年来,我系学生多次在国家级、省级科技创新活动竞赛中获一、二、三等奖好成绩,比如凌子怡同学 2016 年在教育部首届全国"学宪法讲宪法"演讲比赛中获二等奖,为我校赢得良好社会声誉。

四、教学与科研齐头并进

人文科学系承担着比较繁重的教学任务及专业建设任务,在教学科研方面仍然取得了一定的成果,得益于一些有效的措施。

一是教学与科研相结合,在教学中进行科研。课堂教学是教育科研的主阵地,我们做到深化课堂教学改革活动,重视课堂,把课堂教学作为教育科研的基础。通过科研促进教学,这样可以教学科研两不误。例如,胡红林老师的省级教改课题,就是对他任教的《全国导游基础知识》进行的教学反思和实验。

二是有长期的理论及研究积累。长期钻研某个领域的某个问题,并进行理论

及研究积累,就很容易出成果。例如,胡剑平教授长期致力于影视文学研究,取得丰硕成果,他的论文曾被人大复印资料转载;万英敏副教授在先秦诸子研究领域特别是对管子潜心钻研并取得成效,先后立项三项省级课题并结题两项,出版专著一部;苏衍慧老师在读研究生期间就开始进行入境旅游客源市场的偏好研究,在十多年的研究整理过程中,发表了若干篇学术论文,并成功立项一项省级人文社科课题。

三是组建科研团队。我们把有相同专业背景的教师组织起来一起搞科研,增强教育科研的吸引力和群众性,使教育科研充满勃勃生机。教师间互相沟通,互相交流,取长补短,吸取别人先进经验,提高科研能力。我们还把不同专业背景或研究背景的老师组成一个科研团队,也比较容易出成果。例如,吴君晓老师主持的校级重点课题,课题组成员有的一线经验特别丰富,有的擅长客源市场研究,有的擅长旅游规划,有的擅长文案写作和资料整理,这个课题的研究比较顺利,公开发表两篇高质量论文,2016年按时结题。

四是多关注前沿信息,多关注行业动态。科研思路不仅来源于课堂教学,也来源于行业新动态。旅游教研室近年来发表的若干篇学术论文,就是研究行业新动态的成果。

五、教学促进科研 科研反哺教学

教学与科研是一个高校的两大板块。音乐系近几年在教学及科研工作中走过了一段探索历程,积累了一些经验和做法。

(一)博导、浙江师范大学首席专家杨和平博导、著名音乐教育家福建师范大学音乐学院原院长王耀华博导、著名音乐学专家福建师范大学音乐学院蓝雪菲博导等,对我系师生进行全员的教研学术指导和引领。

通过求教专家及名家大师的悉心指导,解决了教师对科研的疑惑和神秘,教师们渐渐厘清了教学与科研之间的关系,形成了"教学促进科研,科研反哺教学"及"教学是刀背,教研是刀锋"的教学与科研理念,为我系的教学与科研工作的开展奠定了良好的基础。

(二)立足教学、开拓科研、寻求突破

我系教师立足课堂阵地,结合课程改革,结合音乐文化传承与专业特性,结合区域优势和家国文化情怀,结合赣文化研究兴趣和研究热点等,寻求到了适合自身的教学与科研的突破口。如李一平、万丽萍等教师,围绕民族音乐文化的传承与发展主题及教学改革主题开展研究;我系李一平教师通过多年潜心教学,总结探究出的教学成果——《四段式民族民间音乐文化传承与人才培养路径探究与实践》,获得了江西省高校第十四批教学成果奖;多名教师通过长期课堂实践,出版了适合我校专业建设需求的校本教材。

据统计,我系教师目前通过立足教学、开拓科研、寻求突破的形式,近五年共获得省级以上立项科研成果 10 项,结题 4 项;校级课题立项 4 项;出版校本教材 7 部;在学术期刊发表论文计 60 余篇。

(三)骨干引领、培养育新、稳重求进

我系多次召开专题会议,讨论我系教学、科研梯队的建设思路,通过此举,召集年轻教师座谈,了解教学与科研上的困难。如在 2017 年 3 月的校级课题申报中,我系就有六名青年教师积极参加申报,获课题立项两项。

目前,我系形成了主要以李一平、封亚伶、万丽萍等教学、科研型骨干教师组成的团队,最近还引进了音乐学、音乐教育等方向的人才,都将为我系的专业发展提供更多的智力支持。

六、以就业为导向　以质量为抓手

外语系坚持为社会服务的办学理念,以就业为导向,以质量为抓手,以校企合作为途径,探索新模式,实现新管理,采用新方法,主动适应地方经济和社会发展需要,开创教学质量、学生就业、企业用人三满意的良好局面。

(一)教学工作

1. 实践教学有特色

(1)“模块化、层级式”实践教学模式

训练大纲层级化。制定分年级和分层次的实践教学和专业技能训练大纲。一是基础段及大一年级重点训练教师基本功;二是大二年级训练英语听说读写译等专业基础;三是大三主要训练教师教案撰写、说课及试讲。同时安排高年级学生指导低年级专业技能训练,实行传、帮、带。

训练内容模块化。根据专业、课程性质、特点制定、展开丰富多彩的实践教学活动。如英语角、晨读晚练、英文演讲、英文情景剧、西方电影配音、模拟商务谈判、商务口语情景演练、模拟广交会、跨境电商流程操作等实践活动。

(2)“四位一体”技能训练模式

实施“课堂教学、实践教学、学生活动、校外比赛”四位一体化训练模式:在课堂教学中注重实践教学,在实践教学过程中注重学生专业技能训练。

2. 实践教学有监控

创新实践教学“两线归针”管理模式。即“两线”检查:一是每周四下午分管系主任组织检查各个实训场所;二是指定系学生干部根据各班训练计划每天进行检查,并通报上周检查结果。“归针”落实:由分管教学副主任牵头负责检查督促各班实践教学及专业技能训练情况,督促训练到位,并根据“两线”检查结果进行表扬或提出批评以及提出改进措施。

3.实践教学有成果

实践教学新理念,孕育出管理和训练新模式,训练新模式匹配实践教学新内容和新方法,凝结出实践教学的佳绩硕果。

一是校企合作出硕果。外语系先后与浙江金华永康久久太阳电子商务有限公司、新加坡卓越教育集团、江西淘鑫电子商务有限公司,上海平安保险公司等企业签订合作协议,312、313、314级英语教育、商务英语毕业生先后有100余人在校企合作单位进行顶岗实习,其中大部分毕业生被合作企业录用,毕业生质量受到企业高度称赞。企业还给学校寄来感谢信,感谢学校为企业培养优秀人才,服务于社会。

二是师生竞赛出佳绩。近两年,外语系积极组织选拔师生参加各级各类的专业技能比赛,师生获奖屡创新高。教师荣获省级以上奖项12项;学生获国家级奖5项,省级英语专业竞赛20余项。

(二)科研工作

1.领导重视

我系非常重视教育科研工作,一直把该项工作列入工作的议事日程,全体动员,层级管理,定期举办教育科研专题讲座,组织教师参加各种培训和学习,还请专家对我系教育科研工作做具体指导,使教师对科研的认识水平和知识水平不断提高。

2.创造良好的科研条件

为鼓励教师参与科研的积极性,系阅览室征订了多种杂志,其中有各类专业杂志和教育杂志,为教师及时了解和掌握国内外教育科研信息提供方便,创造条件。

为了提高教师的科研素质,采取了"请进来、走出去"的方式,鼓励教师参加各类培训学习,并撰写心得体会和论文,并汇编了论文集。

3.建立完善各项规章制度

建立学习、研究制度。通过教研活动将教学活动与教育科研理论指导活动相结合,坚持集体学习和自学相结合的方法,鼓励教师关注教育动态,阅读教育著作,要求每位教师制订计划,结合自己的学习情况写心得体会。

建立奖励制度。为了调动教师参与科研的积极性,发挥他们的主观能动性,我系把科研活动跟学校的目标量化管理体系指标相结合,责任到人。

4.科研效果明显

在科研方面近几年来我系教师申报社科课题(外语专项)23项,申报省教改课题7项,其中立项2项,结题4项;申报"十二五""十三五"规划课题立项7项;申报校级课题21项,其中立项6项;教师发表论文36篇,其中核心论文12篇,一般论文24篇。

七、探索实践教学新路径

公共管理系坚持"实践教学、科研兴教、科研兴校"的理念,确立了教育要发展、科研做先导,科研兴教、科研兴校,积极参与、提升能力,强化管理四种意识,努力抓好全系的教学科研工作,取得了较好的成绩。

(一)实践教学情况

我系社会工作专业和行政管理专业初步建立了"1+X"实践教学模式,"1"是指专业技能训练,"X"是指多项专业素质拓展。通过一段时期的训练情况来看,效果较好且受到学生欢迎。

专业技能训练,目的是强化学生的社会工作或行政管理工作的基本技能,培养高素质的应用型人才。主要通过全面落实培养方案、教学计划中的实践教学、社会实践和见习实习等来体现。近年来,我系多次组织学生深入开展见习、实习,全面落实培养方案要求,建立了多个见实习基地,近期前往见习的基地有:百花洲社区、万达社区、莲塘梦里水乡社区、玺园社区、澄碧湖西路居委会等20多个社区。

专业素质拓展,目的是开展专业技能训练之外的各种综合素质的拓展训练,以利于学生专业能力的拓展和综合素质的发展。内容有礼仪、摄影、计算机操作、书法、英语口语等,形式为"晨读晚练+实践"。

积极推进实践教学,对我系所有课程的实践教学从教学计划入手全面落实,对我系社会工作、行政管理专业的学生的全程实践教学及每周四实践教学进行了周密安排,并坚持经常听取实践教学老师和学生的反馈意见,及时指导与协调,坚持进行检查与质量监控。

为克服我系实践教学设备及资源严重不足的局限,我们积极争取外系的支持,在自然科学系与信息系的支持下,我们顺利进行了摄影与计算机操作等项目的训练。期间遇到机房中途出现困难,我们也积极和有关系部进行协商请求资源共享,目前实践教学进展顺利。

另外,我们还积极挖掘我系自身的新生力量,培养我系青年教师跨专业担任礼仪等训练项目,在极其缺乏实训场地的情况下,克服困难腾出办公室作为实训场地,顺利完成各项实践教学任务,达到预期效果。

(二)科研工作情况

我系坚持解决教育教学工作中的实际问题,坚持理论与实践相结合,引导教师投身教研,不断提高教师素质和教学水平。加强师资队伍建设,做好人才引进工作。根据制定的《公共管理系教师培训计划》,按计划做好了教师职业教育培训工作。鼓励和选派教师参加全国高职高专骨干教师培训和省市组织的各类相关专业学习和培训活动。在骨干教师的带领下,有计划有目标的对青年教师进行培养。一方面通过专家报告、集中培训、以会代训、论坛交流等形式加强思想引领,开阔视野,形成共识,丰富教育理论,提升综合素养;另一方面,通过教师自主研修、任务驱动,真正树立起体现以学生发展为本和素质教育要求的教育观、人才观、质量观及学生观、教学观、课程观等思想观念。

近三年来,我系教师竞赛硕果累累,潘恬恬老师获全国高职高专思想政治理论课教学骨干称号,葛洲等五名教师在省级思政课教学活动中获一、二等奖五个。教师发表论文 40 篇,其中核心论文 12 篇,各项课题申报 15 个。

八、营造良好的教学与科研氛围

近年来,为了提升教学质量和科研水平,体育系在提高认识、规范管理、人才建设、开展活动等方面做了大量的工作,取得了一些可喜的成绩。

(一)提高认识,转变观念

体育系教师每周课量较大,在繁重的工作压力下,很少有教师愿意花时间来进行科学研究。随着学校对教师教学能力和科研水平的要求越来越高,体育系领导多次召开会议,组织教师学习相关文件,帮助教师真正理解"教而不研则浅,研而不教则空""科研是源,教学是流"的道理。通过学习和思想理念的引导,体育系教师参与科研的积极性明显提高了许多,目前每次课题申报人数基本上占系总人数的三分之一。

(二)规范管理,完善制度

体育系完善了系教学委员会和系教学督导小组,制定了相关的科研奖励制度。要求每位教师都要严格规范自己的教学行为,严格按照教学常规开展教学活动,并要求每周负责教学的主任查课一次,教学秘书查课不少于三次,做到有记录、有备案等。

每年根据学校有关规定和要求,制定体育系全年的教学与科研工作计划和任务,并落实到每位教师。

(三)注重人才培养,营造良好的教学与科研氛围

1. 积极营造有利于人才成长的环境,形成以老带新、结师徒对子的良好帮带氛围。

2. 鼓励年轻教师积极攻读硕士和博士学位(在读硕士 4 人、报考博士 1 人)。

3. 成立小学体育教育、学前体育、大学体育等系教学团队,并在每周二召开研

讨会,讨论教学当中出现的一些问题。

4. 成立两个系科研团队。发挥系科研骨干的力量与作用,带领体育全体教师从大学体育和基础体育科研方向进行科研,形成了以科研促进教学的良好氛围。

(四)开展各种活动,激发教师教学与科研潜能

为了激发教师的教学与科研潜能,体育系充分利用学校和社会各种机会与资源,组织教师和学生参加各种丰富多彩的教学实践活动、体育竞赛与科研活动。

体育系以班级为单位,每周组织学生进行五次早锻和两个晚训的基本功练习。利用课余时间,组织学生参加一些社会体育活动的组织与裁判工作。成立校级课余训练队 12 个。在教学之余,体育系鼓励有专业特长的教师积极参加校运动队教练员工作。每年学生参加全省大学生体育竞赛均获得优秀成绩,提升了我校办学的社会地位和学生就业竞争力。

近两年来,体育系发表论文省级及核心共 41 篇,申报省级、校级课题 30 个,学生获国家级、省部级比赛奖项 250 次,其中一等奖 30 个。

九、严抓教学水平　提高科研能力

近年来,美术系一直以"严抓教学水平,提高科研能力"为口号,要求每一位教师突破教育教学质量,提高科研能力,取得了相应的成果。

一是在教学上,结合学校严抓教学水平的政策,我系认真制定教学计划,有序进行教学活动。开学初,我系要求各教研室主任制定本学期的工作计划,将本学期的工作做到心中有数,更加了解本学期的主要工作,便于更好地开展教育科研工作。要求所有任课教师做好课前统一工作,对本学期任教的课程进行研讨,并制定统一的教学计划。通过这几年的工作,我系教师的工作手册及教案得到规范化。

二是在科研上,动员年轻教师多申报课题,撰写论文及参加省里各项比赛。近一年来,我系教师发表论文和作品 17 余篇(幅),其中核心 3 篇(幅),省级一般论文 14 篇(幅),省级教改课题立项 1 项、艺术规划课题立项 1 项、校级课题立项 2 项;教师个人获奖 4 项,指导学生获奖 6 项。

三是落实实践教学。认真贯彻学校的实践教学活动,强化学生实训能力,并取得相应的好成绩。2016 年,在我校实践教学与"双创"教育展示活动中,我系荣获二等奖,并获"优秀组织奖"称号。除了注重学生的校内实践活动外,我系利用课外时间鼓励学生走出校园参加实践活动,如 313 美教班的学生在湾里五小实习时,为该校绘制了数十幅的墙画,得到了湾里区教育局的高度肯定;513 美教班、315 美教班的学生利用周末时间,承接了湾里区招贤镇人民政府所有电表箱的绘制,得到了社会的高度评价。鼓励艺术设计、室内设计专业的学生开展大学生创

新创业活动,学生自主承接了学校所有部门的宣传海报的制作工作,并在学校内部开设了对外的影印工作。

四是完善规章制度。在教学上,我系养成每周开系会的习惯,每周要求分教研室集中研讨,布置相关的工作,了解教师的动态,出现问题及时处理及沟通,对教师的动态做到心中有数。在科研上,我系每年给各教研室布置相应的任务量,要求每个教研室完成相应课题、论文量等,落实到每个人,行政人员也不例外,并且每位教师的科研成绩纳入系年终的考核。我系结合校制定的教师工作量化考核细则已制定《南昌师专美术系师工作量化考核细则》,作为每年教师的考核、评优评先的依据。每学期聘请一线专家,对我系学生进行职业教育的专题讲座。聘请王向阳教授对我系教师进行专业指导,进一步加强教师的参赛热情,并指导学生参加省级"艺德杯"的活动等。

十、加强自身建设

近两年来,信息科学系抓住我校升本建院的机遇,举全系之力,在教学、科研等方面取得了可喜的成绩,为学校的成功升本、为学科专业建设的发展和人才培养奠定了基础。

(一)立足教学,促进师资队伍建设

信息科学系专任教师24人,其中教授2人,副教授8人;硕士研究生以上学历(学位)教师20人。其中,近两年新增副教授2人、新增专任教师1人。

教学是根本,抓住各种机遇,鼓励促进教师教学水平的提高。积极参与各种教学评比和项目申报,新增省教学成果二等奖1项,校教学团队1个,2名学校"教学标兵",3名校级专业带头人。

(二)促进教研、科研,提升教师学术水平

积极鼓励教师参加学术活动,抓住学校升本契机,为教师开展教研、科研提供条件。我系新增校级科研团队1个,省级课题结题5项,省级课题立项11项,发表核心期刊论文2篇,发表一般期刊论文12篇,软件著作权1项。

第三章

与时俱进：构建多元开放的继续教育格局

紧接基教"地气"　改革教师培训[*]

一、做好训前调研　科学制订方案

南昌师专在制定教师培训方案前，都要对焦教改前沿和国家重大专项问题，根据项目的"对象"和"目标"，组建一个由首席专家、专业教师组成的培训需求调研团队，分赴各项目县区，围绕"最想充实的知识""最想提升的技能""最需解决的问题""最喜欢的培训形式""最受欢迎的培训老师"等，进行深入的访问、座谈、问卷等训前调查研究，了解参训老师在教学和管理实践中遇到的困难和存在的问题，研究他们在专业知识和专业技能方面的培训需求，准确定向培训的"靶位"，制订科学、高效、实用的实施方案。

"国培计划"项目县共青城市教体局周自兴副局长说："像南昌师专这样认真做培训需求调研的，我们还是第一次碰到。"

二、突出"实践""实用"　改革培训模式

学校的培训项目主要构建了理念引领、专业充电和技能提升三大教学模块，所占课时比重分别为10%、30%、60%，强化、突出培训的实践和实用性。

"理念引领"模块聘请该学科国内著名专家、学者（如北师大王炎教授、华师大朱家雄教授等）给参训老师作思想更新、理念引领、视野拓展方面的专题讲座。

"专业充电"模块聘请校内外优秀的专业教师进行专业理论知识的培训。

"技能提升"模块是每个培训项目的主要内容，占整个培训课时60%以上。针对参训教师提出的培训需求进行案例分析、问题研讨、技能实训，切实提升受训老师教学管理的专业技能和解决实际问题的能力。学校聘请大量的省内外基础

---

[*]　本文曾刊登于2016年12月6日的《江西日报》

教育学校(园)一线优秀教师、校(园)长到培训班授课,他们具有丰富的教学、管理经验,充分了解基础教育的现状和问题,能更有针对性地组织教学并解决参训老师们的要求。国家级骨干教师、省政府特殊津贴专家郭爱香,江西省第一位特高级幼儿园教师左文玲等都是学校聘请的培训师资。学员反映,"这些来自一线的教师给我们上课,有亲切感。他们十分熟悉我们的情况,授课方法容易接受,所授知识和技能更加实用。"

学校还把培训阵地从"院校"移至"园校",根据不同的培训目标,直接把培训课堂移至优质小学、幼儿园或特殊教育学校,让参训老师带着自己的"需求",通过观摩感悟、听经验介绍、跟岗实践、参与一日常规教学管理活动等方式,感受环境氛围,实现理念的碰撞、视野的开拓、方法的领悟和能力的提升。2016年江西省融合教育学校校长专题研修班就是放到融合教育示范学校——南京市朝天宫小学和光华东街小学举办,安排了听理论专题报告《随班就读课程的调整》、案例分享报告《南京市融合教育之路》、考察学习两所学校资源教室和融合教育个性课建设经验、分小组交流学习所得并结合各自学校实际情况初步制定资源教室建设方案等培训内容。参训校长们说:"这次培训,避免了空对空的理论说教,让我们对融合教育有了切身的体验和认知,扩大了视野,领悟和学习到了开展融合教育的具体方法,收获特别多。"

三、追踪效果评价　延伸培训维度

每期培训项目结束,学校要发放三张"满意度调查表",即《授课教师满意度调查表》《培训组织安排满意度调查表》和《后勤服务满意度调查表》,全面了解参训教师对培训内容、方法、效果和后勤服务等方面的评价,向学校(幼儿园)领导了解学员们训前训后的变化和专业成长情况,将培训的实施方案、简报、总结、评价和生成性资源等材料汇总报告给项目主办单位,征询他们对培训工作的具体评价和进一步指导。这些"评价"为学校下一个培训项目的改革创新、为使培训更接地气提供了科学依据。

学校还对学员实行跟踪服务。通过QQ群、微信群、电邮、电话回访和到参训老师单位走访等多种形式,了解他们培训中所学知识和技能在实际教学管理工作中的运用情况,进一步指导帮助学员解决教学管理中遇到的新问题新困惑,延伸培训的时间和空间维度。

特别是在特殊教育师资培训方面,学校的培训效果得到各方认同。特殊教育专家刘明清老师经常到特殊教育学校具体指导参训老师回教学工作。由他指导建设的西湖区融合教育(随班就读)试验区获批国家试验区。(胡久江)

基于南昌师专继续教育实践的高校培训工作思考

继续教育是面向学校教育之后所有社会成员特别是成人的教育活动,是终身学习体系的重要组成部分,《国家教育发展纲要》按照完善现代国民教育体系、形成终身教育体系的要求,明确了学前教育、义务教育、高中阶段教育、职业教育、高等教育、继续教育等六大发展任务,第一次在国家层面将继续教育纳入国民教育体系,提出高等教育要履行培训人才、发展科技文化、服务社会三项职能。高校作为国家培养人才的主要基地,随着经济和教育的发展,终身教育理念的不断普及,如何实现继续教育的可持续发展,在继续教育领域产生重要的影响和扮演重要角色,是高校继续教育工作者必须面对的现实问题。近年来,南昌师范高等专科学校以创新的理念,坚持以人为本、以学员为本,贴近社会发展实际,以学员素质期求为导向,不断完善适应终身教育的继续教育体系,推动继续教育可持续发展。

一、构建继续教育工作多元开放和灵活的体系

继续教育体系的研究和探索即是理论问题,但更是一个实践问题,体系是一个科学术语,泛指一定范围内或同类的事物按照一定的秩序和内部联系组合而成的整体。我们认为继续教育是终身教育体系中最重要的组成部分,同样是世界教育发展的重要趋势和方向,作为一所师范院校,不断推动继续教育工作是基础教育和社会经济发展提出的要求,是师范院校的社会职能所在,是学校服务于社会的重要窗口,是学校联系社会的桥梁和纽带,是学校人才培养目标的要求,是学校自身发展、办学活力和实力增强的要求。

南昌师范高等专科学校是一所地方高等师范院校,在百年的办学历程中,不仅积淀了深厚历史文化底蕴,而且在继续教育工作中充分利用办学优势和所在地区的区位优势,发挥自己的特点,积极履行服务社会的职责,努力构建多元开放和灵活的继续教育体系。多年来,学校始终把继续教育工作放在重要地位加以规划和实施,为充分发挥师范院校的优势,服务本地区的经济发展和基础教育,学校设有专门机构——继续教育中心,中心在校长的领导下,以贯彻党的教育方针和政府的有关文件精神,执行学校关于继续教育工作的决议和决定,积极推动继续教育工作的发展为工作目标。自省、市教育主管部门批准成立进修部以来,随着社会的发展,学校继续教育机构经历了进修部——培训处——继续教育中心三个阶段。特别是培训处更名为继续教育中心后,中心的职责和运行机制都得到了极大

的扩展,继续教育工作遵循"科学规划,严管善导,求实奋进,整体优化"原则,逐步建立了符合基础教育发展实际的,以需求为导向,多种培训并存,校内分级管理的继续教育工作运行机制。在此过程中,我们本着创新开放的思想,坚持从基础教育教学和师资实际出发,一是积极配合地方教育行政部门,全面启动了教师全员性的"四大岗位培训",即小学教师教学基本功、计算机教育工程、小学教师学科基本功、综合素质培训,有力地推进了本地区教师素质的全面提升。二是积极开展骨干教师培训,通过骨干教师的辐射带动作用,促进教师队伍素质的整体提升。三是不断改革新课程师资培训方法,为基础教育的发展提供保障。四是关注农村贫困教师的发展,加强对农村教师的培训。五是创新校长培训模式,提高校长的能力和水平。六是适应地区基础教育改革的变化,全方位开展各种专题培训。七是发展成人学历教育和职业能力培训,开拓继续教育工作的新领域。

通过解放思想、科学发展,学校现在已初步形成了以教师职业培训为重点,成人学历教育和职业技能为补充的多元开放和灵活的继续教育大格局,强化了为社会服务的功能,促进了学校继续教育工作的可持续发展。

二、创新继续教育工作的新途径

继续教育是社会发展到一定阶段出现的教育形态,《国家教育发展纲要》提出到2020年,努力形成人人皆学、处处可学、时时能学的学习型社会,从业人员继续教育要达到3.5亿人次,可以预计,未来10年将是我国继续教育事业蓬勃发展"黄金时期"。但我们也必须清醒地认识到,目前继续教育的现状是难以满足社会发展需求的,据搜狐教育频道的调查,认为继续教育缺乏针对性的占24.11%,参与率仅为27.46%。面对教育改革的趋势和继续教育工作新的挑战,如何把握好这一发展的时机,创新继续教育工作的新途径,更好地服务社会、服务基础教育,南昌师范高等专科学校在培养基础教育发展所需要的教育师资同时进行了深入研究和探索。

(一)从社会化、现代化的教育大视野出发,做到"五个坚持"

1. 坚持创新继续教育观念

要保持继续教育旺盛的生命力,就要不断更新培训的理念,坚持科学发展观,提高认识,转变观念,以学员为本,研究培训规律,创新继续教育的方式和方法,为教师成长创造良好环境,走协调可持续发展之路,使继续教育工作与新教育观念,与教育改革的实践相吻合。在培训过程中,要坚持用新观念、新内容、新手段来突出培训的先进性,坚持构建多方互动的开放式培训体制来突出培训的实效性,坚持按需施教、学用结合的原则,科学合理的运用不同培训模式来突出培训的针对性。

2. 坚持构建多方互动开放式培训体制

继续教育的实施是一个系统工程,需要调动各方面、各层次的相关力量的参与,因此,培训体制的构建应该是多方互动和开放式的,它包括四个方面:自身建设、教育行政部门、基础教育一线教师、教育科研机构。我们认为,在自身内涵发展基础上,取得教育行政部门关心和支持是基础,吸纳基础教育一线教师参与是工作目标,发挥教育科研机构作用是创新工作的源泉。

3. 坚持构建和创新管理体制

南昌师范高等专科学校党委和行政十分重视管理体制的构建和创新,体现在一是成立有长期稳定的继续教育工作领导小组,校长为组长,分管校长为副组长,继续教育中心、教务、后勤等部门为成员。二是实行继续教育校系两级管理体制,中心代表学校行使校级管理职能,负责继续教育工作的目标制定、组织协调、对外宣传、督促指导、培训实施等,是一级管理实体;系部是实施继续教育的重心,负责继续教育自身资源开发、项目论证、方案制定、计划实施、培训管理等,是二级管理实体,做到了各项工作职责明确,高效有序。三是制定工作组织、工作过程、工作终端等管理和评价制度,在组织上规范继续教育工作管理模式、实施程序,在过程中通过项目制、学分制强化管理,在终端管理上构建多形式的反馈系统,不断提升继续教育工作的效果。

4. 坚持高素质教师队伍的建设

"打铁需要自身硬",开展继续教育工作成败的关键是教师队伍建设的优劣,在加强师资队伍建设中,应不断提高教师素质,增强对教学实践的指导性和引领性,使其能够全面了解基础教育的发展,特别是加强对教育教学、学校管理、班级管理等方面的研究,我们认为,打造一支专业扎实、技能过硬、具有创新精神和实践能力的有特长、有观点、有影响的师资队伍可采取双结合的形式,即使用和培养结合、专职和兼职结合。

5. 坚持继续教育市场的挖掘

继续教育是学校教育事业不可分割的重要组成部分,南昌师范高等专科学校通过整合校内资源,在系部重点开展继续教育基础上,以学校的重点和特色学科为基础,充分发挥各系部自身的学科优势和影响力,顺应市场、抓准机遇,不断挖掘继续教育市场,增强资源的再生能力和增值能力,满足继续教育不断变化和增长的各类需求。

(二)以服务社会为己任,拓展继续教育的领域,做到"三多"

1. 多渠道开展继续教育

继续教育作为终身教育的重要组成部分,从某种意义上,已成为全民化教育,现在的继续教育并不局限于成人学历教育,它的领域得到极大拓展。南昌师范高等专科学校通过不断地改革、探索,在巩固完善教师职业培训的基础上,努力发展成人学历教育和职业技能培训领域,走过了从单一教师职业培训到教师职业培训、成人学历教育加职业技能培训的多渠道发展之路,实现了由主要为基础教育服务向为经济建设和社会发展服务的转变,进一步开拓了继续教育工作空间。

2. 多层次开展继续教育

做好继续教育工作是高等院校义不容辞的责任,但只有树立为学员服务的思想,利用学校在师资、设备、科研等方面的优势,改变单一的继续教育工作定位,从本地区社会经济和教育发展的实际需要出发,从终身学习的实际需求出发,不断丰富办学形式,逐步建立各种层次继续教育工作新格局,才能在继续教育领域处于主导地位。南昌师范高等专科学校党委、行政切实加强对继续教育工作的领导,在继续教育不断发展的过程中,坚持从基础教育教学和师资实际出发,坚持可持续的科学发展,从一个校内培训机构逐步发展成为地区教师培训重要基地,学校现在是全国中小学教师继续教育网、江西省教育厅、南昌市教育局、南昌市人力资源和社会保障局等机构和部门的十余个继续教育基地。

3. 多形式开展继续教育

社会经济的发展对继续教育提出了更高的要求,继续教育的领域在不断发展,现在继续教育的特点体现在要求的层次性、内容的广泛性、对象的多元性等方面,所以继续教育工作要突出针对性、有效性,必须改革工作的运作及教学模式,探索多形式开展工作的途径。南昌师范高等专科学校在教师培训中,遵循教师自身发展规律,提出以培训对象为本位,以教育改革需求为导向,以解决实际问题为重点,以有利教师成长为目标的培训理念,探索集中培训、异地培训、远程培训等不同的培训形式。如在校长培训中实施开放式自主培训研究,通过培训网络平台支撑,在培训时间、学习内容、学习形式等方面予以校长充分选择和发展,激发了校长自我提高的积极性,增强了培训的效果。

总之,坚持发展和有所作为的信念,发挥现有的、挖掘潜在的,认真研究和解决问题,积极转变观念,主动研究社会发展需求,不断寻求学校资源优势与社会发展需求的结合点,整合资源,不断培植优势项目,努力扩大服务区域和培训规模,促进学校继续教育工作的可持续发展。(游涛 吴海峰)

参考文献:

[1]杜海平:《教师继续教育动力机制新论》,载《中国成人教育》,2001 年第3 期。

[2]教育时评:《高校继续教育定位和发展之惑》,载《北京青年报》,2005 年第

5 期。

创新培训管理模式　深化教师培养一体化改革
——"国培计划"承训工作总结

南昌师范高等专科学校创办于 1908 年,是一所具有百年师范教育历史的院校。学校在为地方基础教育战线培养大批优秀师资的同时,还承担了国家、省、市各级各类教师培训任务。

自 2011 年开始,作为当时江西省唯一一所承担"国培计划"项目的专科院校,我校已经连续六年承担江西省"国培计划"任务,出色地完成了各个承训项目任务,得到省教育厅、各承训地区教育主管部门及参训学员的好评。现将具体承训工作汇报如下:

一、承担"国培计划"项目的基本情况

2011 - 2015 年学校承担了"国培计划"任务主要集中在"中西部"和"幼师国培"两大项目七个子项目,五年来总计承担"国培计划"总计划人数 5746 人,实际参训 5429 人,总完成率 94.5%。具体见下表:

南昌师专 2011—2015 年"国培计划"承训项目执行情况统计表

序号	项目类别	子项目名称	培训天数	计划人数	实际人数	差额情况（用 + - 表示）	完成率
"国培计划"__2011 年度承训项目执行情况统计表							
1	幼师国培	置换脱产研修项目	90	60	60		100%
2	幼师国培	转岗教师培训项目	15	320	312	- 8	98%
3	幼师国培	短期集中培训项目	10	270	270		100%
"国培计划"__2012 年度承训项目执行情况统计表							
1	幼师国培	置换脱产研修项目	90	150	143	- 7	95%
2	幼师国培	转岗教师培训项目	15	400	385	- 15	96%
3	幼师国培	短期集中培训项目	10	400	390	- 10	98%
"国培计划"__2013 年度承训项目执行情况统计表							
1	幼师国培	置换脱产研修项目	90	180	152	- 28	84%
2	幼师国培	转岗教师培训项目	15	140	142	+ 2	100%

3	幼师国培	短期集中培训项目	10	170	162	−8	95%

"国培计划"__2014 年度承训项目执行情况统计表

1	中西部	置换脱产研修项目	90	40	38	−2	95%
2	中西部	短期集中培训项目	10	50	43	−7	86%
3	幼师国培	置换脱产研修项目	90	150	131	−19	87%
4	幼师国培	短期集中培训项目	10	1010	989	−21	98%
5	幼师国培	转岗教师培训	15	250	250		100%

"国培计划"__2015 年度承训项目执行情况统计表

1	中西部	中小学教师送教下乡项目	8	990	916	−74	93%
2	幼师国培	培训团队置换脱产研修项目	90	119	108	−11	91%
3	幼师国培	幼儿园教师送教下乡项目	8	776	710	−66	91%
4	幼师国培	幼儿园教师访名校项目	15	231	228	−3	99%
合计				5746	5429		94.5%

二、"国培计划"项目的规划与实施

"国培计划"的实施对于推进我国义务教育均衡发展、促进基础教育改革、提高教育质量具有重要意义,是提高中小学(幼儿园)教师特别是农村教师队伍整体素质的重要举措。同样承担"国培计划"任务,对于我校教师职后培训层次和能力的提升提出挑战,也为我校加强基础教育服务地方经济社会发展,打造幼教、特教特色,树立学科专业品牌,提高专业教师教育水平提供了难得机遇。自 2011 年承担"国培计划"项目以来,实施"国培计划"已成为我校的重点工作,历任校长高度重视,亲自挂帅,全校相关部门团结协作,顺利推进"国培计划"项目的实施和完成。

(一)健全组织机构,强化管理体制

1. 成立领导机构,是"国培计划"顺利实施的关键

我校国培工作实行"领导小组 + 专家组 + 项目办 + 项目工作组 + 班主任 + 学习小组"的工作体制。每一年,学校都会以校长办公会的形式,通过《南昌师范高等专科学校"国培计划"实施意见》,成立了"国培计划"项目实施工作领导小组,

全面负责"国培"工作的决策和领导,校长亲自担任组长。下设项目管理办公室、教学管理办公室、信息管理办公室。项目管理办公室设在继续教育中心,代表学校负责项目的组织实施工作。教学管理办公室设在各个专业系部,负责具体培训学科专业的教学、实训工作。信息管理办公室具体负责培训过程中的网络维护和信息收集整理工作。经过五年的运行,已经形成了在领导小组领导下,全校管理、教学、后勤保障各部门相互配合、互相支持、团结协作的良好的运行机制。

2. 设立两支管理团队,是"国培计划"顺利进行的基础

一支是分别由项目办、教学办、信息办以及校财务、后勤等部门组成的学校层面的组织管理团队,负责学校层面各项工作的协调推进,以及经费后勤保障;另一支是由项目联系人、班主任、教学干事、信息干事、学员班委支部组成的服务管理团队,负责培训班级各项工作的组织和开展。两支管理团队相互协调,团结合作,共同推进培训各项工作的开展。

3. 建立与项目县的协同机制,是"国培计划"实施的有效形式

按照"国培计划"要求,我校通过建立教育教学实验区的方式,主动对接项目县,建立协同机制,保障"国培计划"的顺利实施。认真履行牵头单位责任,通过签订协议书,明确协同双方的职责和任务,明确经费的使用范围及标准,足额保障经费,这样的举措和做法受到项目县的欢迎和好评。

4. 制定各项管理制度,是"国培计划"实施的有力保证

为扎实落实国培要求,全面完成国培工作目标,学校每年都制定了《南昌师范高等专科学校"国培"项目实施方案(意见)》,出台《"国培计划"项目管理办法》《国培计划项目组分工及各岗位职责》《南昌师范高等专科学校继续教育工作经费管理暂行办法》等,具体明确了培训工作的管理模式、管理机构,各办公室的分工、职责以及经费管理办法等。

制定了《学员生活制度》《学员学习制度》《学员考勤与请假制度》《学情通报制度》等,每个培训班都制作了《学员手册》,强化了对学员培训过程的管理。

(二)紧接基础教育地气,深化教师培养一体化改革

1. 切实贯彻执行《培训指南》,不断提升培训质量

高度重视教育部办公厅印发《乡村教师》《培训指南》的学习,全面理解、深入领会和准确把握《培训指南》的精神实质,切实把《培训指南》的教育理念和基本要求全面落实到"国培计划"培训工作中,科学制定培训方案,合理设置培训课程,不断创新培训模式。一是科学定位培训目标。培训目标是培训工作最终要达到的目的,无论是农村教师培训团队置换脱产培训、乡村幼儿园教师访名园培训,还是乡村教师送教下乡项目培训,我们都根据不同的培训主题,把培训目标最终定

位于相应实践能力的提升上。二是合理设置培训课程。根据《培训指南》的要求,结合本地实际,加强课程资源建设,创造性地开发并合理利用课程资源,突出其实用性和实践性。三是流程化培训模式。严格按照《培训指南》要求的模式、流程,扎实开展教师培训工作。四是建立培训专家指导机制。我校按照《培训指南》要求,建立培训专家团队,为"国培"工作提供强有力的师资保障。首先按照教育部培训师资团队的规定,我们在学校选聘了学术和教学水平双佳的教授担任首席专家,在此基础上组建两支高素质的教师团队。其次是建立高素质的教学专家团队。我们以本校各专业系部,特别是学前教育系优秀教学团队为基础力量,按照全国基础(学前)教育专家、省内高校教授和科研机构研究人员、优质示范幼儿园一线名师这样的梯度和层次聘请授课教师,共40余人,其中教研员和一线优秀教师不少于60%。我们还结合教育部和省教育厅对"乡村教师培训团队置换脱产培训"项目的要求,精心挑选了一批"乡村教师培训团队置换脱产培训"班学员与专家团队一道参加当地幼儿教师的送教下乡培训工作。第三是优质的指导教师团队。学员按5至10人分组,配备由高校培训专家、教研员、一线优秀教师组成的"三人行"导师组,全程指导学员研修。

2. 加强设施设备建设,不断适应培训发展的需要

为了适应不断发展的培训工作的需要,学校加大基础设施设备的投入与建设,五年来,学校投入1500余万元,新建了培训大楼一栋,建筑面积近万平方米,内设150个标准间和8个专家用房,电视、电话、网络、24小时热水俱全;培训大楼副楼建设不同规模培训教室四个,能满足各类培训需要;还建设了先进的视频教室一个,可以进行点对点视频互动教学;建设学员自助餐厅一个,可同时接待300人就餐。这些设施设备的投入使用,满足了和提高了学员教学和生活需要,得到学员的高度好评。进贤县的学员说:"在这培训真舒服,学习氛围好,生活设施好,校园环境好,希望还能来这里参加培训。"

3. 注重资源收集,构建培训资源库

学校十分重视培训过程中生成性资源的收集整理工作,并将他们编辑成册,发放给学员相互交流学习。

(1)文本类资源。五年来我们共编辑制作了《学前教育文件汇编》《"国培计划"学习材料汇编》《学员优秀反思集》《学员优秀手工制作集》《学员优秀教学设计集》《学员优秀说课集》《教师精彩课堂 PPT 集》等。

(2)视频类资源。《"国培计划"专家精品课程录像集》《学员优秀实践教学课堂录像集》《国培计划总结光盘》等。

(3)平台类资源。建设了"国培计划"专题网、远程培训网和继续教育中心网

三个网络研修学习平台。

（4）建设培训资源库。学校将受学员好评的授课专家的姓名、联系方式、简介、可授课程等信息整理汇集，形成了丰富的教学资源库，做到可以根据不同的培训项目需求及时开设出培训课程，聘请到授课教师。

（三）努力创新，为"国培"工作提供发展保障

创新是培训工作发展的动力源泉，五年来，我校在实施"国培计划"中，主要注重在下列几个方面进行了创新：

一是服务创新，开展温馨培训。我们把"乡村幼儿教师培训团队置换脱产培训"项目的集中培训分为两个阶段，其中专题讲座主要安排在暑假进行；把"乡村幼儿园教师送教下乡培训"项目安排在周六、周日进行；在"乡村幼儿教师访名园培训"学员多的项目县，把学员分成两批次进行培训，一方面最大限度地保证了幼儿教育机构正常的教育秩序，另一方面减少了学员的工学矛盾，使学员安心研修。我们在研修学员影子园实习阶段，安排专项经费，就近安排学员在实习影子幼儿园附近的宾馆住宿，极大地保证了实习的顺利开展。为保证顶岗实习工作的有效开展，我们不仅给予顶岗学生工作补贴，而且，为顶岗学生专项安排生活补贴，包括在顶岗幼儿园的住宿费和伙食费，此项补贴全部一次性拨付到园，解决了县区经费困难问题，同时也确保了置换脱产研修项目的实施。

二是管理创新，探索实验路径。在总结"国培计划"教育教学实验区建设的基础上，我校进一步将此项内容作为"国培计划"的重要组成内容进行规范。经过五年的发展，我校与以各项目县作为实验区合作项目，分别与近20个项目县（区）教师进修学校签订了合作协议。

三是模式创新，丰富培训方法。加大混合式力度，实施理论与实践"双轮驱动"混合培训模式。即采用脱产集中学习、在岗研修、远程研修等相混合的模式，进行理论学习和实践学习。理论学习主要通过课堂教学、网络学习等加深职业理解，强化师德修养，深化专业理念。

四是方式创新，突出实践教学。在理论与实践的教学安排上，突出实践教学的主体地位。在培训方式的选择上，以有益于解决农村幼儿教师教育实践中突出问题为宗旨，以参训学员为中心，以典型案例为载体，以实践为主要环节，坚持讲授实践并重，讲座研讨交替，观摩训练结合。集中研修阶段，在师德理念和专业知识模块多采用专家讲授和案例教学、交流展示、问题研讨方式，目的在于更新专业理念，获得保教知识；在专业能力模块多采用实景分析等现场诊断、参与体验、观摩试教培训方式进行，目的在于训练技能技巧。影子园实践阶段多采用参与体验。"影子教师"实践是在集中研修成果基础上的延伸，通过学员在示范幼儿园跟

班实践,参与体验以及优秀教师"一对一"专门指导,加深学生对保教知识深入理解,熟练技能技巧,促进学员知能的转化,实现有效的迁移运用,达到培训目标。在岗研修与远程网络研修多采用教师工作坊、微课程学习与开发、教师网络指导结合。

三、不足与建议

我校在实施"国培计划"五年来,取得了一定的成绩,但与省厅的要求,特别是与本科院校相比,还存在一些不足,主要表现在学校教师教育教学水平和能力与本科院校老师相比还存在差距,学校实习实训的基地建设还有待进一步加强等。

今后,在实施"国培计划"中有三点希望:一是希望教育和财政部门能尽快出台"国培"经费使用意见,统一经费的使用范围和标准。二是希望教育主管部门能对参与"国培计划"的高校授予"国培计划"教师培训基地的称号,这样有利于高校与教学一线学校双促进共发展。三是希望"国培计划"实施时间往前提,减少学员的工学矛盾以及学生顶岗实习时间矛盾等问题。(胡久江)

后 记

　　本书是豫章师院文化建设之旅和建设成果的展现,我们从中不难看出豫章师院的文化积淀是深厚的,文化内涵是丰富的,取得的育人效果也是极为显著的。更为可贵的是,学校的管理者和广大师生坚持锐意创新,在新的建设实践中走出了一条自己的特色之路,将校园文化建设推上一个新境界。

　　本书由豫章师范学院领导贺瑞虎教授、李文龙教授策划和审稿,吴龙教授统稿,胡久江、罗青平、林志雄编校。

　　罗青平执笔前言,林志雄编撰第一篇,段建斌、张宝根编撰第二篇,胡久江编撰第三篇,朱文辉、张宝根编撰第四篇,施文辉编撰第五篇,吴海峰、孟戡编撰第六篇,胡久江执笔后记。

　　本书成稿之际,所有参与编辑的同志都很庆幸有这样的机会,对学校百年师范的文化发展和正在进行的文化建设进行一次巡礼,让我们再次领略到了豫章师范学院校园文化的独特魄力,感受到了新校园文化建设的蓬勃生机。在此,我们谨向一个多世纪以来,为学校文化发展做出贡献的奠基者、开拓者、建设者表达我们崇高的敬意,向热情支持本书编辑的广大校友和教职员工表示诚挚的感谢。

　　由于我们的水平和能力有限,书中不足和疏漏之处在所难免,敬请读者批评指正。

编者